法律专家案例与实务指导丛书

物业管理纠纷案例与实务

骆鑫 刘娅 ◎ 编著

清华大学出版社
北京

内 容 简 介

本书通过大量解读司法实践案例,采取以案说法的方式对物业管理纠纷的各个方面进行了详细分析,主要包括物业管理概述、业主大会和业主委员会、物业服务企业、物业服务合同、前期物业管理服务、物业日常管理、物业管理服务纠纷处理、物业管理法律责任。书中所选案例紧扣法律条文规定,与现实生活紧密相连,具有很强的参考借鉴价值。

本书适合作为各院校法律相关专业的案例教材,也适合作为广大民众咨询日常法律纠纷事务的实用指导书,还适合作为各企事业单位、法律培训机构、法官和律师等法律从业者,以及其他法律爱好者进行法律实践和研究的专业参考书。

本书封面贴有清华大学出版社防伪标签,无标签者不得销售。
版权所有,侵权必究。举报: 010-62782989, beiqinquan@tup.tsinghua.edu.cn。

图书在版编目(CIP)数据

物业管理纠纷案例与实务/骆鑫,刘娅编著.—北京: 清华大学出版社,2017(2024.3重印)
(法律专家案例与实务指导丛书)
ISBN 978-7-302-47497-5

Ⅰ.①物…　Ⅱ.①骆…②刘…　Ⅲ.①物业管理—民事纠纷—案例—中国　Ⅳ.①D922.181.5

中国版本图书馆 CIP 数据核字(2017)第 140425 号

责任编辑: 田在儒
封面设计: 王跃宇
责任校对: 刘　静
责任印制: 刘海龙

出版发行: 清华大学出版社
网　　址: https://www.tup.com.cn, https://www.wqxuetang.com
地　　址: 北京清华大学学研大厦 A 座　　邮　编: 100084
社 总 机: 010-83470000　　邮　购: 010-62786544
投稿与读者服务: 010-62776969, c-service@tup.tsinghua.edu.cn
质量反馈: 010-62772015, zhiliang@tup.tsinghua.edu.cn
印 装 者: 三河市人民印务有限公司
经　　销: 全国新华书店
开　　本: 185mm×260mm　　印　张: 15　　字　数: 271 千字
版　　次: 2017 年 8 月第 1 版　　印　次: 2024 年 3 月第 7 次印刷
定　　价: 49.00 元

产品编号: 074242-02

丛书编委会成员

（以下排名不分先后）

丛书顾问

余升淮　陈旭文　谭绍木　徐少林
钱卫清　叶　青　刘益灯

丛书总主编

熊建新　彭丁带

丛书副总主编

于定勇　李法兵

丛书编委会委员

蒋英林　陈建勇　顾兴斌　朱最新
黄　勇　熊大胜　刘志强　李俊平
刘国根　袁卫国　周　雪　程海俊
卢　珺　陈　玮　何　龙　袁利民
杨济浪　王高明　曾芳芳

丛书策划

彭本辉

为全面推进依法治国做力所能及的工作

——代丛书总序

十八届四中全会是中国共产党历史上的第一次以法治建设为主题的中央全会,会议提出了全面推进依法治国的五大体系:完备的法律规范体系、高效的法治实施体系、严密的法治监督体系、有力的法治保障体系、完善的党内法规体系。同时提出了全面推进依法治国的六大任务:完善以宪法为核心的中国特色社会主义法律体系,加强宪法实施;深入推进依法行政,加快建设法治政府;保证公正司法,提高司法公信力;增强全民法治观念,推进法治社会建设;加强法治工作队伍建设;加强和改进党对全面推进依法治国的领导。

在此大背景下,我们筹划编写了这套《法律专家案例与实务指导丛书》,希望能够为法治中国的建设做点力所能及的工作;在法律案例的提炼与分析中提高公民的法律意识,增强公民的法治观念,推进法治社会建设;为法治工作队伍的建设提供一定的智力支持。

编写法律案例书籍,是一项非常有意义的工作。但是,如何编写出与已有同类书籍相比更具鲜明特色,既能满足法律教学、法律实践需要,又具有普法实用价值的案例书籍,是非常具有挑战性的。本丛书的编写,便是接受此种挑战的一个尝试。我们紧紧围绕现实生活中经常出现的法律纠纷,以案情简介、裁判要点、法条链接、法律分析、对策建议等为主要内容进行编写,以期达到编写目的。现在,各位编写者辛勤劳动的成果就要陆续面世了。在此,作为丛书的总主编,和各位读者说几句感言。

本丛书的编写、组稿工作,既充满了艰辛,也时有喜悦。凡是有过论文或书稿写作经历的人都知道,要品评作品的优劣得失往往比较容易,但是,要自己动手写出像样的文章或书籍,往往需要付出很大的努力,时间、精力等自不必说,最痛苦的恐怕是写作过程中遇到瓶颈时精神上的煎熬。本丛书的作者们大多有过这种炼狱般的经历。但是,在丛书出版之际,作者们无不感受到了收获的喜悦,仿佛看到新生儿呱呱坠地一般。

作为丛书的总主编,我们充分调动各方面资源,组织编写队伍,确定各书主题,制定编写规范。我们知道,编写人员的选择,是本丛书质量和效益的关键。考虑到本丛书所应具有的权威性、实用性和可操作性等特点,我们要求编写人员既要有扎实的理论功底，更要有丰富的法律实践经验。

本丛书的主要目标读者群为各院校法律相关专业学生、具有一定法律意识的普通公民、法律理论及实践工作者以及法律爱好者等。

因为读者群比较广泛，而且读者阅读本丛书的目的可能不同，所以在编写的过程中，编者特别注意案例事实的陈述、法律术语的选择、风险防范方案的针对性等，尽可能让每位读者均能有所收获；语言尽量精练而不晦涩，希望学法者、用法者、执法者和守法者都能够从中受益。

本丛书还具有以下五个特点。

第一，编写队伍专业。丛书各分册的编写成员由公检法工作人员、法律学会研究人员、法律院校教授讲师、律师事务所专业律师、企事业法律顾问等多年从事一线法律实务工作的专业人员组成，并且由权威的顾问委员会和编辑委员会队伍进行把关，确保了丛书内容的专业性和准确性。

第二，案例典型真实。本丛书的案例主要改编自各级司法机关公布的真实案例，经过精挑细选，去除冗余、留其精要，使各案例具有典型代表性和实用参考价值，能给读者带来直观有效的法律实践借鉴指导。

第三，讲解客观简洁。本丛书针对各案例的分析讲解，力求焦点明确、观点客观、语言简洁，注重举一反三地引导，以各个部门法的基本框架为逻辑线索，针对每个部门法中的各个部分设置案例分析、法律规定、对策建议等内容，充分体现现实与法律的结合。

第四，内容实时性强。本丛书特别注重案例与法律的时效性，新近的案例紧密结合现行有效的法律规定，并通过细致分析帮助读者理解法律的规定，以增强读者掌握现行法律并加以运用的能力。

第五，紧扣现实生活。本丛书特别关注现实生活中可能出现、经常出现的法律问题或法律纠纷，希望能够帮助读者了解现实中法律的实际运用情况，为读者提供"假如我碰到了这样的法律问题，我可以怎么办""今后我该如何防范类似的法律风险"等有益的启示。

本丛书所涉及的法律部门非常广泛，对编写者的要求也非常高。我们虽精益求精，但博大精深的法学、浩瀚无边的法律领域，加上编写本丛书所希望达到的目的，还是给编写者们带来了巨大的压力。我们衷心希望读者们能够对本丛书提出建议和意见，以便未来的修订工作更有成效，也为我国的法治事业做出应有的贡献。

熊建新　彭丁带
2014 年 11 月

前　言

"宅者，人之本也。"当前，伴随房地产市场由"粗放型扩张"转为"集约型增长"，物业服务行业也进入了一个迅速发展的新时期。如何更好地解决物业公司和业主之间不断出现的矛盾和纠纷，使物业管理公司更好地服务于业主，使双方的合法权益真正得到维护，已成为人们关注的焦点。

本书从物业管理基本法理入手，选取具有典型的真实案例，用实例说明理论，用理论剖析实例，使读者在轻松的阅读中提高学法、用法水平。通过对典型案例进行分析，提出物业管理纠纷实务中涉及的法律法规，系统全面地解读了我国物业管理的相关法律规定，书中所选案例紧扣法律规范，具有示范性、指导性的特点，对于读者而言具有较强的参考借鉴价值。

本书共分八章：物业管理概述、业主大会和业主委员会、物业服务企业、物业服务合同、前期物业管理服务、物业日常管理、物业管理服务纠纷处理、物业管理法律责任。其中，第一章、第二章、第三章、第四章由骆鑫编写；第五章、第六章、第七章、第八章由刘娅编写。

除封面署名编者外，草映红、陈春兰、郭阳生、何洁廉、宋欣、孙永超、温敏婷、郑悦、值海娟、钟润柳、朱军平、左春源等也参与了部分编写工作。

由于编者水平有限，书中尚存在诸多不足之处，真诚希望得到读者的批评指正。

编者

2017 年 1 月

目 录

第一章 物业管理概述 ……………………………………………… 1

一、兰州某房地产开发有限责任公司与开封市某花园小区业主委员会车库所有权确权纠纷案 ………………………………………………………… 1

二、青岛市崂山区某花园小区业委会与山东某物业管理公司电梯广告收益归属纠纷案 …………………………………………………………… 4

三、某小区业主委员会与李某物业费纠纷案 ………………………… 6

四、李某某诉广州某物业管理有限公司健康权纠纷案 ……………… 8

五、遵义市某房地产开发有限公司诉遵义市住房和城乡建设局撤销备案登记案 ……………………………………………………………………… 9

第二章 业主大会和业主委员会 ……………………………… 14

一、江苏某物业管理有限公司诉霍某拒缴物业费纠纷案 ………… 14

二、王某等132人诉深圳市某物业服务有限公司业主知情权纠纷案 …… 18

三、张某诉郑某、中国LH网络通信有限公司某市分公司改变住宅使用用途纠纷案 ……………………………………………………………………… 24

四、李某与张某相邻关系纠纷案 …………………………………… 30

五、王某等5人因业主委员会产生程序违法诉贵阳市某区住房和城乡建设局登记案 …………………………………………………………………… 33

六、徐某不认可业主大会临时会议决议与沈阳某物业公司物业费纠纷上诉案 ……………………………………………………………………… 36

七、某家园物业服务有限公司与某滨江小区业主委员会物业服务合同纠纷上诉案 ……………………………………………………………………… 42

八、某住宅小区业主委员会与某置业投资有限公司物权纠纷上诉案……… 45

九、上海某物业管理有限公司与黄某物业服务合同纠纷案……… 50

第三章 物业服务企业……… 53

一、某物业发展有限责任公司诉瞿某侵害建筑物共有权纠纷案……… 53

二、孟某因车辆丢失诉南京市某物业有限责任公司物业服务合同纠纷案…… 55

三、顾某地因安装浴缸受阻诉上海JX物业服务有限公司排除妨碍、赔偿损失
纠纷案……… 59

四、JS小区业主委员会诉HD物业服务有限公司、张某转包物业服务合同
纠纷案……… 64

五、邱某因车辆被淹诉漳州某物业服务有限公司等物业服务合同纠纷案…… 68

第四章 物业服务合同……… 76

一、冯某与杭州某物业管理有限公司物业服务合同纠纷上诉案……… 76

二、南京某医院与南京某物业管理有限责任公司物业合同纠纷上诉案……… 80

三、郴州某物业服务有限公司诉彭某等物业服务合同纠纷案……… 85

四、某物业管理公司与沈某物业服务合同纠纷案……… 90

五、天津某花园小区业主委员会诉某物业管理有限公司提前终止合同
纠纷案……… 92

第五章 前期物业管理服务……… 96

一、JJ物业管理公司诉WD房地产公司物业管理纠纷案……… 96

二、白山市江源区某物业服务有限公司与桦甸市某房地产开发有限责任公司
物业服务合同纠纷上诉案……… 97

三、张某诉北京LF物业管理有限公司等确认合同无效纠纷案……… 100

四、李某和王某诉快餐厅老板孙某、XY开发有限公司、CM物业管理公司共同
侵权纠纷案……… 104

五、陈某诉施某侵权纠纷案……… 105

六、冯某诉杭州市某住房和城乡建设局处罚案……… 107

七、刘某诉天津某置业有限公司等财产损害赔偿纠纷案……… 112

八、隋某等与刘某等财产损害赔偿纠纷案……… 117

第六章　物业日常管理 ……………………………………………… 123

一、胡某与开发商、物业管理公司损害赔偿纠纷案 …………………… 123
二、上海某小区业主委员会与上海某房地产公司物业专项维修基金纠纷案 … 125
三、丁某诉上海某物业公司业主知情权纠纷案 ………………………… 128
四、陈某与常州某房地产有限公司商品房销售合同纠纷案 …………… 131
五、李某诉洛阳某物业公司物业管理纠纷案 …………………………… 134
六、徐太太与某物业管理公司侵权纠纷案 ……………………………… 135
七、李某诉小区物业管理公司物业管理纠纷案 ………………………… 137
八、上海某物业管理有限公司诉小区业主沈某物业服务合同纠纷案 … 139
九、合肥某物业管理有限公司诉刘某物业服务合同纠纷案 …………… 140
十、安阳某物业管理有限责任公司诉赵某物业服务合同纠纷案 ……… 144

第七章　物业管理服务纠纷处理 ………………………………… 148

一、上海A物业发展有限公司诉朱某物业服务合同纠纷案 …………… 148
二、詹某诉南京某物业公司物业服务合同纠纷案 ……………………… 150
三、周某不服北京市朝阳区某局前期物业管理备案行为案 …………… 153
四、林某等业主诉汕头市某局行政纠纷案 ……………………………… 156

第八章　物业管理法律责任 ……………………………………… 159

一、蔡某诉上海某物业有限公司物业服务合同纠纷案 ………………… 159
二、胡某诉黄某、上海某物业管理有限公司财产损害赔偿纠纷案 …… 162
三、业主委员会诉物业管理公司等物业管理纠纷案 …………………… 164
四、陈某某职务侵占案 …………………………………………………… 167
五、卢某职务侵占案 ……………………………………………………… 168
六、方某与重庆市永川区某局行政裁定书案 …………………………… 170
七、胡某诉上海市闵行区某局要求履行法定职责案 …………………… 173

附录 ………………………………………………………………… 176

《中华人民共和国物权法》节选 ………………………………………… 176
《物业管理条例》 ………………………………………………………… 178

《最高人民法院关于审理建筑物区分所有权纠纷案件具体应用法律
若干问题的解释》(法释〔2009〕7号) …………………………………… 187
《最高人民法院关于审理物业服务纠纷案件具体应用法律若干问题
的解释》(法释〔2009〕8号) ……………………………………………… 190
《业主大会和业主委员会指导规则》 ………………………………………… 192
《前期物业管理招标投标管理暂行办法》 …………………………………… 201
《住宅室内装饰装修管理办法》 ……………………………………………… 207
《住宅专项维修资金管理办法》 ……………………………………………… 213
《物业服务收费管理办法》 …………………………………………………… 222

参考文献 ………………………………………………………………………… 225

第一章 物业管理概述

一、兰州某房地产开发有限责任公司与开封市某花园小区业主委员会车库所有权确权纠纷案

上诉人(一审被告):兰州某房地产开发有限责任公司(以下简称某公司)

被上诉人(一审原告):开封市某花园小区业主委员会(以下简称某花园小区业委会)

案情介绍

开封市某花园小区内有南地下车库和北地下车库各一个,南车库位于该小区5号、6号楼之间,北车库位于7号、8号楼之间,各200多平方米。系某公司在开发建设开封市某花园小区时所建,某公司的宣传广告及该小区设计规划图中均显示开封市某花园小区南、北地下自行车库是开封市某花园小区的配套设施之一。

某花园小区业委会于2005年12月26日依法成立,后与某公司因小区南、北地下车库的所有权归属发生争议,故诉至法院。

某花园小区业委会认为

开封市某花园小区南、北地下车库是开封市某花园小区的配套设施之一,某公司在某花园小区宣传广告及该小区设计规划图中均有所显示,某花园小区内两间车库应属小区全体业主共有,要求确认小区内两间车库属小区全体业主共有,并判令某公司作为开发商应承担返还财产的责任。

某公司认为

商品房的销售广告和宣传资料的性质应为要约邀请,而且某花园小区内的两间车库是由其出资建设的,没有计入销售成本,某花园小区内的两间车库的所有权应归其所有。

一审法院经审理认为

《最高人民法院关于审理商品房买卖合同纠纷案件适用法律若干问题的解释》(以下简称《商品房买卖合同若干问题的解释》)第三条规定:"商品房的销售广告和宣传资料为要约邀请,但是出卖人就商品房开发规划范围内的房屋及相关设施所做的说明和允诺具体确定,并对商品房买卖合同的订立以及房屋价格的确定有重大影响的,应当视为要约。该说明和允诺即使未载入商品房买卖合同,亦应视为合同内容。"本案房地产开发商在出售商品房宣传资料中明确告知,本案所涉两座车库是开封市某花园小区的配套设施之一。对业委会要求确认小区内两间车库属小区全体业主共有,判令某公司作为开发商应承担返还财产的责任,予以支持。

某公司不服一审法院判决,上诉称

其按广告的内容建造了高标准的车库,但该车库的面积并没有计入或分摊给每个业主,也没有收取费用,既然业主没有出资购买,也就不存在车库归业主所有。所以一审法院将其所建的车库判归业主所有缺乏事实及法律依据,请求撤销一审判决,维护其合法权益。

某花园小区业委会辩称

两个车库是小区的配套设施,某公司在出售商品房的宣传资料中有明确显示,也对房屋价格产生较大影响,应当归小区全体业主共有。一审认定事实清楚,应当予以维持。

二审法院经审理认定

某公司开发建设的某花园小区房产,建设规划中有双方争议的两个车库,宣传资料和销售广告中也明确告知了公众,配套设施的完善也是构成房价的重要因素,属于小区的配套设施之一,应属于小区业主共有。某公司诉称未将两个车库的成本纳入房屋销售价格之中,未能提供充分证据予以支持。其理由不能成立。一审认定事实清楚,判决正确,应予维持。

案例评析

本案争议的焦点是小区车库的所有权问题。结合《中华人民共和国物权法》(以下简称《物权法》)等有关法律的规定,关于小区车库、车位的所有权归属,如果开发商与业主之间有约定,则根据约定确定车库、车位的归属。如果就小区车库、车位的所有权归属,开发商与业主之间没有约定,如果车位、车库属于占用业主共有的道路或者其他场地的,则根据《物权法》第七十四条的规定属于业主共有。如果就车库、车位的归属开发商未曾与购房人进行过约定,而车库、车位也无法证明占用业主共有道路或者其他场地的,要判断一座建筑物车位、车库的法律归属,要明确以下几点:①建筑物停车位的建设成本是否已纳入商品房的成本,如果已纳入,则该停车位应当归全体业主共有。②小区的土地使用权面积和分摊面积是否相等,如果小区土地使用权面积大于分摊面积,说明有部分土地使用权未纳入分摊,若开发商利用这部分未纳入分摊的土地建立车位、车库,则有可能单独取得建筑物车位、车库的所有权。

结合《物权法》等有关法律的规定,目前小区车库、车位的所有权归属主要有以下几种情况。

(1) 如果开发商将规划的整个停车场以车位形式出售或赠送给业主,则各个车位属于购买或接受赠与的业主所有,停车场内的公共部分,如车道,属于所有拥有车位所有权的业主共有。

(2) 如果开发商将停车场的车位出租给业主,则停车场的所有权归建设单位享有,而使用权归承租车位的业主享有,业主交纳的费用是车位的使用费,该费用的标准由业主和开发商在合同中具体约定。

(3) 如果开发商在出售房屋时,将停车场的建设费用分摊到每个业主,即业主所付的房价中实际包含了停车场的分摊费用,则停车场的所有权应归全体业主共有,对于停车场的使用和收费标准由业主大会在管理规约中约定,但根据《物权法》第七十四条的规定,应当首先满足业主的需要。停车场的收益应归全体业主共有,主要用于停车场的维修养护,也可按照业主大会的决定使用。

(4) 利用人防工程改造的车库收益权归投资者所有。我国法律并没有对人防工程的产权归属及登记作出规定。根据《人民防空法》第五条第二款的规定:"国家鼓励、支持企事业组织、社会团体和个人,通过多种途径,投资进行人民防空工程建设;人民防空工程平时由投资者使用管理,收益归投资者所有。"

(5) 占用业主共有的道路或者其他场地用于停放汽车的车位,属于业主共有。这是指规划停车场、车库以外的车位,这些车位场地本来是小区内业主共有的道路或其他场地。《物权法》第七十三条规定:"建筑区划内的道路,属于业主共有,但属于城镇公共道路的除外。建筑区划内的绿地,属于业主共有,但属于城镇公共绿地或者明示属于个人的除外。建筑区划内的其他公共场所、公用设施和物业服务用房,属于业主共有。"《物业管理条例》第五十条(现第四十九条,因本书案例选自2016年2月6日

《国务院关于修改部分行政法规的规定》公布之前,故沿用原法规条文序号)规定:"物业管理区域内按照规划建设的公共建筑和共用设施,不得改变用途。业主依法确需改变公共建筑和共用设施用途的,应当在依法办理有关手续后告知物业服务企业;物业服务企业确需改变公共建筑和共用设施用途的,应当提请业主大会讨论决定同意后,由业主依法办理有关手续。"小区内的道路或其他场地有其规划用途,原则上不能随意用来停放车辆。但如果小区内的停车场、车库确实不能满足业主需求的,业主或物业服务企业在办理相关手续后也可以用来停放车辆,但业主应按照业主大会决定的收费标准交纳相应的车位占地费,该笔费用属于全体业主所有。

本案中,开发商与业主就车库的所有权归属未做明确约定,而根据《商品房买卖合同若干问题的解释》第三条规定:"商品房的销售广告和宣传资料为要约邀请,但是出卖人就商品房开发规划范围内的房屋及相关设施所作的说明和允诺具体确定,并对商品房买卖合同的订立以及房屋价格的确定有重大影响的,应当视为要约。该说明和允诺即使未载入商品房买卖合同,亦应视为合同内容。"根据此规定,由于开发商在出售商品房宣传资料中明确告知,本案所涉两座车库是开封市某花园小区的配套设施之一,配套设施的完善必将对房价造成重要影响,在开发商未能提供证据证明车库的成本未纳入房屋销售价格的情况下,将小区内两间车库所有权判归小区全体业主共有是适宜的。

二、青岛市崂山区某花园小区业委会与山东某物业管理公司电梯广告收益归属纠纷案[①]

原告:青岛市崂山区某花园小区业委会

被告:山东某物业管理公司(以下简称物业公司)

案情介绍

2007年11月至2010年12月,山东某物业管理公司与青岛市崂山区某花园小区业委会签订了物业管理委托合同,约定由该物业公司为小区业主提供物业服务。在物业管理合同履行期间,物业公司先后和4家公司签订了电梯广告合同并收取了广告费用。2009年5月16日,物业公司和青岛某广告有限公司签订了合同书,履行2年,半年支付一次,每期为7500元,一共30 000元;和上海某某广告传播有限公司签订的项目合

---

① http://news.qingdaonews.com/content/2013-09-25/content_999076.htm,2017-11-15.

同约定,合同履行期限自 2010 年 5 月 16 日起至 2013 年 5 月 15 日,每年为 6000 元;另外物业公司还和青岛的两家广告公司签订了广告合同。一共收取了广告费用 4.34 万元。

原告诉称

电梯间属于小区全体业主共有物业,小区全体业主对此享有共有权,被告物业公司在未征得业主同意的情况下,擅自与 4 家公司签订电梯广告合同,将属于小区全体业主的电梯间用于广告宣传并谋利。2010 年 12 月 31 日物业管理合同期满后,物业公司经多次催要,拒不交还其在管理期间所获得的广告收益,物业公司的行为侵害了小区全体业主的合法权益,原告根据业主大会的授权诉请法院判令物业公司返还非法经营小区电梯间的广告收入。

被告辩称

在物业公司进行物业管理期间,因几次异常天气,致使小区运营成本增加,造成物业公司运营亏损,广告费用应该用来补偿物业公司的经营。

法院经审理认为

物业公司为小区提供物业服务期间,利用小区内公共设施进行经营所得的收入归全体业主所有,相应的广告费收入也应归全体业主所有,应由全体业主决定其使用,物业公司无权处置这些费用,更不能用于补偿物业公司的经营费用,故物业公司应返还广告费。最终,法院做出判决:物业公司返还青岛市崂山区某花园小区业委会广告费 4.34 万元。

案例评析

本案涉及的核心问题是小区电梯间的使用、收益、处分权的归属问题。根据《物权法》第七十条、第七十二条、第七十三条、第七十四条的规定,业主对建筑物的所有权分为对建筑物内的住宅、经营性用房等专有部分享有专有所有权和对建筑物的共有部分享有共有和共同管理的权利。《最高人民法院关于审理建筑物区分所有权纠纷案件具体应用法律若干问题的解释》第三条规定:"除法律、行政法规规定的共有部分外,建筑区划内的以下部分,也应当认定为物权法第六章所称的共有部分:(一)建筑物的基础、承重结构、外墙、屋顶等基本结构部分,通道、楼梯、大堂等公共通行部分,消防、公共照明等附属设施、设备,避难层、设备层或者设备间等结构部分;(二)其他不属于业主专有部分,也不属于市政公用部分或者其他权利人所有的场所及设施等。"根据《物业管理条例》第二条的规定可以看出,所谓"物业",指的是房屋及配套的设施设备和相关场地。电梯作为建筑物的附属设备属全体业主共同所有。物业管理公司只能根据《物业服务合同》的约定,对小区业主享有专有所有权和共有所有权的物业进行管理,而不能对其进行随意处分。因此,按照《物权法》和《物业管理条例》的规定,小区内电梯安装广告应先征求业主同意,经业主表决"同意"后,物业服务公司才能与相关公司签订合同。

对于利用电梯等公用部位、公用设施设备进行经营的收益,《物业管理条例》第五十五条作出了明确的规定:"利用物业公用部位、公用设施设备进行经营的,应当在征得相关业主、业主大会、物业服务企业的同意后,按照规定办理有关手续。业主所得收益应当主要用于补充专项维修资金,也可以按照业主大会的决定使用。"从本规定可知:①业主利用物业共用部位、共用设施设备进行经营的,应当征得有利害关系的业主、业主大会及物业服务企业的同意,并应办理法定手续,如出租房屋应到当地房地产主管部门办理登记手续,悬挂广告应到工商部门和城管部门办理广告批准手续等;②物业服务企业利用物业共用部位、共用设施设备进行经营的,应当征得有利害关系的业主及业主大会的同意;③利用物业共用部位、共用设施进行经营所得的收益,应首先用于补充专项维修资金,以更好地服务于全体业主和物业使用人,另外,该项收益也可以按照业主大会的决定使用,在不违法的前提下,法律充分尊重所有权人的选择权,业主对物业共用部位、共用设施设备使用情况的知情权和监督权。

本案中,物业管理公司未经业主授权,擅自对业主共有物业进行经营,并将经营收益用于补偿物业公司的经营费用,经多次催要,拒不交还其在管理期间所获得的广告收益,无疑侵害了小区全体业主的合法权益。物业管理公司的行为违反了《物业管理条例》的规定,应承担相应的法律责任。根据《物业管理条例》第六十六条规定,对于本案物业管理企业擅自利用物业共用部位、共用设施设备进行经营的行为,应由当地县级以上地方人民政府房地产行政主管部门责令限期改正,给予警告,并对其处以5万元以上20万元以下的罚款。同时,物业管理企业擅自经营的行为也侵犯了全体业主的所有权,应根据《中华人民共和国民法通则》(以下简称《民法通则》)第一百一十七条第二款的规定,承担侵权的民事责任。

三、某小区业主委员会与李某物业费纠纷案

上诉人(一审原告):某小区业主委员会
被上诉人(一审被告):李某

案情介绍

某小区因规模小,没有聘请专门的物业公司,而是采取业主自行管理的方式。2015年6月,小区成立了业主委员会,制定了业主大会议事规则和小区物业管理规约,

设立了物业管理办公室,并在所在地镇政府备案。李某系该小区业主,因其没有按照业主委员会确定的收费标准及收费时间交纳物业服务费用,某小区业主委员会向一审法院起诉,请求判决李某补交拖欠的物业服务费,并按时交纳以后的物业服务费。

一审法院认为

某小区业主委员会无收取物业服务费的职责,其起诉不符合法律规定,裁定驳回原告某小区业主委员会的起诉。

裁定送达后,上诉人某小区业主委员会不服,提起上诉。

某小区业主委员会诉称

一审法院以某业主委员会没有收取物业服务费的职责为由,裁定驳回起诉错误。某小区由于规模小,没有聘请专门的物业服务公司,而是实行业主自治。根据《中华人民共和国物权法》第七十六条、第八十三条等规定,某小区业主委员会具备起诉资格。请求二审法院撤销一审裁定,判决被上诉人李某交纳拖欠的物业费,并保证以后按时交纳物业费。

李某辩称

本案案由为物业服务合同纠纷,有权主张要求业主支付物业管理服务费的应当是与业主建立物业服务合同关系的物业管理企业。小区的业主委员会,其成立未经过小区业主表决,亦不是合法的物业管理企业,其作为起诉主体不适格,其收取物业费、提起诉讼不符合法律,一审法院驳回其起诉正确。

二审法院经审查认为

某小区业主委员会依法成立,代表全体业主行使物业管理的职责,有权起诉违反管理规约,拖欠物业费的业主。一审裁定驳回其起诉不当,依法予以纠正,裁定撤销一审法院的民事裁定,由一审法院对案件进行审理。

 **案例评析**

本案中双方争议的焦点是某小区业主委员会是否是本案的适格主体。近几年,由于物业公司与业主之间的矛盾激化,业主不满意物业公司的服务不按时交纳物业管理费,物业公司收费率低,无法维持公司正常运营,最终撤出小区管理,或是业主不满物业公司的服务而将其"赶"出小区。这就造成小区无人管理的情况时有发生。为维护整洁、安全、和谐的小区环境,一些小区出现了业主委员会自行管理小区的情况。根据《物权法》第八十一条的规定:"业主可以自行管理建筑物及其附属设施,也可以委托物业服务企业或者其他管理人管理。"由此可见,法律赋予业主对所居住的小区的物业管理选择的权利,业主有权对所居住小区进行自治管理。

本案中,某小区业主委员会依法成立,受业主大会的委托负责该小区的物业服务,其与业主之间形成了物业服务法律关系。业主在享受了自治管理中业主委员会提供的物业服务的同时,理应按照小区物业管理规约的规定,按时交纳物业服务费用。

《物权法》第八十三条规定:"业主大会和业主委员会,对任意弃置垃圾、排放污染物或者噪声、违反规定饲养动物、违章搭建、侵占通道、拒付物业费等损害他人合法权益的行为,有权依照法律、法规以及管理规约,要求行为人停止侵害、消除危险、排除妨害、赔偿损失。"可以看到,本案中,赋予业主委员会自治管理模式中业主委员会的诉讼主体资格有利于维护小区和谐稳定,也有利于帮助自治管理小区营造一个舒适安全的小区环境。从保护广大业主合法权益、促进小区物业管理健康有序发展的角度考虑,也有必要赋予业主委员会自治管理模式中业主委员会的主体资格。

四、李某某诉广州某物业管理有限公司健康权纠纷案

原告:李某某

被告:广州某物业管理有限公司(以下简称某物业公司)

案情介绍

李某某系中山市某阳光花园二期1梯×××房的业主,刘某、贺某为某物业公司聘请的保安员。2014年8月25日16时许,刘某、贺某在某阳光花园便衣巡逻途经二期附近时认为李某某形迹可疑,遂对其进行盘查,双方发生争执继而扭打,致李某某左耳郭、左面部、左胸部、左腹部受伤。李某某受伤后,即被送往中山南华医院就诊,并住院共计38天,花费医疗诊断费共计8716.2元。因赔偿问题双方协商未果,李某某于2013年9月13日诉至法院,诉请判令某物业公司向李某某支付医疗费、误工费、护理费、交通费、住院伙食补助费、营养费、财产损害赔偿费等合计44 898.11元。

人民法院经审理认为

本案系健康权纠纷。本案中,根据公安机关的询问材料显示,刘某、贺某于2014年8月25日在涉案小区便衣巡查时与李某某发生冲突,导致李某某受伤。上述事实足以认定作为某物业公司中山分公司聘请的保安员刘某、贺某在工作期间殴打李某某致其人身受到伤害,其用人单位某物业公司应承担赔偿责任。从侵权行为发生的原因、地点等因素综合来看,刘某、贺某对李某某实施的侵权行为符合"用人单位的工作人员因执行工作任务造成他人损害的"情形,某物业公司作为刘某、贺某的用人单位应当承担侵权责任。法院经审理认定李某某医疗费、误工费、护理费、交通费、住院伙食

补助费、营养费、财产损害赔偿费等损失实际共计为 31 449.2 元,据此判决某物业公司于判决发生法律效力之日起七日内向李某某支付赔偿款 31 449.2 元。

 **案例评析**

本案为人身损害赔偿纠纷案件。《物业管理条例》第四十七条规定:"物业服务企业应当协助做好物业管理区域内的安全防范工作。发生安全事故时,物业服务企业在采取应急措施的同时,应当及时向有关行政管理部门报告,协助做好救助工作。物业服务企业雇请保安人员的,应当遵守国家有关规定。保安人员在维护物业管理区域内的公共秩序时,应当履行职责,不得侵害公民的合法权益。"《侵权责任法》第三十四条规定:"用人单位的工作人员因执行工作任务造成他人损害的,由用人单位承担侵权责任……"根据上述规定,若物业服务企业的工作人员在执行职务中采取了不正当的职务行为,损害了业主的合法权益,物业服务企业应当承担民事责任。在归责原则上,用人单位承担无过错责任,其责任构成只有三个要件:一是违法行为;二是损害事实;三是违法行为与损害事实具有因果关系。只要具备以上三个要件,无论用人单位是否存在过错,用人单位都要承担责任。尽管用人单位侵权行为的直接实施者是自然人,但其行为的法律后果由用人单位承担,责任主体是用人单位。本案中,刘某、贺某作为某物业公司聘请的保安员,在工作巡逻期间与李某某发生争执并对李某某造成人身损害,应认定为职务侵权行为,对李某某造成的损害,应当由用人单位承担侵权责任。

实务中,认定物业服务企业工作人员的行为是否属于执行职务的行为,应从两个方面考查:一是考察他们之间是否具有雇佣关系;二是考察企业工作人员在实施侵害行为时是否在执行职务,如果工作人员接受企业的指示,围绕企业的利益工作,则应认定为履行职务的行为。但如果物业服务企业的员工实施与职务无关的个人行为,造成业主人身损害的,应由致害人个人依法承担相应的法律责任。值得注意的是,物业服务企业工作人员在执行职务中,以执行职务为方法,故意伤害他人,以达到个人不法目的,虽然其内在动机是出于个人私利,但其行为与职务有内在的关联,也应认定为执行职务的行为。

五、遵义市某房地产开发有限公司诉遵义市住房和城乡建设局撤销备案登记案

原告:遵义市某房地产开发有限公司
被告:遵义市住房和城乡建设局

案情介绍

遵义市汇川区某商住楼是原告遵义市某房地产开发有限公司在2005年9月开发建设的楼盘,批准建设规模为2.71万平方米。因工程未完工,2012年8月24日,遵义市住房和城乡建设局、遵义市建设工程质量监督站认定该情况属于工程质量重大问题,并明确为遵义市两城区存在重大隐患问题楼盘之一,汇川区政府遂派工作组进驻该问题楼盘进行处置工作。2013年5月24日,遵义市住房和城乡建设局下发了《关于遵义市汇川区衡阳路某商住楼业主委员会备案的通知》,且内容明确规定了业主大会和业主委员会成员主任名单。

遵义市某房地产开发有限公司认为遵义市住房和城乡建设局作出决定成立某商住楼业主委员会的具体行政行为,违反法律法规规定,且侵犯了法律规定的经营自主权,于2015年1月5日诉至法院。

遵义市某房地产开发有限公司诉称

根据《物业管理条例》及《贵州省物业管理条例》和《建设法》第六十一条之规定,原告开发的某商住楼未收清购房款,业主成员不具备业主资格,结合原告开发的某商住楼,不具备法律、法规规定成立业主委员会的条件。被告对成立业主委员会的申请受理审查与决定,不符合法律、法规规定,应依法予以撤销。

遵义市住房和城乡建设局辩称

被告对业主委员会进行备案的法律依据为《物业管理条例》第十六条第一款的规定,该条规定的"备案"依文义解释应为"向主管机关报告事由存案已备查考",即业主委员会将成立一事向备案机关报告,使备案机关知晓,便于其后续的监督、管理。并非赋予备案机关对备案事由进行审查并决定是否准予备案的职权,更没有对当事人的权利义务产生实质影响。因此,从法理推定可知,成立业主委员会是业主的自治行为,业主委员会备案是一项程序性规定。在实际工作中,只要申请人提交了业主委员会备案材料,备案机关就应予备案,无权对业主委员会成立的合法性进行审查进而做出是否同意成立的意见。国务院法制办在2005年12月给湖南省人民政府法制办《对关于〈物业管理条例〉十六条的答复》中明确阐述了备案行为的性质:"《物业管理条例》第十六条的备案是一种告知,不具有行政许可的性质。"因此,被告对业主委员会成立的备案行为不属于人民法院行政诉讼的受案范围,不具有可诉性,综上,请求人民法院驳回原告的诉讼请求。

人民法院经审理认为

行政诉讼主要解决的是行政机关作出的具体行政行为是否合法的问题,法院受理行政诉讼的前提在于行政机关作出的是具体行政行为,且该具体行政具有可诉性,符合《中华人民共和国行政诉讼法》第十一条、第十二条以及《最高人民法院关于执行〈中华人民共和国行政诉讼法〉若干问题的解释》第一条、第二条、第三条、第四条、第五条关于行政审判受案范围的规定。本案中原告遵义市某房地产开发有限公司请求依法撤销被告市遵义市住房和城乡建设局的备案登记行为不属于具有可诉性的具体行政行为,理由如下:依照《物业管理条例》第十六条"业主委员会应当自选举产生之日起30日内,向物业所在地的区、县人民政府房地产行政主管部门和街道办事处、乡镇人民政府备案",以及《贵州省物业管理条例》第三十九条"业主委员会应当自选举产生之日起30日内,将业主大会成立情况、管理规约、业主大会议事规则以及业主委员会成员、候补成员基本情况等材料向物业所在地房屋行政主管部门备案。房屋行政主管部门应当将备案情况及时书面告知相关街道办事处或者乡镇人民政府。物业所在地房屋行政主管部门应当自收到前款规定材料之日起10日内向业主委员会出具备案证明。备案的有关事项发生变更的,应当重新备案"之规定,行政机关对业主委员会的备案登记职能不是"批准、核准登记",而只是"备案",即对行政相对人的申请、报告,行政机关表示已经知晓,并采取某种方式记录下来。因此,本案中,备案登记虽然有书面的文件通知,但行政机关的法定职责不是审核,且下发书面文件只是"备案"的一种通知形式,而不是行政机关主动作出的对当事人的权利义务发生直接影响的具体行政行为。2005年12月7日,国务院法制办作出的《对关于〈物业管理条例〉第十六条的请示的答复》中明确规定:"《物业管理条例》第十六条第一款规定:业主委员会应当自选举产生之日起30日内,向物业所在地的区、县人民政府房地产行政主管部门备案。这里的'备案'是一种告知,不具有行政许可的性质。"因此,本案中被告遵义市住房和城乡建设局对某商住楼成立业主委员会作出的备案通知,不具有行政许可的性质,应当认定为对公民、法人或者其他组织权利义务不产生实际影响的行为。故此裁定驳回原告遵义市某房地产开发有限公司的起诉。

案例评析

对业主委员会的选举结果进行备案行为的可诉性问题是业主委员会备案纠纷的首要争议。司法实践中,当行政救济或其他救济方式不能奏效时,业主便会以个人名义起诉备案机关,请求法院依法撤销备案登记,而备案机关往往以备案行为不具有可诉性进行抗辩。根据《最高人民法院关于执行〈中华人民共和国行政诉讼法〉若干问题的解释》(法释[2000]8号)第一条第二款第(四)、(六)项的规定,对不具有强制力的行政指导行为;对公民、法人或者其他组织权利义务不产生实际影响的行为不服提起行政诉讼的,不属于人民法院行政诉讼的受案范围。那么,对业主委员会的选举结果进行备案的行为属于何种行政行为?是否会对小区业主的权利义务产生实际影响?该行为是否属于行政诉讼的受案范围呢?

对上述问题,目前审判实践中有两种观点。

第一种观点认为,依照国务院法制办公室对《物业管理条例》第十六条当中"备案"一词所作的解释,"这里的备案是一种告知,不具有行政许可性质"。对业主委员会的选举结果进行的备案不是审查性备案,而是一种事后性、告知性、公示性备案。该备案行为不是行政许可,亦不具有行政管理的性质,因此不具有可诉性,备案的目的仅仅是存档备查。遵义市某房地产开发有限公司诉遵义市住房和城乡建设局撤销备案登记案中,人民法院就持此种观点,认为被告遵义市住房和城乡建设局对某商住楼成立业主委员会作出的备案通知,不具有行政许可的性质,对公民、法人或者其他组织权利义务不产生实际影响,未设定相对人的权利义务,未改变相对人的权利义务,对相对人不具有法律约束力和强制力。

第二种观点认为,备案行为实际上是物业管理行政部门对业委会是否依法成立、是否具备主体资格的确认,具有行政确认的性质,其结果会对业主的权利义务产生实际影响,是可诉的具体行政行为。司法实践中,大多数法院都持这种观点,认为备案行为具有行政确认的性质,肯定该备案行为对小区业主的权利义务产生实际影响,属于法院行政诉讼的受案范围。

(1)依据《物业管理条例》第十六条、《业主大会和业主委员会指导规则》第三十三条的规定,业主委员会应自选举产生之日起30日内,持相关材料到物业所在地的区、县人民政府房地产行政主管部门和街道办事处、乡镇人民政府备案。由此可见,房地产行政主管部门、街道办事处、乡镇人民政府负有对辖区内依法成立的业主委员会审核备案的法定职权。该规定明确了对业主委员会的备案行为具有行政监督、管理的性质,排除了备案行为不具有约束力,仅仅是行政指导这一说辞,而法律和相关司法解释并没有规定行政监督行为、行政管理行为不可诉,因此备案行为具有可诉性。

(2)行政确认是行政机关依照法定程序,对既存事实或关系的确定、认可和证明。业主委员会备案的目的并非在于限制备案事项法律效力的发生,而在于通过备案为业主委员会披上国家承认的合法外衣,从而使小区业主知晓并尊重该备案事项业已取得的法律效力。从这个意义上讲,业主委员会备案与行政确认性行为具有一致性,而行政确认行为历来被作为一种重要的行政分类而存在。

(3)业主委员会是小区业主通过召开业主大会投票选举产生的自治组织,虽然行政机关无权直接干涉业主委员会的成立、变更。但是,《业主大会和业主委员会指导规则》第三十四条规定:"业主委员会办理备案手续后,可持备案证明向公安机关申请刻制业主大会印章和业主委员会印章。"由此可见,业主委员会只有依法办理了备案登记,方能进行刻制业委会印章等相关工作,方能以业主委员会名义合法地对外开展活动。因此,备案行为实际上是备案机关对业主委员会合法成立、具备主体资格等一系列事实的确认,其结果将对业主和其他利害关系人的权利义务产生实际影响,因此该备案行为属于行政诉讼的受案范围。

第二章

业主大会和业主委员会

一、江苏某物业管理有限公司诉霍某拒缴物业费纠纷案

上诉人(一审被告):霍某

被上诉人(一审原告):江苏某物业管理有限公司(以下简称某物业公司)

案情介绍

2011年1月8日,某物业公司、霍某就云顶别墅小区物业管理签订合同,约定:物业管理服务的内容主要为房屋共用部位的维护和管理,房屋共用设施设备及其运行的维护和管理,交通秩序与车辆停放等;物业管理服务质量主要内容为房屋共用部位、公用设施设备小修和急修,小修及时率达到98%以上,质量合格率达到100%,急修及时率达到100%,质量合格率达到95%,均建立回访制度和回访记录;同时约定,约定物业服务费为1.2元/(平方米·月),每半年交纳一次,每年1月5日、7月5日前交清下半年的费用,业主办理入住手续后长期(6个月以上)不入住的空置物业及入住后长期(6个月以上)不使用的空置物业,收取0.6元/(平方米·月)物业管理费;甲方违反协议,未达到管理服务质量约定目标的,乙方有权要求甲方限期改正,逾期未改正给乙方造成损失的,甲方承担相应的法律责任;乙方违反协议,不按本协议约定的收费标准和时间交纳有关费用的,甲方有权要求乙方补交并从逾期之日起按每天万分之五交纳滞纳金并承担违约责任,合同还就其他相关事宜做出了约定。在合同实施过程中,因对某物业公司物业服务质量不满,霍某从2011年7月6日至2014年6月30日期间没有按约定交纳物业服务费。2015年11月30日,某物业公司向人民法院

起诉霍某。诉请人民法院判令霍某给付物业服务费5523元及滞纳金2326元,并承担本案诉讼费用。

霍某辩称

①某物业公司没有认真履行合同义务,没有尽到应尽的义务与责任,没有达到服务质量,管理服务差;②霍某多次反映的问题某物业公司一直没有答复和解决。霍某的房屋存在漏水、墙面脱落、地面墙面空鼓、玻璃压条断裂、窗户玻璃进气等问题。同时,公共部分存在庭院积水、排水不畅、绿化草坪不修剪、杂草不除、树木不浇水致枯死、病虫害不防治等问题。上述问题都是合同约定某物业公司服务范围之内,无奈之下,霍某与其他业主都自己请工人维护;③由于物业对小区管理没有尽到责任,造成小区环境恶化,乱搭私建很多,业主反映强烈,因服务质量差,2014年6月开发商与某物业公司解除了物业服务合同。故,对小区存在的上述问题某物业公司应承担相应的法律责任,并赔偿霍某损失6000余元。

一审法院经审理认为

霍某与某物业公司签订的物业服务协议,系双方真实意思表示,且不违反法律法规强制性规定,合法有效。霍某应当根据物业服务协议的约定交纳物业服务费用,经某物业公司书面催交后,其仍未交纳,应承担民事法律责任。霍某提出对小区存在的管理问题某物业公司应承担相应的法律责任,并赔偿霍某损失6000余元抗辩意见。因霍某并未提供证据予以证实,故对霍某该辩解意见,一审法院不予支持。关于霍某应当交纳的物业费用数额,一审法院认为:根据《物业管理条例》的规定,物业服务企业应当按照物业服务合同的约定,提供相应的服务。某物业公司未能提供证据证明其履行了协议约定的为房屋共用部位、公用设施设备维护和修理的义务。因此,虽然按照协议约定,霍某应当支付某物业公司主张的2011年7月8日至2014年6月30日的物业管理费,但基于某物业公司物业管理缺位,未能完全履行合同义务的原因,一审法院酌情扣除合同约定应交物业管理费用的20%,即霍某应当向某物业公司交纳物业管理费为255.71平方米×0.6元/(平方米·月)×35.77月×80%=4390元。关于某物业公司主张的滞纳金,由于某物业公司存在违约行为,故一审法院对该主张不予支持。据此,一审法院判决霍某于判决生效后10日内支付某物业公司物业管理费4390元。一审案件受理费50元,由某物业公司承担20元,霍某承担30元。

霍某不服一审判决,向二审法院提起上诉称

①一审法院认定事实错误。上诉人霍某并非涉案房产的业主,也未实际使用涉案房产,涉案房产的业主为霍星某。②被上诉人对于涉案小区的物业服务不到位,存在诸多事实,而一审法院却不予支持。综上,请求二审法院撤销一审判决,依法改判或发

回重审。

被上诉人某物业公司辩称

一审法院认定事实清楚,适用法律正确,依法驳回上诉人的上诉请求。

法院认为

本案在二审期间的争议焦点为:①霍某是否为本案适格被告。②被上诉人某物业公司是否存在物业服务不到位情况,是否应予以酌减物业服务费。

关于第一个争议焦点,二审法院审查后认为:本案中涉案房屋的产权属于案外人霍星某单独所有,本案上诉人霍某并非涉案房产的所有权人,因此并非本案的适格被告。一审法院认定霍某应承担支付涉案房产的物业服务费用的责任明显不当,二审法院依法予以纠正。至于第二个争议焦点,因某物业公司起诉被告主体错误,故不在本案中予以处理。

综上,霍某的上诉请求和理由部分能够成立,二审法院依法予以支持。一审判决认定事实错误,适用法律不当,二审法院依法予以纠正。裁定撤销本案一审法院的判决,驳回江苏某物业公司的起诉。一审案件受理费50元,二审案件受理费50元,予以退回。

案例评析

(1) 业主身份界定。

明确界定业主身份,在物业管理法律实践中非常重要。虽然业主被称为"房屋所有权人",但根据现有立法规定,业主范围的界定标准有如下两个方面:①取得房屋所有权。《最高人民法院关于审理建筑物区分所有权纠纷案件具体应用法律若干问题的解释》第一条规定:"依法登记取得或者根据物权法第二章第三节规定取得建筑物专有部分所有权的人,应当认定为物权法第六章所称的业主。"也就是说,业主身份的认定标准为对物业是否拥有所有权。根据《物权法》第二章的规定,依法取得物业所有权的方式有两种:一是法律行为,如买卖、赠与。二是非法律行为,如根据法律文书、征收、继承或接受遗赠等事实行为取得。建筑物为不动产,通过法律行为取得的所有权必须办理登记。②取得对买受房屋的占有。《最高人民法院关于审理建筑物区分所有权纠纷案件具体应用法律若干问题的解释》第一条第二款规定:"基于与建设单位之间的商品房买卖民事法律行为,已经合法占有建筑物专有部分,但尚未依法办理所有权登记的人,可以认定为物权法第六章所称的业主。"这一规定,是从社会实际生活出发,对业主范围作了扩大解释。但在实践操作中要注意把握以下几个方面:首先,此处的买卖仅限于与建设单位之间的商品房买卖,不适用于二手房转让;其次,必须通过买卖商房占有房屋,排除承租人、借用人等物业使用人以及开发商通过占有房屋被认定为业主的可能;最后,必须合法、公然占有房屋,购房后未办理收房入住手续的购房人不得认定为业主。

本案中,涉案房屋的产权属于案外人霍星某单独所有,使用居住人也非霍某,因此霍某并非涉案房产的所有权人或者物业使用人,因此并非本案的适格被告,二审法院的裁定是恰当的。

(2) 物业公司存在物业服务不到位情况是否可以拒交物业服务费。

司法实践中,小区个别业主以物业服务企业提供的物业服务存在一定瑕疵为由,拒绝交纳物业服务费的,法院通常不予支持。业主因物业公司存在物业服务不到位情况,拒交物业服务费的行为是错误行使了合同履行过程中的抗辩权,首先,判断物业服务企业的服务是否达到标准不好把握,各个业主主观感觉差别很大,其次,物业管理公司即便是提供的服务存在瑕疵,但只要其构不成根本性违约,业主拒绝交纳物业管理费用的理由则不能成立,再者,物业管理公司是接受开发商或者小区全体业主的委托对小区进行管理的,物业管理公司服务质量的好坏也不能依据个别业主的判断来断定,因此,个别业主因物业管理公司服务质量问题而拒绝交纳物业管理费用的抗辩理由不会得到法院的支持,因为这不仅损害了物业服务企业的利益,而且也是对其他业主利益的一种侵害。通常,在物业服务企业存在较小瑕疵时,法院不会轻易降低物业管理服务费,而采取免除业主的物业服务费滞纳金、延迟利息等方式惩罚物业服务企业。只有在物业服务企业提供的服务项目和质量与合同约定差距明显,人民法院才会根据物业服务达标程度,考虑降低物业服务收费标准。

《最高人民法院关于审理物业服务纠纷案件具体应用法律若干问题的解释》第三条规定:"物业服务企业不履行或者不完全履行物业服务合同约定的或者法律、法规规定以及相关行业规范确定的维修、养护、管理和维护义务,业主请求物业服务企业承担继续履行、采取补救措施或者赔偿损失等违约责任的,人民法院应予支持。"因此,如果物业服务企业没有提供《物业服务合同》中约定的物业服务、管理标准,就需要承担违约责任。物业服务合同对违约责任有约定的,按照约定处理,如果没有约定的,人民法院或者仲裁机构,可以按照《中华人民共和国合同法》(以下简称《合同法》)的规定,判决物业服务企业承担"减少价款或者报酬"的违约责任。因此,业主对于物业服务企业怠于履行物业管理职责的,一是要积极沟通协商要求适度降低收费标准,减少物业服务费用;二是要善于留下物业服务企业不履行义务的证据,以便今后诉讼举证,切实维护自身的合法权益。也可以通过合法途径向房屋行政管理部门反映,而不应消极地以拒绝交纳物业服务费来抵抗,以免承担相应的违约责任。

二、王某等132人诉深圳市某物业服务有限公司业主知情权纠纷案

上诉人(一审原告):王某等132人

被上诉人(一审被告):深圳市某物业服务有限公司(以下简称某物业公司)

案情介绍

本案132名原告系位于深圳市龙岗区布吉街道某某苑小区的业主。2011年6月23日,某某苑召开业主大会,选举产生了第三届业委会成员。同年7月5日,该业主委员会获得深圳市龙岗区住房和城乡建设局核准成立。2011年12月18日,第三届业委会(甲方)与某物业公司(乙方)签订了《某某苑物业服务合同》。合同第十七条约定,物业服务期限为5年,自2011年10月1日至2016年9月30日。合同第五条约定,本物业区域物业服务收费方式为包干制。第十二条约定,乙方经营归业主所有的共同部位、共用设施等用于广告、房屋租赁、经营、商业促销等活动,应向甲方公布收益情况,接受甲方监督。第十三条约定,乙方经营归业主所有的共用部位、共用设施所得收益,扣除5%的社区文化费及必要的经营成本和税金后,按某物业公司三成,某某苑业主大会七成的比例进行分配;并参照某某苑本体维修基金模式建立该收益账户,双方共同管理。第十四条约定,甲方对本物业区域内的物业服务事项有知情权;审核本物业区域内共用部位、共用设施的收益使用情况;按照相关规定交纳、使用和续筹物业专项维修资金。第十五条约定,乙方妥善保管和正确使用本物业的档案资料,及时记载有关变更信息;及时向甲方、业主和物业使用人通报本物业区域内有关物业服务的重大事项,接受甲方、业主和物业使用人的监督;遵照深圳市物业专项维修资金管理有关规定,依法代收日常收取的物业专项维修资金,依法使用物业专项维修资金进行物业共用部位、共用设施设备保修期满后的维修、更新和改造。乙方每三个月向全体业主张榜公布一次管理费收支账目和公布一次物业专项维修资金的使用情况。后业主与某物业公司在信息公开方面产生纠纷,某某苑小区的业主共132人向一审法院起诉。

原告在一审中请求法院判令

某物业公司公布某某苑小区2003年1月1日至2012年12月31日物业专项维修资金及小区公共广告位出租、停车费收入、为社区配套的经营场所出租的租金等收益及支出财务账目,落实业主依法享有的知情权。

某物业公司辩称

停车场(露天停车场、地下停车场)、会所(二楼)、游泳池、华程超市、药店、小店(会

所楼下三家、小区大门口一家、便利店)等目前均由某物业公司在出租收益,也亦将上述收益均列入了公共收益账户当中,相关公共部分的收益、支出账目一直有公布。关于应公布物业专项维修资金和公用部分收支账目的时间范围,某物业服务有限公司提起了诉讼时效的抗辩。

一审法院认为

根据最高人民法院《关于审理建筑物区分所有权纠纷案件具体应用法律若干问题的解释》第十三条的规定,业主请求公布、查阅建筑物及其附属设施的维修资金的筹集、使用情况,管理规约、业主大会议事规则以及业主大会或业主委员会的决定及会议记录,物业服务合同、共有部分的使用和收益情况,建筑物区划内规划用于停放汽车的车位、车库的处分情况,人民法院应予支持。

关于本案132名业主诉请某物业服务有限公司公布物业专项维修资金的收支账目,根据《深圳经济特区物业管理条例》第九十六条的规定,物业服务企业应当至少每半年公布一次物业专项维修资金收支情况。上述法规自2010年7月1日起适用于扩大后的深圳经济特区,本案涉及的物业在该日期前并非属于原深圳经济特区内,故对本案132名业主要求公布该日期前物业专项维修资金收支情况的诉请,无法律依据,一审法院不予支持,理由如下:根据《物业管理条例》第五十四条第三款的规定:"专项维修资金收取、使用、管理的办法由国务院建设主管部门会同国务院财政部门制定。"根据财政部与住房和城乡建设部联合发布的《住宅专项维修资金管理办法》第十条、第十五条、第十六条、第三十条的规定,在业主大会成立之前,维修资金的代管单位是物业所在地直辖市、市、县人民政府建设房地产主管部门;在业主大会成立之后,维修资金的代管单位将专项维修资金账面余额转至业主大会开立的专项维修资金账户,并将有关账目等移交业主委员会;直辖市、市、县人民政府建设(房地产)主管部门,负责管理公有住房住宅专项维修资金的部门及业主委员会应当每年至少一次与专户管理银行核对住宅专项维修资金账目,并向业主公布。根据以上规定,2010年7月1日前的物业专项维修资金收益使用情况的公布法定义务主体并非物业公司,2010年7月1日以后物业公司才有义务公布该项收支项目。

关于本案132名业主诉请某物业服务有限公司公布某某苑小区公共广告位、停车场、为社区配套的经营场所等共有部分被出租和使用的收益及支出的财务账目,一审法院认为:由于物业服务企业是物业服务合同的缔约主体,是利用业主共有部分经营的主体,因此本案132名业主诉请的此类事项的公布义务主体是某物业服务有限公司。

关于某物业服务有限公司应公布物业专项维修资金和公用部分收支账目的时间

范围,某物业服务有限公司提起了诉讼时效的抗辩,一审法院认为:除法律另有规定外,当事人向人民法院请求保护民事权利的普通诉讼时效期间为二年。根据某物业服务有限公司与业委会签订的《某某苑物业服务合同》第十五条的约定,某物业服务有限公司应每三个月向全体业主张榜公布一次管理费收支账目和公布一次物业专项维修资金的使用情况。结合本案132名业主的起诉时间(2013年7月1日),一审法院认定某物业服务有限公司应公布的时间范围应从2011年4月1日开始。

一审法院判决

①某物业服务有限公司应于本判决生效之日起30日内公布2011年4月1日至2012年12月31日期间的包括广告位、地下和地面停车场、会所一楼和二楼、超市、商店等某某苑小区内经营场所的公共收益、支出的财务账目,将上述账目张贴于某某苑小区公告栏内,公布时间不得少于30日。②某物业服务有限公司应于本判决生效之日起30日内公布2011年4月1日至2012年12月31日期间的关于某某苑小区物业专项维修资金的收支财务账目,将上述账目张贴于某某苑小区公告栏内,公布时间不得少于30日。③驳回本案132名业主的其他诉讼请求。

一审判决送达后,王某等132名业主不服一审判决,向二审法院提起上诉。

王某等132人诉称

一审判决适用法律错误,体现在对公布账目义务主体的认定及诉讼时效认定上。关于义务主体,小区维修资金收入、使用及专户存入的义务主体是经手人物业服务公司而非其他主体。关于专项维修资金收支账目,一审判决适用《深圳经济特区物业管理条例》(2010年7月起适用)及相关规定认为:业主大会成立前,该项资金是由政府有关部门代管,业主大会成立后,该项资金转至业主大会设立的资金专户,并将有关账目移交业主委员会。据此认为,2010年7月以前的维修资金公布主体非某物业服务有限公司而是有关主管部门及业委会。实际上,某物业服务有限公司自1998年以来就一直未间断在某某苑小区提供物业管理服务。小区的维修资金一直由某物业服务有限公司经手收取和使用,其收取的资金是否按规定将资金存入监管专户,有无按规定使用维修资金,对业主、业委会及政府监管部门来讲都是个谜,除了某物业服务有限公司外,没有谁知道。这正是业主、业委会及政府监管部门需要了解和知情的。而业主是通过业委会来监督物业服务公司的日常服务,基于法律规定的任期限制,业委会任期届满后,这个机构都不存在了(某某苑小区目前已经历第三届业委会,但中间已经间断几年没有业委会,到现在为止新业委会还未成立)。自然,对物业服务公司的监督就经常出现断层真空,物业服务公司也不可能接受这个不存在的机构的监管和向这个不存在的机构移交账目。而政府有关部门对物业服务公司的监督管理只是宏观上的,也可以说是消极被动的事后指导管理,具体还是要通过业主和业委会进行日常监管。物业公司隐瞒小区服务过程中的真实情况,政府主管部门不可能知道。法律法规方面,不管新旧法律法规怎样变化,其基本精神没有变,相关法律法规规定,小区专项维修资金为业主所有、政府监管、物业公司代收、专户储存。小区公用设施设备进行维修更新改造需要动用维修资金,首先由物业公司拟定维修计划和方案,以及所需资金的预算,报业主大会及业委会审查决定批准,再上报政府监管部门拨付资金。业主有权监督该项资金收取及使用情况。根据法律规定,结合小区物业服务公司与业委会所签物业服务合同约定的实际情况,某物业服务有限公司应公布小区维修资金的收支账目,含是否按规定收取收足,有无欠交,是否按规定存入专户,是否按规定报批使用,等等,这些正是政府监管部门、业主、业委会等需要向经手人——物业服务公司了解和知情的。因此款项经手人才是义务主体。一审判决将政府监管部门及业委会等同经手人物业服务公司,认为其也是义务主体,完全混淆和颠倒了权利义务主体,与本案事实不符。关于时效,业主要求物业公司报告专项维修资金收支账目,这项权利的行使是基于业主享有的物权(也即资金所有权)为前提,不是普通的债权,不能适用普通时效的规定。物业服务公司收取的维修资金,所有权属于全体业主,物业服务公司只是代收代管。业主与物业服务公司双方的关系是委托人与被委托人的关系,委托人要求被委托人报告委托事项,这也是基于业主(委托人)物权及相关权利为前提。如果将业主的物权等同于普通债权适用时效,就会得出十分荒唐的结论。关于小区公用配套设施设备的收益,其所有权也是全体业主,物业公司只是受业主的委托进行经营管理。业主要求物业公司报告小区公共收益及支出,也是行使物权的表现,不能适用普通的时效。如果适用时效,两年以前的收益不能查询,同样意味着业主的物权(所有权及其收益权)没有法律保障。

综上,一审法院对业主的维修资金和小区公共收益知情权适用时效的判决,与《物权法》及《物业管理条例》等相关法律法规相违背。这种判决会给全社会社区带来的很大的负面效应。如果这种判例合法化,则被受托人会利用一切手段拖延委托人的监督,拒不报告委托事项,只要拖过两年就能躲避监督,可将委托人的财产和资金据为己有或随意支配,反正没有谁可以监督了。如果能开此先例,同样业主也没有必要及时交纳维修资金,只要利用一切手段拖延交纳,超过两年就万事大吉了。且业主拒交维修资金的法理更充分。而小区业主公共收益及业主日常交纳的维修资金,均是构成业主公共设施维修更新改造的主要资金来源,因受时效的限制,两年前的业主公共收益不能过问,两年前业主所欠的维修资金也可不交,则小区业主公共设施维修及更新改造的资金来源就无法律保障。另外,因受时效期限的约束,为了在时效内及时行使权利,业主不得不每两年起诉物业公司报告小区公共收益及维修资金情况,物业公司不得不每两年起诉业主催交日常维修资金及管理等费用。这样小区的物业服务公司和业主就会长年累月纠缠在无止境的官司诉讼中,这种表面上的及时维权,实则是在强化双方的敌意状态,不利于构建双方和谐稳定的社区环境。它不是在调和化解矛盾和冲突,息纷止争,而是挑起纷争,激化委托人与被委托人之间的矛盾和冲突。影响小区和谐的根源,就是要提倡权利制衡,平衡委托人与被托人之间的关系。作为小区委托人的业主对被委托人的行为不能充分进行监督制约,双方地位不平等(衡),何来制衡?一审判决违法限制了业主的物权及监督权,就等于违法不适当,强化了被委托人的反监督权控制权,使小区矛盾进一步升级。综上,上诉人王某等请求依法撤销一审判决中有关时效的判定,公布小区全体业主的公共收益及专项维修资金不应受到时效限制。

被上诉人某物业服务有限公司辩称

一审判决查明事实清楚、适用法律正确,依法应当予以维持。根据《最高人民法院关于审理建筑物区分所有权纠纷案件具体应用法律若干问题的解释》,维修资金使用公布的主体应当是业委会和业主大会;根据《深圳经济特区物业管理条例》的规定,维修资金使用公布的主体是物业服务企业,龙岗区在2010年7月以后才属于特区范围内,因此某物业服务有限公司在2010年7月以后才有公布的义务。关于时效,本案的案由是属于物业服务合同纠纷,关于合同约定的权利义务是属于债权,当然适用诉讼时效的规定,业主欠物业公司管理费及本体维修资金,物业公司要每两年起诉一次,或者是通过特快发函,否则法院只支持两年的物业管理费及本体基金,对此有生效判决确认。综上,一审判决查明事实清楚,适用法律准确,应当依法维持。

二审法院经审理另查明

某物业服务有限公司在一审开庭时确认其于2005年开始对涉案小区进行物业管理,其出具的《某某苑2005年至2007年本体基金收支情况表》载明,涉案小区2005年1月1日至2007年12月31日本体维修基金由某物业服务有限公司代管。对一审法院查明的其他事实清楚,二审法院予以确认。

二审法院认为

本案系业主知情权纠纷案件。根据王某等132名业主的上诉请求,本案二审的争议焦点为:业主知情权是否受诉讼时效的限制。针对该争议焦点,二审法院认为,业主知情权指业主了解建筑区划内涉及业主共有权以及管理权相关事项的权利,是业主对共有部分行使的管理权的必要组成部分。该权利基于建筑物专有部分所有权的取得而取得,业主转让建筑物内的住宅、经营性用房,业主知情权作为其对共有部分享有的共同管理的权利亦一并转让。根据《最高人民法院关于审理民事案件适用诉讼时效制度若干问题的规定》的规定,当事人可以对债权请求权提出诉讼时效抗辩,由于业主知情权系业主基于其所有权人地位所取得并享有的固有权利,并非债权请求权,不应适用诉讼时效的规定,故某物业服务有限公司针对王某等132名业主的主张提出诉讼时效抗辩,没有法律依据,一审法院适用法律错误。

某物业服务有限公司另辩称其并非物业专项维修资金收益使用情况的公布法定义务主体,但从《某某苑2005年至2007年本体基金收支情况表》所载内容可知,其早在2005年便已代管物业专项维修资金,即使当时没有相关法律文件要求其主动公布收支情况,仍不能免除其作为资金管理人配合业主了解以往收支情况的义务。故对某物业服务有限公司的抗辩主张,不予支持。关于公布收支账目起始时间的问题,二审法院认为,王某等132名业主张某物业有限公司于1998年已对涉案小区进行物业管理,但并未提供证据予以证明。结合某物业服务有限公司在一审开庭时的自认,并结合《某某苑2005年至2007年本体基金收支情况表》所载内容,二审法院确认某物业服务有限公司于2005年1月1日起对涉案小区进行物业管理,故某物业服务有限公司应公布2005年1月1日至2012年12月31日期间的公共收益、支出的财务账目及物业专项维修资金的收支财务账目。

二审法院判决

① 某物业服务有限公司应于判决生效之日起三十日内公布2005年1月1日至2012年12月31日期间的包括广告位、地下和地面停车场、会所一楼和二楼、超市、商店等某某苑小区内经营场所的公共收益、支出的财务账目,将上述账目张贴于某某苑小区公告栏内,公布时间不得少于30日。

② 某物业服务有限公司应于本判决生效之日起30日内公布2005年1月1日至2012年12月31日期间的关于某某苑小区物业专项维修资金的收支财务账目,将上述账目张贴于某某苑小区公告栏内,公布时间不得少于30日。

案例评析

随着业主权利意识的勃兴,关乎业主知情权的纠纷频频发生,对于知情权的具体内涵,现行法律、行政法规的规定主要集中在《物权法》第七十九条、《物业管理条例》第六条、《最高人民法院关于审理建筑物区分所有权纠纷案件具体应用法律若干问题的解释》第十三条中。《最高人民法院关于审理建筑物区分所有权纠纷案件具体应用法律若干问题的解释》第十三条采取不完全列举的方式,相对清晰地厘定了业主知情权的范围,具体包括:①建筑物及其附属设施的维修资金的筹集、使用情况。②管理规约、业主大会议事规则,以及业主大会或者业主委员会的决定及会议记录。③物业服务合同、共有部分的使用和收益情况。④建筑区划内规划用于停放汽车的车位、车库的处分情况。⑤其他应当向业主公开的情况和资料。此外,《议事规则》及《管理规约》由小区全体业主讨论通过,旨在进一步规范业主及业委会的行为,以提高自主管理的科学性、合理性,其关于业主知情权的规定对业主委员会具拘束力。《物业服务合同》作为业主或者业主大会授权的业主委员会与其选聘的物业服务企业之间签订的就物业管理服务及相关的物业管理活动所达成的权利义务关系的协议,其中关于业主知情权的约定,对物业服务企业具有约束力。

关于业主知情权是否受诉讼时效的限制的问题,业主知情权是基于业主作为建筑区划内的区分所有人在由全体区分所有人组成的共同体中的成员地位所取得、享有的固有权利,是业主基于不动产物权而取得的权利,业主转让建筑物内的住宅、经营性用房,业主知情权作为其对共有部分享有的共同管理的权利亦一并转让。《最高人民法院关于审理民事案件适用诉讼时效制度若干问题的规定》规定,当事人可以对债权请求权提出诉讼时效抗辩,由于业主知情权系业主基于其所有权人地位所取得并享有的固有权利,并非债权请求权,不应适用诉讼时效的规定。

三、张某诉郑某、中国 LH 网络通信有限公司某市分公司改变住宅使用用途纠纷案

上诉人(一审原告):张某

被上诉人(一审被告):郑某

被上诉人(一审被告):中国 LH 网络通信有限公司某市分公司(以下简称 LH 某分公司)

案情介绍

原告张某与被告郑某均为某市某区中北路白玫瑰花苑×栋×单元业主,被告郑某于 2003 年 4 月 28 日取得白玫瑰花苑×栋×单元 A 室设计用途住宅的房屋(以下简称 A 室房屋)的房屋所有权证,张某于 2007 年取得白玫瑰花苑×栋×单元 B 室设计用途住宅的房屋的房屋所有权证。郑某与张某系同一单元上下楼层邻居关系。

郑某于 2011 年 10 月 8 日与被告 LH 某分公司签订白玫瑰花苑通信机房租赁合同,约定 LH 某分公司利用 A 室房屋建设通信机房,租期自 2011 年 10 月 8 日起至 2015 年 10 月 7 日止,年租金为 30 000 元;郑某负责周边群众的协调工作,保证 LH 某分公司正常施工及日常维护;LH 某分公司保证改造、装修房屋不影响房屋的建筑结

构安全,设备在工作中或因老化等不影响周边群众的生活、休息。

被告 LH 某分公司于 2011 年 12 月入驻使用 A 室房屋,在 A 室房屋内放置光纤传输机柜作为数据传输汇聚节点,用以建设有线光纤传输宽带网络,解决"平安城市"视频监控录像传输、无线城市综合项目 WLAN(无线宽带局域网)、周边居民小区宽带、固定电话等接入业务的汇聚、交换需求。与此同时,郑某仍居住使用 A 室房屋。

自 2012 年 3 月 19 日起,白玫瑰花苑物业管理处、白玫瑰花苑业主多次要求 A 室房屋业主"停止生产经营、恢复原住房性质、消除安全隐患",均被被告拒绝。2013 年 1 月 16 日,原告张某起诉被告郑某、联通某分公司至法院。

一审原告张某诉称

被告郑某系某市某区中北路白玫瑰花苑×栋×单元 A 室的业主。2011 年 12 月,被告郑某与被告 LH 某分公司未经小区内相关业主的同意,擅自将光纤传输机柜、电源柜、蓄电池等设备安置在 A 室,将 A 室建成通信机房,该机房 24 小时运转,无人值班,存在安全隐患,相关业主及白玫瑰花苑物业管理处曾多次对两被告进行劝阻,但两被告均未予理会。现原告诉至法院要求判令两被告拆除位于某市某区中北路白玫瑰花苑×栋×单元 A 室的光纤传输设备,恢复房屋住宅用途,并承担本案诉讼费用。

一审被告郑某辩称

郑某是某区中北路白玫瑰花苑×栋×单元 A 室的业主,依据相关法律规定对此房屋享有使用、处分的权利,将房屋出租给联通某分公司的行为是合法合理,并没有给其他业主造成危害,也没有任何安全隐患;白玫瑰花苑物业管理处确实下了整改通知,但我们认为是无效的,白玫瑰花苑小区另有各种公共服务公司的设备安放在业主共有的公共区域内,而 LH 公司的设备只放置在本人房屋内,并没有占用任何公摊面积;请求依法驳回原告的诉讼请求,本案诉讼费用由原告承担。

一审被告 LH 某分公司辩称

依据《中华人民共和国电信条例》和《物权法》,LH 某分公司与被告郑某签订租赁合同后有权放置电信设备;LH 某分公司放置电信设备的房间不属于经营性用房,没有对小区居民生活造成任何影响;请求依法驳回原告张某的诉讼请求。

一审法院经审理认为

本案案由应确定为建筑物区分所有权纠纷。《物权法》第七十七条的立法目的,实际上主要针对的是利用住宅从事经营生产企业,规模较大的餐饮及娱乐、洗浴或者作为公司办公用房等动辄给其他区分所有权人带来噪音、污水、异味、过多外来人员出入等影响其安宁生活的营业行为,即并非所有将住宅改变的行为都是《物权法》第七十七条规制的行为。被告郑某、LH 某分公司并未改变涉案房屋的住宅性质,即使改变亦是用于公益事业,且原告张某未提供其房屋价值、生活质量受到或者可能受到不利影响的证据。故对原告的诉请,不予支持。据此,一审法院判决驳回原告张某的诉讼请求。

上诉人张某诉称

①一审判决遗漏重大事实,且认定事实错误。被上诉人LH某分公司在一审提交的证据四即2012年5月13日某市城市视频监控系统项目建设、运维服务和租赁合同书中,合同金额高达数亿元,一审判决遗漏此重大事实,导致错误认定被上诉人郑某、被上诉人LH某分公司没有改变讼争房屋的住宅性质,即使改变也是用于公益事业。被上诉人郑某在一审提交的证据二即2013年3月25日照片两张,照片的内容只是一些生活用品,一审以此证据认定郑某一直居住使用A室房屋,属于认定事实错误。②一审判决擅自进行司法解释明显违法。一审判决错误地将《物权法》第七十七条的立法目的解释为主要针对的是利用住宅从事经营生产企业,规模较大的餐饮及娱乐、洗浴或者公司办公用房等动辄给其他区分所有权人带来噪音、污水、异味、过多外来人员出入等影响其安宁生活的营业行为,而《中华人民共和国立法法》规定,法律解释权属于全国人民代表大会常务委员会,一审的解释行为违背了《中华人民共和国立法法》的规定。③两被上诉人的行为已经严重侵犯有利害关系业主的权利,人民法院应责令其立即拆除以消除隐患。综上,请求:①依法撤销一审判决,发回重审,或者查清事实后予以改判。②判令两被上诉人拆除位于某市武昌区中北路白玫瑰花苑×栋×单元A室房屋的光纤传输设备,恢复房屋住宅用途。

上诉人张某在二审中提交了一份证据,即民事上诉状一份,证明全体业主反对被上诉人LH某分公司的行为。

被上诉人郑某辩称

①郑某将自有产权房屋租赁给被上诉人LH某分公司合理合法。《物权法》赋予所有权人对自身动产或不动产享有占有、使用、收益权。②一审判决合情合理。一审法院对《物权法》第七十七条所作的解释正确。现行法律没有规定答辩人将房屋租赁给LH某分公司安装光纤设备的行为违法。③答辩人不仅在一审中提交照片证明房屋可以正常居住,而且一审法院审判人员也实地查看过讼争房屋,房屋内有人居住生活。④上诉人张某声称LH某分公司侵犯其权利,但没有举出证据证明到底侵犯其何种权利。LH某分公司曾请专业人员对辐射进行检测,没有检测出辐射,但上诉人不相信该意见。⑤小区公共场所内还有其他通信设备,如果要拆除答辩人家中的通信设备,小区公共场所内的其他通信设备也应当拆除。综上,请求某驳回上诉,维持原判。

被上诉人郑某在二审中提交一份证据,即近1年的水、电、燃气的发票一套,证明讼争房屋内一直有人居住生活。

被上诉人 LH 某分公司辩称

上诉人张某片面理解了公益事业的概念。LH 某分公司的情况与电力公司、自来水公司相似,虽然对用户收取费用,但仍然是公益事业。请求二审法院驳回上诉,维持原判。

被上诉人 LH 某分公司在二审中提交一份证据,即《某市人民政府办公厅关于进一步加强无线城市建设工作的通知》一份,证明某市人民政府要求全社会支持基础设施建设,支持无线城市建设,严格落实《住宅区和住宅建筑内光纤到户通信设施工程设计规范》和《住宅区和住宅建筑内光纤到户通信设施工程施工及验收规范》两项国家标准要求。

二审法院认为

本案争议焦点是:①被上诉人 LH 某分公司在讼争房屋内放置光纤传输机柜作为数据传输汇聚节点的行为是否属于将住宅改变为经营性用房。②如果 LH 某分公司的上述行为属于将住宅改变为经营性用房,是否应当经过上诉人张某的同意。

(1)关于第一个争议焦点。被上诉人 LH 某分公司在讼争房屋内放置光纤传输机柜作为数据传输汇聚节点的行为,属于将住宅改变为经营性用房。本案中,LH 某分公司租赁讼争房屋用于放置光纤传输机柜作为数据传输汇聚节点,以建设有线光纤传输宽带网络,解决"平安城市"视频监控录像传输、无线城市综合项目 WLAN(无线宽带局域网)、周边居民小区宽带、固定电话等接入业务的汇聚、交换需求。从其用途可以看出,其租赁讼争房屋并不是为了生活居住,而是为了从事经营性活动,因此联通某分公司的上述行为属于将住宅改变为经营性用房。

(2)关于第二个争议焦点。被上诉人 LH 某分公司在讼争房屋内放置光纤传输机柜作为数据传输汇聚节点的行为,应当经过上诉人张某的同意。理由如下:

首先,LH 某分公司将住宅改变为经营性用房的行为应当经过有利害关系的业主同意。依照《物权法》第七十七条"业主不得违反法律、法规以及管理规约,将住宅改变为经营性用房。业主将住宅改变为经营性用房的,除遵守法律、法规以及管理规约外,应当经有利害关系的业主同意"的规定,业主将住宅改变为经营性用房,其行为的合法性需要同时满足两个条件:①遵守法律、法规以及管理规约。②应当经有利害关系的业主同意。即使没有违反法律、法规以及管理规约,只要没有经过有利害关系的业主同意,将住宅改变为经营性用房的行为的合法性仍不具备。《物权法》第七十七条的条款语义清楚、内涵明确,一审对该条款中的"业主将住宅改变为经营性用房"作限缩性解释不当,予以纠正。依照最高人民法院《关于审理建筑物区分所有权纠纷案件具体应用法律若干问题的解释》第十条第一款"业主将住宅改变为经营性用房,未按照《物权法》第七十七条的规定经有利害关系的业主同意,有利害关系的业主请求排除妨害、消除危险、恢复原状或者赔偿损失的,人民法院应予支持"和第十六条第一款"建筑物区分所有权纠纷涉及专有部分的承租人、借用人等物业使用人的,参照本解释处理"的规定,LH某分公司作为讼争房屋的承租人将住宅改变为经营性用房,应承担与业主相同的法定义务,故也应当经过有利害关系的业主同意。

其次,上诉人张某应认定为有利害关系的业主。依照《最高人民法院关于审理建筑物区分所有权纠纷案件具体应用法律若干问题的解释》第十一条"业主将住宅改变为经营性用房,本栋建筑物内的其他业主,应当认定为物权法第七十七条所称'有利害关系的业主'。建筑区划内,本栋建筑物之外的业主,主张与自己有利害关系的,应证明其房屋价值、生活质量受到或者可能受到不利影响"的规定,上诉人张某作为本栋建筑物内的业主,无需举证证明其房屋价值、生活质量受到或者可能受到不利影响,即可认定为有利害关系的业主。

综上,被上诉人LH某分公司租赁被上诉人郑某的房屋用于放置光纤传输机柜作为数据传输汇聚节点的行为属于将住宅改变为经营性用房,该行为未经有利害关系的业主上诉人张某的同意,依照前述《最高人民法院关于审理建筑物区分所有权纠纷案件具体应用法律若干问题的解释》第十条第一款和第十六条第一款的规定,LH某分公司应承担相应责任。被上诉人郑某将讼争房屋出租给被上诉人LH某分公司用于建设通信机房,其应与LH某分公司共同承担责任。故对于张某关于郑某、LH某分公司拆除位于某市武昌区中北路白玫瑰花苑×栋×单元A室房屋的光纤传输设备、恢复房屋住宅用途的上诉请求,予以支持。一审判决认定事实清楚,但适用法律不当,据此,某市中级人民法院二审判决:①撤销一审法院判决。②郑某、中国LH网络通信有限公司某市分公司于本判决生效后六十日内拆除位于某市某区中北路白玫瑰花苑×栋×单元A室房屋的光纤传输设备,恢复房屋住宅用途。

 案例评析

(1)房屋按照其使用用途可以分为住宅和非住宅两种用途。住宅用房是以居民生活为用途的,设计、施工都是按照普通居住要求进行,一般不能改变使用用途。本案中,虽然郑某是该房屋的所有权人,对其建筑物内的住宅自用部分享有所有权,即业主对专有部分享有占用、使用、处分、收益的权利,有权排除他人妨碍、请求停止侵害、赔偿损失的权利。但是,业主的专有权是受到限制的,具体表现为三个方面:①维持建筑物的原状。业主对自用部分物业的维护、修缮等不得妨碍相邻业主的安全或危及整体建筑的安全,更不能故意损害自有部分。②应该按照原房屋设计的结构、用途使用房屋,不能够随意改变房屋的结构和使用用途。③自用部分不得与建筑物共有部分分割处分或加重负担。《物权法》第七十七条规定:"业主不得违反法律、法规以及管理规约,将住宅改变为经营性用房。业主将住宅改变为经营性用房的,除遵守法律、法规以及管理规约外,应当经有利害关系的业主同意。"《关于审理建筑物区分所有权纠纷案件具体应用法律若干问题的解释》第十一条规定:"业主将住宅改变为经营性用房,本栋建筑物内的其他业主,应当认定为物权法第七十七条所称'有利害关系的业主'。建筑区划内,本栋建筑物之外的业主,主张与自己有利害关系的,应证明其房屋价值、生活质量受到或者可能受到不利影响。"可见,现实生活中,对于确实需要改变房屋住宅用途的,除符合法律、法规的要求外,并且要得到本栋建筑物内的其他业主、使用人以及业主委员会的书面同意;承租人要求改变建筑使用性质的,还应征得出租人的书面同意证明。除了需要符合以上条件和办理了有关证明,业主还需要到当地的房屋管理部门办理相关变更手续,才算是合法地改变了房屋用途,否则属于违法行为,应当承担相应责任。本案中,两被告未经广大有利害关系的业主同意,也未在当地有关房屋管理部门办理变更手续,擅自改变住宅用途,缺乏合法性,因此,法院的判决是合理的。此外,《物业管理条例》第四十六条规定:"对物业管理区域内违反有关治安、环保、物业装饰装修和使用等方面法律、法规规定的行为,物业服务企业应当制止,并及时向有关行政管理部门报告。有关行政管理部门在接到物业服务企业的报告后,应当依法对违法行为予以制止或者依法处理。"因此,对擅自改变房屋用途的行为,物业服务企业应当及时劝阻,但物业服务企业并无权采取强制手段,对劝阻无效,物业服务企业可以向有关行政管理部门报告,由有关行政管理部门予以制止或依法处理。

(2) 由于房屋所有权与使用权可以发生分离,物业管理活动中就存在一种非业主使用人,即不拥有房屋所有权,但通过租赁关系和借用关系而获得房屋使用权,并实际使用房屋的非业主使用人。业主和非业主使用人有根本的区别,业主依法对物业享有占有、使用、收益和处分的全部权利,非物业使用人对物业仅享有占有、使用或者一定条件下的收益权,而没有处分权。

物业占有人或使用人有违约或侵权行为,业主是否承担责任呢?应看到业主为物业管理服务合同的主体,在合同的实际履行过程中,实际履行的主体可以是业主,但也可能是物业的占有人或使用人。业主与物业管理企业之间的法律关系不同于占有人或使用人与物业管理企业之间的法律关系。业主与物业管理企业之间是一种物业服务合同关系;业主与物业的实际占有人或使用人之间可能是一种借用合同关系,也可能是一种租赁合同关系等。物业的实际占有人或使用人与物业管理企业之间并不直接发生法律关系。基于《合同法》的基本理论,合同一方当事人仅对另一方当事人产生权利义务的约束力。因此,物业的实际占有人或使用人在使用物业的过程中,如果实施了某种侵权行为,针对侵权行为,受害人均可请求加害人承担相应的法律后果;针对违约行为,物业管理企业只能够向业主主张权利,而无权直接向物业的占有人或使用人主张。至于业主,就占有人或使用人的违约行为承担责任后,有权向占有人或使用人追偿。可见,房屋使用人将住宅改变为经营性用房的,应承担与业主相同的法定义务,除遵守法律、法规和管理规约外,还应当经有利害关系的业主同意。

四、李某与张某相邻关系纠纷案

上诉人(一审原告):李某
被上诉人(一审被告):张某

案情介绍

李某与张某分别是佛山市禅城区某路某花园10号6座902房、1002房的业主,双方上下为邻。李某认为张某擅自将其空调主机安装在属于李某所有的墙体,侵犯其物权,李某多次找张某协商未果,遂将张某诉至法院。请求法院判决:张某排除妨害、消除危险,迁移南面观景阳台侧面的空调主机。

一审法院认为

本案为相邻不动产权利人因利用不动产而产生的纠纷,案由应为相邻关系纠纷。李某主张张某将空调室外机固定在属于李某的阳台墙面,侵犯了李某的物权,对此,一审法院认为本案中争执的空调室外机依附于张某南面观景阳台侧面下面、李某南面观景阳台侧面上方的外墙面不属于专有而为共有。李某认为其对阳台外墙面享有专有权的主张,缺乏法律依据。本案中,张某因空调尺寸的问题无法利用自己住宅窗台下空调位,转而利用阳台外墙面安装空调室外机,系合理需要。且李某也未举证证实张某安装空调室外机于阳台外墙的行为对李某的正常生活产生了影响。综上,李某作为张某的不动产相邻方,应当按照有利生产、方便生活、团结互助、公平合理的精神,正确处理邻里关系,并在一定范围和限度内承担合理的容忍义务,李某的诉请缺乏事实和法律依据,一审法院不予支持,判决驳回李某的诉讼请求。

上诉人李某不服一审判决,上诉称

(1)本案的事实经过如下:张某是李某的楼上邻居,2016年2月张某购买了大功率的空调,主机无法安装在预留的位置,便擅自安放在南面观景阳台的外墙上。经李某勘测,阳台外墙立面宽度为70厘米,属于李某专有部分(露台)对应的共有外墙为

43.5厘米(36厘米+7.5厘米),而张某的空调支架有29厘米是固定在属于李某专有部分(露台)对应的共有外墙面立面上,侵犯了李某的物权。同时,如此安放空调主机,影响李某对阳台的有效利用,也不能保证安全性,对小区的公共安全造成威胁。李某向小区的物业管理公司和居委会反映情况,物业管理公司和居委会要求张某拆除主机,但张某拒不拆除。

(2)一审判决认定事实错误。理由:①张某违反《某花园住宅使用说明书》关于阳台不可封闭的要求,擅自改变房屋结构,将露台封闭,改变成为客厅的一部分,致客厅面积增加,超出原建筑设计的要求而需要选择更大尺寸的空调,因此无法将空调安装在预留的位置上,这一结果是张某违反住宅使用要求而造成的,而非客观因素。②张某违反《某花园业主手册》第六章装修管理规定,无视空调安装要求、指引和《某花园承诺书》,在外墙上钻孔安装空调,破坏外墙的防水层和完整性,令雨水容易经被破坏的部位渗入墙体,产生热应力变化,造成外墙砖块剥落或引起钢筋锈蚀膨胀、混凝土块坠落而引发安全事故,给小区全体业主带来安全隐患,损害他人合法权益。③张某家共有三个空调外机安装预留位,在西面外墙上一个长为2.6米的空调支承板足以安装涉案空调,但张某为了节省安装费用而拒绝使用。

(3)根据《物权法》第七十条的规定,建筑物共有部分属于全体业主,如何使用必须由全体共有人而不是由某一共有人擅自决定。

(4)一审判决适用法律不当。张某违反《某花园住宅使用说明书》《某花园业主手册》《某花园承诺书》,改变房屋结构,不能纵容其擅自安装空调主机的违规行为,一审判决适用的法律不能适用于本案。相关司法解释也指出违反管理规约,损害他人合法权益而使用共有部分的行为应认定为侵权行为。故上诉请求:依法撤销一审判决,改判张某排除妨害、消除危险,迁移南面观景阳台侧面的空调主机,恢复外墙原貌。

被上诉人张某辩称

①一审判决客观公正,合理合法,适用法律正确,李某的上诉请求不能成立,没有事实和法律根据。李某依据业主准则等认为张某擅自安装空调,这一主张违背事实,张某没有改变房屋墙体等结构,客厅所安装的柜式空调的功率是3匹,是最低的,开发商预留的空调位不够大,李某对此知情。如果要安装在西面洗手间外侧的空调位,需要加长7米的铜管,制冷效果不好。②装修时张某交纳了装修押金,而且张某没有与物业管理公司签订装修合同。空调是由专业师傅安装的,不会对公共安全产生威胁,也有二十多户的业主如此安装空调。③一审法院依据相关司法解释,认为外墙属于共有部分正确。综上,请求某驳回李某的上诉请求,维持一审判决。

二审法院经审理认为

本案系相邻关系纠纷,本案所涉的空调外机安装在阳台侧面的外墙面上,依照上述规定,该外墙面不属于李某的专用部分,而为共有部分。张某没有在南面预留位置上安放空调是因为该位置无法容纳空调外机,而西南外墙距客厅较远,若在此处安放空调外机,会增加安装费用,且空调也会更加耗电,不利于节能。因此,张某在南面即阳台侧面的外墙面安装空调外机是出自合理需要,李某作为张某的楼下邻居,应当秉承有利生产、方便生活、团结互助、公平合理的原则,对此给予理解,加之李某并无证据证明张某该安装行为给其生活带来不便。综上,李某要求张某移除安装在南面空调外机、排除妨碍、消除危险的上诉主张,理据不充分,二审法院不予支持。

综上,李某的上诉请求不能成立,应予驳回;一审判决认定事实清楚,适用法律正确,应予维持。故判决驳回上诉,维持原判。

案例评析

(1) 本案系相邻权纠纷,相邻关系即不动产相邻关系(下称相邻权),是指相互毗邻的不动产所有人或使用人之间在行使所有权或使用权时,因行使权利的延伸或限制而发生的权利义务关系。相邻不动产的所有人或使用人在行使自己的所有权或使用权时,应该以不损害其他相邻人的合法权益为原则。《中华人民共和国民法通则》第八十三条规定:"不动产的相邻各方,应当按照有利生产、方便生活、团结互助、公平合理的精神,正确处理截水、排水、通行、通风、采光等方面的相邻关系。给相邻方造成妨碍或者损失的,应当停止侵害,排除妨碍,赔偿损失。"《物权法》则对相邻关系做了细化规定,《物权法》第八十四条规定:"不动产的相邻权利人应当按照有利生产、方便生活、团结互助、公平合理的原则,正确处理相邻关系。"第八十八条规定:"不动产权利人因建造、修缮建筑物以及铺设电线、电缆、水管、暖气和燃气管线等必须利用相邻土地、建筑物的,该土地、建筑物的权利人应当提供必要的便利。"第九十一条规定:"不动产权利人挖掘土地、建造建筑物、铺设管线以及安装设备等,不得危及相邻不动产的安全。"第九十二条规定:"不动产权利人因用水、排水、通行、铺设管线等利用相邻不动产的,应当尽量避免对相邻的不动产权利人造成损害;造成损害的,应当给予赔偿。"本案中,张某之所以没有在南面预留位置上安放空调是因为该位置无法容纳空调外机,而西南外墙距客厅较远,而在西南外墙处安放空调外机,会增加安装费用,且空调也会更加耗电,不利于节能,张某在南面即阳台侧面的外墙面安装空调外机是出自合理需要,从方便生活、团结互助、公平合理的精神出发,李某作为张某的邻居,对此给予理解。

(2) 本案所涉的空调室外机安装于张某南面观景阳台侧面下面、李某南面观景阳台侧面上方的外墙面,该墙面应属于该建筑物内全体业主共有而非属于李某专有。《最高人民法院关于审理建筑物区分所有权纠纷案件具体应用法律若干问题的解释》第二条规定:"建筑区划内符合下列条件的房屋,以及车位、摊位等特定空间,应当认定为物权法第六章所称的专有部分:

(一)具有构造上的独立性,能够明确区分;

(二)具有利用上的独立性,可以排他使用;

(三)能够登记成为特定业主所有权的客体。规划上专属于特定房屋,且建设单位销售时已经根据规划列入该特定房屋买卖合同中的露台等,应当认定为物权法第六章所称专有部分的组成部分。本条第一款所称房屋,包括整栋建筑物。"

在《最高人民法院关于审理建筑物区分所有权纠纷案件具体应用法律若干问题的解释》第三条则对业主共有部分做了规定:"除法律、行政法规规定的共有部分外,建筑区划内的以下部分,也应当认定为物权法第六章所称的共有部分:

(一)建筑物的基础、承重结构、外墙、屋顶等基本结构部分,通道、楼梯、大堂等公共通行部分,消防、公共照明等附属设施、设备、避难层、设备层或者设备间等结构部分;

(二)其他不属于业主专有部分,也不属于市政公用部分或者其他权利人所有的场所及设施等。建筑区划内的土地,依法由业主共同享有建设用地使用权,但属于业主专有的整栋建筑物的规划占地或者城镇公共道路、绿地占地除外。"

根据《最高人民法院关于审理建筑物区分所有权纠纷案件具体应用法律若干问题的解释》的规定,建筑物外墙应当属于业主共有部分。

五、王某等5人因业主委员会产生程序违法诉贵阳市某区住房和城乡建设局登记案

原告:王某等5人

被告:贵阳市某区住房和城乡建设局(以下简称某区住建局)

第三人:贵阳市某区南湖郡业主委员会(以下简称业委会)

案情介绍

2013年8月1日,贵阳市某区南湖郡小区业主向某区天林社区服务中心申请成立组成业主大会筹备组。8月3日经小区各栋单元推荐、个人自荐,成立了南湖郡小区业主委员会筹备组,并公示名单。2013年8月9日,南湖郡业主委员会筹备组发出通知,定于2013年8月10日晚7点在小区花园中心召开业主大会,内容是宣读《南湖郡小区

业主委员会选举办法(草案)》和《南湖郡小区业主大会议事规则》,并进行讨论,同意该办法和议事规则的业主在登记表上进行签字,事后有190多名业主自愿签字认可。同年8月11日南湖郡业主大会筹备组公示业主委员会候选人名单17名,并通知该小区业主于2013年8月18日在小区召开选举大会,小区当时实际入住的业主有320户。2013年8月18日,南湖郡小区召开业主委员会选举大会,到场的人数有237人,由天林社区服务中心主任及被告派人到场进行监督,通过选举候选人有27人,后根据得票的多少,由前11名高票业主组成了南湖郡小区业主委员会,并于2013年8月19日对选举出的委员进行公示,公示张贴在每栋单元门上。同年9月23日,南湖郡业主委员会将上述材料提供给被告申请备案登记,该材料经被告某区住建局下属物业管理办公室审核,认为备案手续齐全,同意备案,加盖了物业管理办公室的公章,被告某区住建局准备以文件的形式发放该备案通知时,该小区部分业主因选举之事发生争执,并向有关部门反映选举问题。被告某区住建局未在法律规定的十日内发放正式的备案证明。此时,第三人南湖郡小区业主委员会用被告住建局内部审查的《业主委员会备案申请表》到公安机关刻了业主委员会印章,并向该小区公示业主委员会的成立,已形成事实上的业主委员会成立。为此,五原告不服被告某区住建局作出的备案登记行为,于2013年11月25日向人民法院提起了行政诉讼请求。

原告诉称

五原告均为贵阳市某区南湖郡业主,2013年10月,五原告等业主在小区内见第三人张贴的《南湖郡小区业主委员会备案公告》(以下简称《公告》),该《公告》的落款时间为2013年9月30日,张贴时间不详,《公告》内容为2013年8月18日小区业主在小区停车场顺利召开业主大会,当日选举产生业主委员会,贵阳市某区住建局于2013年9月26日对该业委会进行备案。上述《公告》张贴后,引起南湖郡小区业主的广泛关注,经过查阅有关资料,五原告等小区业主认为该业委会的成立程序和委员资格均不符合国家法律、法规的规定,主要表现为:①业主大会筹备组未在街道办事处、人民政府的组织、指导下依法成立。②业主大会筹备组无建设单位代表、街道办事处或者乡镇人民政府代表、居民委员会代表参加,且人数为双数。③未拟定管理规约草案、业主大会议事规则、业主委员会选举办法草案、业主委员会章程草案等基本规章制度。④未公示候选人基本情况,便于业主了解候选人信息。⑤未在法定的时间内提前公告业主大会召开时间。⑥当选业主委员不具备委员资格、甚至不具备业主资格。⑦涉嫌伪造业主大会选举业主委员选票。因业委会的合法成立及业主委员个人资信影响每一位业主的切身利益,关系小区和谐,故特诉至法院,请求依法判决:①请求人民法院依法撤销被告贵阳市某区住建局对第三人贵阳市某区南湖郡业主委员会的备案。②诉讼费由被告承担。

被告某区住建局提出该局于 2013 年 9 月 25 日对贵阳市某区南湖郡业主委员会登记备案,登记备案的审查程序有瑕疵,但不足以撤销备案登记,请求人民法院维持原备案登记。

第三人业委会答辩

①认为本案不应该属于行政诉讼的受案范围。该行为属于告知性备案,对小区、利害关联人不产生利害关系,对当事人的权利义务没有产生实际影响,因此不属于行政诉讼的受案范围。②即使属于行政诉讼的受案范围,原告已经超过诉讼时效。③五原告的房屋买卖合同未到房屋监理所登记备案,不具有业主的身份,不具有原告的资格。即使具备资格,但仅仅代表五个业主的意见,第三人代表的是 400 多户业主的名义。④业主委员会成立合法、合规,应当驳回原告的诉讼请求。

人民法院经审理认为

被告某区住建局作为县级以上的人民政府的房地产行政管理部门负责对本辖区区域内的物业管理活动进行监督管理工作,可依法按照法律、法规相关的规定对业委会产生进行备案登记。被告某区住建局对业主委员作出备案登记行为属具体行政行为,该登记行为符合行政诉讼法受案范围的规定。被告某区住建局对第三人贵阳市某区南湖郡小区业主委员会的备案登记之具体行政行为违反法律程序,应依法予以撤销。据此,判决撤销某区住建局对贵阳市某区南湖郡小区业主委员会作出的备案登记。

案例评析

《物权法》第七十六条、《物业管理条例》第十一条规定,选举业主委员应当由业主共同决定。《业主大会和业主委员会指导规则》第八条规定:"物业管理区域内,已交付的专有部分面积超过建筑物总面积 50% 时,建设单位应当按照物业所在地的区、县房地产行政主管部门或者街道办事处、乡镇人民政府的要求,及时报送下列筹备首次业主大会会议所需的相关文件资料。"第九条规定:"符合成立业主大会条件的,区、县房地产行政主管部门或者街道办事处、乡镇人民政府应当在收到业主提出筹备业主大会书面申请后 60 日内,负责组织、指导成立首次业主大会会议筹备组。"第十条规定:"首次业主大会会议筹备组由业主代表、建设单位代表、街道办事处、乡镇人民政府代表和居民委员会代表组成。筹备组成员人数应为单数,其中业主代表人数不低于筹备组总人数的一半,筹备组组长由街道办事处、乡镇人民政府代表担任。"第十一条规定:"筹备组中业主代表的产生,由街道办事处、乡镇人民政府或者居民委员会组织业主推荐。筹备组应当将成员名单以书面形式在物业管理区域内公告。"但本案中,南湖郡小区业主委员会筹备组并没有街道办事处、乡镇人民政府代表参与。

首次业主大会会议筹备组成立后,《业主大会和业主委员会指导规则》第十二条规定:"筹备组应当做好以下筹备工作:(一)确认并公示业主身份、业主人数以及所拥有的专有部分面积;(二)确定首次业主大会会议召开的时间、地点、形式和内容;(三)草拟管理规约、业主大会议事规则;(四)依法确定首次业主大会会议表决规则;(五)制定业主委员会委员候选人产生办法,确定业主委员会委员候选人名单;(六)制定业主委员会选举办法;(七)完成召开首次业主大会会议的其他准备工作。

以上内容应当在首次业主大会会议召开15日前以书面形式在物业管理区域内公告。业主对公告内容有异议的,筹备组应当记录并作出答复。"

但本案中,南湖郡业主委员会并未按规定的时间将规定的内容公告。由此,可以看到南湖郡业主委员会的产生违反了法律规定的程序。本案中,五原告的房屋买卖合同虽然未到房屋监理所登记备案,但根据《物业管理条例》《最高人民法院关于审理建筑物区分所有权纠纷案件具体应用法律若干问题的解释》《业主大会和业主委员会指导规则》的有关规定,已经合法占有建筑物专有部分,但尚未依法办理所有权登记的人,可以认定为业主。《物权法》第八十三条规定:"业主对侵害自己合法权益的行为,可以依法向人民法院提起诉讼。"业主委员会的成立是否合法事关每一位业主的切身利益,因此,业主委员会产生违反法律规定的行为,业主可以依法向人民法院提起诉讼。

六、徐某不认可业主大会临时会议决议与沈阳某物业公司物业费纠纷上诉案

上诉人(一审被告):徐某

被上诉人(一审原告):沈阳某物业公司

案情介绍

2010年3月19日,沈阳某花园新城业委会作为甲方,某物业公司作为乙方签订《花园新城物业服务合同》,约定由某物业公司为某花园新城小区提供物业服务,自2010年1月1日至2011年12月31日止,如合同到期同时具备以下两个条件,本合同继续有效:①乙方同意继续履行合同。②未依法经专有部分占建筑物总面积过半数的业主且总人数过半数的业主大会未形成终止或解除本合同的协议。《花园新城物业服务合同》中同时约定收费标准为住宅人民币1元/(平方米·月),车库人民币0.5元/(平方米·月)。任何一方依据法律规定及合同约定决定提前终止、解除本合同或合同

到期不再续签的,均应至少提前3个月书面通知对方。该合同到期后,双方未续签合同,但某物业公司一直为园区提供物业服务。2013年5月31日,某物业公司向房产局小区办、丰乐街道提请《关于提请花园新城小区重新招标选聘物业公司的函》,内容是其公司在花园新城小区的物业合同有效期至2011年12月31日,但在原合同履行过程中,花园新城业委会实施违反合同,未经业主大会表决自行利用小区公共部位进行经营并处分所得收益。近年来,伴随物价的大幅上涨,其成本提升,亏损过高,花园新城业委会的行为严重侵害了小区业主和某公司的利益。此外,在重新商讨合同条款过程中,花园新城业委会与其在合同重大条款上无法达成共识,致使花园新城园区原物业合同无法履行,新的物业合同无法签订,故提请政府主管部门指导花园新城小区招标选聘物业企业,自2013年6月1日将认真履行三个月的代管期,此期间将依法整理准备完成相关移交手续,自2013年9月1日将正式终止物业服务合同。

  2013年6月3日,沈阳市沈河区丰乐街道某社区委员会对某花园新城业委会发出《关于通知某花园新城业主委员会组织召开业主大会临时会议的通知》,内容是2013年5月24日至6月2日,其依据"沈阳某花园新城部分业主联名提议撤换业主委员会"的要求,对联名提议的686户业主身份进行了核实,截至6月2日,已有314户业主情况属实,占园区总户数1404户的22.4%,核实建筑面积总计50 665.77平方米,占园区建筑总面积242 969平方米的20.9%,故请某花园新城业主委员会接通知后7日(6月9日)内给予答复,并在法定期限15天(6月24日前)内组织召开某花园新城临时业主大会。2013年6月27日,某社区委员会对某花园新城全体业主发出《关于召开某花园新城业主大会临时会议的通知》,内容是有符合条件的业主联名提议召开业主大会临时会议,其已向某业委会下发通知,限期召开业主大会临时会议,但因某业委会未按期召开,某社区委员会经请示上级主管部门沈河区丰乐街道,定于7月13日至22日组织召开业主大会临时会议,拟定两项议题:①是否同意终止现任某花园新城业主委员会委员资格。②是否同意续聘某物业继续为某花园新城园区服务。

  2013年7月24日,某社区委员会对某花园新城全体业主发出《某花园新城业主大会临时会议表决结果公告》,内容是对上述两项议题经户数和专用面积双过半业主同意,形成决议如下:①同意终止现任某花园新城业主委员会委员资格。②同意续聘某物业继续为某花园新城园区服务。2013年10月31日,某社区委员会对某花园新城全体业主发出《关于召开某花园新城续签物业服务合同并调整物业费标准业主大会临时会议的通知》,内容是2013年7月13日至23日,花园新城召开了业主大会临时会议,表决通过了"同意续聘某物业继续为某花园新城园区服务",因原物业合同已于2011年12月31日到期,故依据相关法规,需要召开业主大会,表决某花园新城物业合同并续签。经请示上级主管部门,此次业主大会临时会议采用书面征求意见的形式,召开时间为2013年11月15日至12月5日。2013年12月11日,某社区委员会对某花园新城全体业主发出《某花园新城业主大会临时会议表决结果公告》,内容是对上述"是否同意调整物业费标准"召开了业主大会临时会议,经户数和专有面积双过半业主同意,从2014年1月1日开始实施物业服务费标准如下:住宅人民币1.5元/(平方米·月),车库人民币0.75元/(平方米·月)。

2015年1月,某物业公司起诉至一审法院,要求沈阳市沈河区某花园新城小区6-1号×××房业主徐某支付2014年1月1日至12月31日的物业服务费。

某物业公司一审诉称

某物业公司于2000年进驻沈阳某花园新城小区,并于2001年12月2日起至今连续与该小区的业主委员会多次签订物业服务合同,约定某物业公司为徐某所居住的小区提供物业服务,徐某在该期间内也实际接受了某物业公司提供的物业服务。按照合同约定,住宅部分按照每平方米每月人民币1.5元收取,如业主延期交费的,每逾期一日按照应交纳物业费总额的万分之五计算违约金。某物业公司按照合同约定为徐某所居住的小区提供了物业服务,可是徐某一直拖欠物业费未付,故诉至法院,请求法院判决徐某支付沈阳市沈河区某花园新城小区6-1号142自2014年1月1日至2014年12月31日期间的物业服务费人民币3384元,违约金人民币100元,诉讼费由徐某承担。

徐某一审辩称

(1)某物业公司与园区业主委员会自园区建设后分别在2001年、2004年、2007年、2010年签订物业服务合同,最后一次物业合同是在2010年3月19日与第三届业主委员会签订的,其中第二条规定:物业服务期限为2年(自2010年1月1日至2011年12月31日),如合同到期具备以下两个条件的,本合同继续有效:①乙方同意继续履行合同。②业主大会未形成终止或解除本合同决议。其合同第三条规定:本合同任何一方决定提前终止、解除本合同或合同到期不再续签的,均应当至少提前3个月书面通知对方。2013年5月31日,某物业公司在园区公告栏内和给每个业主家送达了《关于提请花园新城小区重新招标选聘物业公司的函》(以下简称《函》),并且向沈河区房产局及丰乐街道办事处、沈河区小区办、沈阳市房产局物业处等送达,在《函》中提出:自2013年6月1日起将认真履行三个月的代管期,自2013年9月1日将正式终止物业服务合同。因此,徐某认为某物业公司已终止了物业服务,起诉书述称的某物业公司按约定至今为所居住的小区提供服务,与事实不符,某物业公司已解除了物业服务合同。

(2) 根据某物业公司向法庭提供的《物业服务合同》一式 15 页证据来看,委托方(甲方)为沈阳市沈河区丰乐街道办事处某社区委员会,受委托方(乙方)为沈阳某物业公司。该合同在第 11 页双方签字盖章中,只有乙方某物业盖章,没有甲方盖章。根据《合同法》规定,当事人采用合同书形式订立合同的,自双方当事人签字或者盖章时合同成立,因此徐某认为该份证据并不能证明合同依法成立。

(3) 社区居民委员会无权与物业企业签订合同。

(4) 本案中某物业公司提供的物业合同证据不能成立,本案并不存在物业服务合同。五、本案中没有证据证明物业服务合同的合法存在,没有合同约定徐某应当按照什么标准交纳物业服务费,也没有证据证明徐某在什么时间应当交纳物业费,更证明不了徐某按照什么标准交纳违约金人民币 100 元。综上,徐某认为某物业公司主张的物业服务合同事实不清,证据不足,违反了相关法律规定,法院应当依法对案件事实、证据材料进行审理,驳回某物业公司的诉讼请求。

一审法院认为

某社区委员会经某花园新城专有部分占建筑物总面积 20% 以上且占总人数 20% 以上业主提议,在向业主委员会发出通知,要求业主委员会召开业主大户临时会议而业主委员会逾期未能召开的情况下,受丰乐街道委托,组织召开某花园新城业主大会临时会议,符合住房和城乡建设部《业主大会和业主委员会指导规则》的规定,2013 年 7 月和 11 月召开的两次业主大会临时会议符合法定程序,根据国务院《物业管理条例》第八条、第十一条、第十二条的规定,上述业主大会临时会议决议对园区全体业主具有法律约束力,徐某作为小区业主应受业主大会会议决议的约束。因此,某物业公司在未经选举产生新的业主委员会的前提下,虽然未能提供合法有效的物业合同,但依据业主大会临时会议决议,诉请徐某支付 2014 年 1 月 1 日至 12 月 31 日的物业服务费,理由正当,应予支持。

某物业公司诉请徐某以 188 平方米的标准支付物业服务费,但未能提供相应的证据予以证明房屋面积,在庭审过程中,徐某认可房屋建筑面积 147.94 平方米,徐某应以此标准交纳物业服务费,故徐某应交物业服务费数额为人民币 2663 元(147.94 平方米×1.5 元/(平方米·月)×12 月)。

关于某物业公司要求徐某支付违约金的诉讼请求。因某物业公司未能提供合法有效的物业合同,其要求徐某按照欠费总额的日万分之五支付违约金,缺乏依据,法院不予支持。故一审法院判决:①被告徐某于本判决发生法律效力之日起 10 日内一次性给付原告某物业公司 2014 年 1 月 1 日至 2014 年 12 月 31 日期间的物业服务费人民币 2663 元。②驳回原告某物业公司其他诉讼请求。诉讼费由被告徐某承担。

宣判后,徐某不服,上诉至二审法院。

上诉人徐某诉称

请求二审法院:撤销原审判决。上诉理由:原审法院判决事实不清、证据不足、适用法律不当。理由如下:①本案被上诉人于 2013 年 5 月 31 日在《关于提请花园新城小区重新招标选聘物业公司的函》中提出:自 2013 年 9 月 1 日 0 时将正式终止物业服务合同。因此上诉人认为被上诉人已经终止了原物业合同,被上诉人起诉书述称的其按约定至今为所居住小区提供服务,与事实不符。②某社区居民委员会不是房地产行政主管部门或街道办事处,不具有责令业主委员会限期召开业主大会的权限。一审法院未查明"某社区经请示上级主管机关,定于 7 月 13 日至 22 日召开业主大会临时会议"这一事实,业主委员会至今未收到行政主管部门或街道办事处责令业主委员会限期召开业主大会的通知。③一审法院认定业委会没有按期召开业主大会与事实不符。某业委会在 2013 年 6 月 8 日按期召开了会议,并向丰乐街办事处递交了《答复函》,申请补选业委会成员,不应当将全体业委会成员罢免,而业委会至今未收到任何答复。④一审法院查明的某社区委员会于 2013 年 10 月 31 日公布的关于召开临时业主大会的会议通知及会议结果公告违反了相关法律规定,表决结果公告上并不是业主大会的公章,证明不了是业主大会的决定。⑤一审法院在判决中认为:对于被上诉人要求上诉人按照欠费总额的日万分之五支付违约金,缺乏依据,不予支持,证明新的物业合同无效。因此,在被上诉人未能提供合法有效物业合同的情况下,一审法院又支持新物业服务合同约定的收费标准是错误的。⑥上诉人在 2014 年以前并不欠物业费,愿意按原来的物业合同的规定交纳物业服务费。⑦新的物业合同未能签订是物业公司主动提出的,业主委员会已经为签订新的物业服务合同做出了大量工作,一审法院不应认定业主大会决议及新的物业服务合同有效。

被上诉人某物业公司辩称

原审法院认定事实清楚,证据充分,适用法律正确,依法驳回上诉人的上诉请求。

二审法院认为

被上诉人依据与沈阳某花园新城业委会于 2010 年签订的物业服务合同取得了某花园新城小区的物业服务管理权利,合同约定的服务期限于 2011 年 12 月 31 日届满后,被上诉人虽未续签物业服务合同,但一直在某花园新城小区提供物业服务,履行了小区物业代管职能。被上诉人依据某社区委员会于 2013 年 10 月 31 日发布的《关于召开某花园新城续签物业服务合同并调整物业费标准业主大会临时会议的通知》及 2013 年 12 月 11 日的《某花园新城业主大会临时会议表决结果公告》,取得了某花园新城小区从 2014 年 1 月 1 日起住宅物业服务费为 1.5 元/(平方米·月)的物业管理服权利。小区业主大会临时会议的表决效力及于小区全体业主,上诉人作为小区业主,应履行交纳物业费的义务,一审判决上诉人交纳 2014 年 1 月 1 日至 2014 年 12 月 31 日期间的物业费并无不当。

关于上诉人以被上诉人未提供物业服务合同,不同意按照涨价的 1.5 元交纳物业费的上诉主张。根据《业主大会和业主委员会指导规则》第二十一条、第五十一条及第五十八条规定,某社区委员会受所在地丰乐街道委托,组织召开某花园新城业主大会临时会议并决议通过继聘被上诉人提供物业服务且经户数和专有面积双过半业主同意实施住宅物业费 1.5 元/(平方米·月)的内容,具有法律效力,被上诉人据此取得小区的物业管理服务权利,决议内容对小区业主具有约束力。上诉人不能以被上诉人未提供物业服务合同为由,拒绝履行其应交纳物业费的义务,对上诉人该项主张,不予支持,故判决驳回上诉,维持原判。

 案例评析

《业主大会和业主委员会指导规则》第二十一条规定:"业主大会会议分为定期会议和临时会议。业主大会定期会议应当按照业主大会议事规则的规定由业主委员会组织召开。有下列情况之一的,业主委员会应当及时组织召开业主大会临时会议:(一)经专有部分占建筑物总面积 20% 以上且占总人数 20% 以上业主提议的;(二)发生重大事故或者紧急事件需要及时处理的;(三)业主大会议事规则或者管理规约规定的其他情况。"本案中,对于申请"沈阳某花园新城部分业主联名提议撤换业主委员会"的提议,经核实,有 314 户业主情况属实,占园区总户数 1404 户的 22.4%,核实建筑面积总计 50 665.77 平方米,占园区建筑总面积 242 969 平方米的 20.9%,满足《业主大会和业主委员会指导规则》中规定的召开业主大会临时会议"经专有部分占建筑物总面积 20% 以上且占总人数 20% 以上业主提议的"的要求,沈阳某花园新城业主委员会应当及时组织召开业主大会临时会议。但本案中某业委会未按期召开业主大会临时会议,根据《业主大会和业主委员会指导规则》第五十一条的规定:"业主委员会未按业主大会议事规则的规定组织召开业主大会定期会议,或者发生应当召开业主大会临时会议的情况,业主委员会不履行组织召开会议职责的,物业所在地的区、县房地产行政主管部门或者街道办事处、乡镇人民政府可以责令业主委员会限期召开;逾期仍不召开的,可以由物业所在地的居民委员会在街道办事处、乡镇人民政府的指导和监督下组织召开。"沈阳市沈河区丰乐街道某社区委员会经请示上级主管部门沈河区丰乐街道,组织召开业主大会临时会议符合规定。因业主大会临时会议终止了现任某花园新城业主委员会委员资格,根据《业主大会和业主委员会指导规则》第五十八条的规定:

"因客观原因未能选举产生业主委员会或者业主委员会委员人数不足总数的二分之一的,新一届业主委员会产生之前,可以由物业所在地的居民委员会在街道办事处、乡镇人民政府的指导和监督下,代行业主委员会的职责",召开业主大会临时会议,经户数和专有面积双过半业主同意,决定从 2014 年 1 月 1 日开始实施新的物业服务费标准,以上行为符合规定,业主大会临时会议的决议对园区全体业主具有法律约束力,徐某作为小区业主应受业主大会会议决议的约束,徐某自 2014 年 1 月 1 日开始应当按照住宅人民币 1.5 元/(平方米·月),车库人民币 0.75 元/(平方米·月)的标准交纳物业服务费,对于违约金,由于业主大会临时会议未作出决议,也没有合法有效的物业合同做出明确约定,因此对物业服务企业要求业主支付违约金的请求,法院没有支持。

七、某家园物业服务有限公司与某滨江小区业主委员会物业服务合同纠纷上诉案

上诉人(一审原告):某家园物业服务有限公司(以下简称某家园物业公司)
被上诉人(一审被告):某滨江小区业主委员会(以下简称某滨江小区业委会)

案情介绍

某滨江小区为城中村改造后建成小区,2013 年 2 月 6 日,小区物业服务企业某家园物业服务有限公司与某滨江小区业主委员会就该小区的物业管理费用签订补充协议,约定内容包括:"某家园物业公司在合同到期后,对某滨江小区提供物业服务延长期限 2 个月,收费标准按 2012 年度约定计算,该小区内拆迁户的物业费用由业主委员会支付。"

2014 年 9 月,某家园物业公司诉至法院,请求判令:某滨江小区业委会立即支付某家园物业公司物业管理费共计 98 663 元。

一审法院查明

2010 年 2 月 23 日至 2013 年 1 月 31 日某滨江小区拆迁户的物业服务费,均由政府拨付至某县城南街道某滨江股份经济合作社,后已由该经济合作社支付给某家园物业公司。

一审法院认为

①该协议中关于"某家园物业公司对某滨江小区提供物业服务的期限延长 2 个月,收费标准按 2012 年度约定计算"的约定,系双方当事人真实意思表示,且不违反法律、行政法规的强制性规定,原审法院认为该部分内容合法、有效。②该协议中关于

"某家园物业公司为某滨江小区延长2个月服务期间,该小区内拆迁户的物业费用由某滨江小区业委会支付"的约定,一审法院认为,该部分内容性质为债务的承担,而非物业管理事项,因违反《物业管理条例》第十九条的强制性规定而无效。一审法院不予支持。综上,一审法院判决:驳回某家园物业公司的诉讼请求,一审案件受理费由某家园物业公司负担。

一审宣判后,某家园物业公司不服,提起上诉。

上诉人某家园物业公司诉称

①一审判决适用法律错误。某滨江小区业委会对上诉人与某滨江小区业委会于2010年2月23日签订的合同均无异议且上诉人已按约履行了合同,某滨江小区业委会及小区拆迁户均已接受物业服务。②2013年2月6日,上诉人为某滨江小区提供的物业服务期限延长两个月,至一审庭审期间,某滨江小区业委会及某滨江小区业主均未对上诉人的物业服务提出异议。由于双方签订的补充协议系履行其物业管理之行为,故根据《物业管理条例》第十九条之规定,某滨江小区业委会是有权签订该补充协议的,上诉人亦有充分理由相信其有权,一审认定某滨江小区业委会无权签订补充协议,系法律适用错误。③某滨江小区里拆迁户的物业费用由政府拨付到某县城南街道某滨江股份经济合作社处,再由某县城南街道某滨江股份经济合作社支付给上诉人,而非拆迁户的物业费则是业主自行交纳,拆迁户与非拆迁户的财产可以区分开来。虽某滨江小区业委会不一定有独立资产,但物业费最终的实际承担者仍是享受物业服务的业主,而业主本身是拥有独立资产的,判处某滨江小区业委会支付相应的物业费并不会侵犯非拆迁户的权益。④一审判决对补充协议中延长物业服务期限、物业费收取标准均予以认可,却未支持上诉人的该部分诉请,系自相矛盾。综上,请求撤销一审判决,改判支持上诉人一审诉请或发回重审;本案诉讼费用由被上诉人负担。

被上诉人某滨江小区业委会辩称

一审认定事实清楚,适用法律正确。被上诉人从未认可被上诉人欠上诉人物业费,相反被上诉人还向上诉人提出要求返还其违法收取的租金等。首先,《补充协议》中关于"某滨江小区业主委员会承担该小区内拆迁户2个月的物业服务费"的约定,侵犯了某滨江小区非拆迁户以及某滨江小区全体业主的权益。其次,某滨江小区并未召开业主大会并授权同意承担补充协议中的债务,因此某滨江小区业委会未经业主大会授权无权对外履行职责。最后,上诉人应当向拆迁户业主收取物业费,而不是向业主委员会收取。本案补充协议约定期间并不是2个月,事实上只有1个月零7天,因该时间段政府已不再对某滨江小区拆迁户物业费进行拨款,因此即使上诉人提供了物业服务,上诉人也应当分别向各拆迁户业主收取该期间的物业服务费,上诉人仍能向各拆迁户业主主张合法权益,而不是向业主委员会主张权利。事实上,该期间各非拆迁户均已向上诉人交纳了物业服务费,甚至有业主多交纳了物业费。综上所述,请求二审法院依法驳回上诉人的上诉请求,维持原判。

二审法院认为

一审判决认定事实清楚,实体处理和适用法律正确。判决驳回上诉,维持原判。

案例评析

1)本案案由为物业服务合同纠纷,本案的关键在于明确某家园物业公司据以提出诉讼主张的"补充协议"是否有效,尤其是小区业委会代拆迁户支付物业费一节的效力问题。《物业管理条例》第十九条规定:"业主大会业主委员会应当依法履行职责,不得作出与物业管理无关的决定,不得从事与物业管理无关的活动。"业主委员会作为业主大会的执行机构,本身并无独立财产,其对外行为的法律后果因其无法独立承担而只能由全体业主负担。本案所涉某滨江小区包括拆迁户和非拆迁户,业主委员会对外的债务承担,最终的承担方为小区全体业主,故"补充协议"约定小区业委会代拆迁户支付物业费的约定,涉及全体业主共同利益的事项,应由全体业主共同决定,本案中,未有证据证明业主委员会对该协议中债务承担部分已获业主大会授权;在没有业主大会授权的前提下,业主委员会只能从事与物业管理有关的事项,而且与物业管理有关的事项应当涉及全体业主共同利益,不应当只涉及部分业主,本案中,协议中"某滨江小区业委会承担该小区内拆迁户2个月的物业服务费"的约定,因某滨江小区业委会无独立财产,如最终的法律后果由某滨江小区全体业主共同负担,则显然侵犯了小区非拆迁户的权益,与业主委员会系维护全体业主共同权益的设置目的不合。因此,在没有证据证明债务承担相关事项是否经过业主大会授权的情况下,法院认定某滨江小区业委会代拆迁户支付物业费的约定无效是恰当的。

2)当业主委员会作出损害业主利益的违法决定时,业主如何进行权利救济。

业主委员会作为业主大会的执行机构,其工作职责主要是执行业主大会的决议,并行使业主大会赋予的其他职责。业主委员会在行使自己职责的过程中,不可避免地要作出决定,根据我国《物权法》和《物业管理条例》的规定,业主委员会所做的决定对业主具有约束力。但是,这种具有约束力的决定是有前提限制的:首先要依据法定的程序作出;其次要符合有关法律、法规及规章的规定;再次不得损害国家利益、公共利益及业主合法权益,不违背社会公德;最后必须是与物业管理有关。当业主委员会作出损害业主利益的违法决定时,利益受损的业主可以通过如下途径维护自己的权益。

(1)《物权法》第七十八条第二款规定:"业主大会或者业主委员会作出的决定损

害业主合法权益的,受侵害的业主可以请求人民法院予以撤销。"业主在通过这种途径救济权利时,需要注意以下三个问题:①只有权利受损的业主才具备提起诉讼的主体资格,其他业主即使认为业主委员会的决定违法,其本身权益若未因该不法决定而受到损害,则其并无权提起诉讼,即起诉业主必须与案件有法律上的直接利害关系。②业主应当向有管辖权的法院提起诉讼。③业主应当及时提出请求。

《最高人民法院关于审理建筑物区分所有权纠纷案件具体应用法律若干问题的解释》第十二条规定:"业主以业主大会或者业主委员会作出的决定侵害其合法权益或者违反了法律规定的程序为由,依据物权法第七十八条第二款的规定请求人民法院撤销该决定的,应当在知道或者应当知道业主大会或者业主委员会作出决定之日起一年内行使。"

(2)《物业管理条例》第十九条第二款规定:"业主大会、业主委员会作出的决定违反法律、法规的,物业所在地的区、县人民政府房地产行政主管部门或者街道办事处、乡镇人民政府,应当责令限期改正或者撤销其决定,并通告全体业主。"根据该条法规的规定,当业主委员会作出损害业主利益的违法决定时,业主的另一权利救济途径就是向有关行政主管部门反映,请求有关行政主管部门责令业主委员会限期改正或者撤销违法决定。这种权利救济是通过行政程序实现的,其与通过司法程序实现至少有以下两点区别:①提请撤销决定的业主并不局限于权利受到决定损害的业主,即使某一业主的权益并未受到违法决定的损害,其亦有权请求有关行政主管部门责令业主委员会撤销违法决定。②提请撤销决定并没有时间期限上的限制。

当然,不同的业主利益诉求各不相同,业主委员会作出的决定只能是满足大多数业主的利益要求,只要业主委员会根据既定程序作出符合法律规定和多数业主利益要求的决定时,某一利益要求与大多数业主利益要求不一致的业主不能以利益要求得不到实现而要求撤销业主委员会所作出的决定。

八、某住宅小区业主委员会与某置业投资有限公司物权纠纷上诉案

上诉人(一审原告):某住宅小区业主委员会(以下简称某业主委员会)
被上诉人(一审被告):某置业投资有限公司

案情介绍

某住宅小区系某置业投资有限公司所开发,共16幢,1265户。2011年1月27日备案成立了某业主委员会。2013年1月29日,某业主委员会因某置业投资有限公司

未向其交付部分机动车库和非机动车库,向法院提起诉讼。

一审原告某业主委员会诉称

根据有关法律规定,小区的自行车库归业主共有,故某置业投资有限公司必须交付。小区地下室被某置业投资有限公司改变用途,出租给他人经营使用。根据相关法律规定,某置业投资有限公司无权擅自改变规划用途,且15%地下车库的车位应归全体业主共有,因此,某置业投资有限公司须交付地下机动车车库的使用,并将其中的58.5个车位交付给全体业主所有。某置业投资有限公司擅自改变规划用途,妨碍了业主对该楼地下车库及自行车库行使权利,侵害了业主的合法权益,应当依法排除妨碍,恢复原状。综上,请求法院判令:①某置业投资有限公司排除对楼地下车库的妨碍,恢复原状。②某置业投资有限公司交付地下及半地下室的非机动车位。③某置业投资有限公司交付地下车库,并判令某置业投资有限公司交付其中58.5个车位归全体业主所有。

一审被告某置业投资有限公司一审辩称

某业主委员会起诉没有事实与法律依据。理由:①某业主委员会有民事诉讼主体资格但是不具有独立的民事权利人。某业主委员会代表全体业主提起诉讼需要业主大会的授权。②业主委员会提到的车库等相关建筑,均已取得规划合格验收证书,说明没有擅改规划。③至于要求交付58.5个车位问题,根据《物权法》第七十四条的规定,这些车库属于开发商所有,某业主委员会无权主张。

2013年4月16日,一审庭审中,某置业投资有限公司要求某业主委员会出示经业主大会授权提起诉讼的授权。某业主委员会当庭表示:"我们有业主大会的授权,庭后提交全体业主的签字表。"一审法院依法给予某业主委员会10天补充举证期限。直至2013年6月6日此案第二次开庭,某业主委员会依旧没有向法院提交经业主大会授权或经业主同意提起诉讼的证据。

一审人民法院认为

某业主委员会就本案代表业主提起诉讼,需经业主大会讨论,经专有部分占建筑物总面积过半数的业主且占总人数过半数的业主同意。本案中,某业主委员会并未向一审法院提交其提起诉讼业已经过上述比例业主同意的证据,故一审法院认为,某业主委员会就本案提起诉讼不符合法律规定的条件。裁定驳回某业主委员会的起诉。

某业主委员会不服一审法院裁定,提起上诉。

上诉人某业主委员会所称

(1)某业主委员会可以就本案作出提起诉讼的决定,无需经业主大会的同意。理由:①《物权法》未明确规定某业主委员会提起诉讼的决定属于该法第七十六条关于业主共同决定的事项。②某业主委员会提起诉讼的决定不适合按照《物权法》第七十六条规定处理。某业主委员会提起诉讼的原因是业主的合法权益正在受到不法侵害,且具有时间上的持续性和紧迫性,若按照《物权法》第七十六条的规定由业主共同决定,并经专有部分占建筑面积过半数的业主且占总人数过半数的业主同意,这是一个漫长且具有不确定性的过程,在决定是否提起诉讼的过程中,侵权行为一直在持续,损害在进一步的扩大,可能在作出是否起诉决定后,侵权人已经获得丰厚的不法利益,而业主的损失已经无法挽回。③正是基于侵权行为本身的持续性和时间上的紧迫性,根据《物权法》第八十三条规定,某业主委员会对侵害他人合法权益的行为,有权依照法律、法规以及管理规约,要求行为人停止侵害、消除危险、排除妨碍、赔偿损失。该条以法律的名义赋予某业主委员会提起诉讼的权利,某置业投资有限公司作为某住宅小区的开发企业,同时也是该小区的业主之一,其擅自改变规划用途,妨碍小区业主对小区车库和车位的相关合法权益,因此,某业主委员会有权依法提起诉讼。

(2)某业主委员会提起诉讼的决定,对小区业主具有约束力。理由:①某业主委员会根据《物权法》第八十三条、《物业管理条例》第十五条、十九条作出提起诉讼的决定,并没有违反法律、法规及业主的合法权益,相反是为了维护业主的合法权益,属于依法履行职责,对小区业主具有约束力。②一审法院认为上诉人提起诉讼的决定应当由业主共同决定,是基于对业主权利的维护,但是对业主权利的维护并不等于小区所有事项都要通过业主共同决定,还要经专有部分占建筑总面积过半数的业主且占总人数过半数的业主同意。否则,业主委员会制度就失去了意义。因此,为了解决业主权利的维护与业主委员会决定权这一矛盾,《物权法》第七十八条规定业主委员会的决定对业主具有约束力的同时,也赋予了业主撤销权。即如果业主认为业主委员会的决定侵害了业主的合法权益,那么,其可以通过请求人民法院对相关决定予以撤销,实现权利救济。具体到本案,受到上诉人提起诉讼的决定损害的业主完全可以通过请求人民法院予以撤销,进而实现业主权利的维护。③某置业投资有限公司作为业主之一,虽然对上诉人起诉未经授权提出异议,但没有提交权利受到侵害的证据,也没有主张撤销某业主委员会起诉决定,因此,法院以某业主委员会提起诉讼不符合法律规定的条件裁定驳回起诉,等于是撤销了某业主委员会提起诉讼的决定,违反"不诉不理"的原则。

(3)某业主委员会具有诉讼主体资格,可以以自己的名义提起诉讼。理由:①一审法院所谓"代表业主提起诉讼"的说法不成立。本案符合《物权法》第八十三条的相关规定,某业主委员会根据《物业管理条例》第十六条规定依法设立并经过登记备案,完全可以自己的名义提起诉讼,无需以业主代表身份起诉,而且这也不符合《民事诉讼法》第五十三条规定的关于代表诉讼的情况。②如果一审法院理由成立,那么,某业主委员会的诉讼地位就应认定为业主的委托代理人,但是根据《民事诉讼法》第五十八条的规定,上诉人并不符合该条关于委托代理人条件的规定。综上,请求撤销一审裁定,指令一审法院继续审理。

被上诉人某置业投资有限公司辩称

根据《江苏省物业管理条例》第二十四条的规定,某业主委员会无权从事与物业管理无关的活动。根据国务院《物业管理条例》第十五条的规定以及《物权法》第七十六条的规定,某业主委员会代表全体业主主张相关权益应该由业主大会授权,某业主委员会的上诉理由不成立,请求驳回上诉,维持原裁定。

二审法院经审查认为

本案中,某业主委员会未能提供证据证明其提起本案诉讼业已经过专有部分占建筑物总面积过半数的业主且总人数过半数的业主同意。一审法院认定某业主委员会就本案提起诉讼不符合法律规定的条件,并无不妥。一审裁定认定事实清楚,适用法律正确。裁定驳回上诉,维持原裁定。

案例评析

某业主委员会是根据业主公约或法律的规定,在行政主管部门的指导下成立的业主大会选举产生的,由业主代表组成的代表业主利益、监督管理物业管理和广大业主履行业主公约的民间组织。《物权法》第七十六条规定:"下列事项由业主共同决定:

(一)制定和修改业主大会议事规则;

(二)制定和修改建筑物及其附属设施的管理规约;

(三)选举业主委员会或者更换业主委员会成员;

(四)选聘和解聘物业服务企业或者其他管理人;

(五)筹集和使用建筑物及其附属设施的维修资金;

(六)改建、重建建筑物及其附属设施;

(七)有关共有和共同管理权利的其他重大事项。决定前款第(五)项和第(六)项规定的事项,应当经专有部分占建筑物总面积三分之二以上的业主且占总人数三分之二以上的业主同意。决定前款其他事项,应当经专有部分占建筑物总面积过半数的业主且占总人数过半数的业主同意。"

《物业管理条例》第十五条亦规定了业主委员会是业主大会的执行机构,履行召集业主大会,报告物业管理的实施情况,代表业主与业主大会选聘的物业管理企业签订物业服务合同等职责,以及履行业主大会赋予的其他职责。由此可见,业主委员会是业主的自治性组织,业主委员会是业主大会的执行机构,所履行的职责主要来源于执行业主大会的决定和决议。然而随着房地产业的迅速发展,物业管理纠纷不断增多,业主委员会作为业主自治管理组织,对业主委员会诉讼主体资格的认定上分歧较大。是否需要专门召开业主大会取得授权才可以提起诉讼?目前的认识和做法并不统一。有人认为业主委员会是一个比较特殊的民事诉讼当事人,没有可供支配的财产,不具有独立承担民事责任的能力,业主委员会组成人员的工作是义务性质的。同时,作为业主大会的执行机构,只能在业主大会的授权和《物业管理条例》规定的职责范围内开展工作。而《物业管理条例》对此并没有明确规定。业主委员会作为原告提起诉讼预交的诉讼费都必须通过业主大会向全体业主筹集。无论是承担财产责任还是承担行为责任,业主委员会均要通过业主大会筹措或得到业主大会的批准。作为诉讼当事人提起诉讼,必将产生诉讼后果的享有和承担,事关全体业主的共同利益。因此,业主委员会提起或参加诉讼必须经过业主大会的授权。另一种观点认为业主委员会作为《民事诉讼法》规定的"其他组织"参加诉讼,与其他诉讼当事人一样,可以参加诉讼并享有诉讼权利和承担诉讼义务,无须另行取得授权。目前,已经有一些赋予业主委员会提起诉讼权利的规定。《物权法》第八十三条规定:"业主大会和业主委员会,对任意弃置垃圾、排放污染物或者噪声、违反规定饲养动物、违章搭建、侵占通道、拒付物业费等损害他人合法权益的行为,有权依照法律、法规以及管理规约,要求行为人停止侵害、消除危险、排除妨害、赔偿损失。"《最高人民法院关于审理物业服务纠纷案件具体应用法律若干问题的解释》第二条规定:"符合下列情形之一,业主委员会或者业主请求确认合同或者合同相关条款无效的,人民法院应予支持:(一)物业服务企业将物业服务区域内的全部物业服务业务一并委托他人而签订的委托合同;(二)物业服务合同中免除物业服务企业责任、加重业主委员会或者业主责任、排除业主委员会或者业主主要权利的条款。前款所称物业服务合同包括前期物业服务合同。"第八条规定:"业主大会按照物权法第七十六条规定的程序作出解聘物业服务企业的决定后,业主委员会请求解除物业服务合同的,人民法院应予支持。"第十条规定:"物业服务合同的权利义务终止后,业主委员会请求物业服务企业退出物业服务区域、移交物业服务用房和相关设施,以及物业服务所必需的相关资料和由其代管的专项维修资金的,人民法院应予支持。"笔者认为,除了上述法律和司法解释进行明确规定的情形外,业主权益诉讼事项属于业主的共同管理事项之一,应当有相应足够的人数比例和专有面积比例的业主支持该诉讼方能使业主委员会的诉讼主体适格。根据法律规定,应当经专有部分占建筑物总面积过半数的业主且占总人数过半数的业主同意。

九、上海某物业管理有限公司与黄某物业服务合同纠纷案

原告：上海某物业管理有限公司（以下简称某物业）
被告：黄某

案情介绍

2012年12月，某物业与上海某建设有限公司签订《前期物业服务合同》，约定由上海某物业管理有限公司对上海市松江区某佳苑提供物业管理服务；合同期限为2年，自2013年1月1日起至2014年12月31日止；合同期限未满，若业主大会与物业管理企业签订的物业服务合同生效的，本合同终止，本合同期满前3个月，业主大会尚未成立的，某物业应继续履行本合同；某物业对业主、物业使用人违反《临时管理规约》的行为，依照《临时管理规约》的约定进行劝阻、制止，并有权向人民法院提起诉讼。合同期满后，某物业继续为某佳苑小区提供物业服务至今。

2015年4月8日，黄某与上海某建设有限公司作为卖方（甲方）签订《上海市商品房预售合同》，约定乙方向甲方购买位于上海市松江区某佳苑×××室房屋。该合同附件五系该小区临时公约，附件五载明："该房屋《前期物业管理服务合同》《使用公约》或者有关承诺书。为维护某佳苑全体业主、使用人的合法权益，维护公共环境和秩序，保障物业的安全与合理使用，规范物业服务企业变更和业主大会、业主委员会依法有序组建，根据《物权法》《物业管理条例》《上海市住宅物业管理规定》等规定。本规约对本物业管理区域内的各业主和使用人具有约束力。该附件五第九条约定业主在使用中，禁止安装晒衣架、禁止破坏房屋外貌等。"2015年7月22日，黄某在业主承诺书上签字，该承诺书载明："一、本人已详细阅读以上《业主（临时）管理规约》；二、本人同意遵守并倡导其他业主及物业使用人遵守本规约；三、本人同意承担违反本规约的相应责任，并同意对该物业的使用人违反本规约的行为承担连带责任……"其中《业主（临时）管理规约》规定，业主需要装饰装修房屋的，应事先告知物业管理企业，并与其签订装饰装修管理服务协议，业主应按照装饰装修管理服务协议的约定从事装修行为，遵守装饰装修的注意事项，不得从事装修的禁止行为；物业管理区域内禁止破坏房屋外貌的行为，本规约自首位物业买受人承诺之日起生效，至业主大会指定《业主管理规约》生效之日终止。

2015年7月22日，黄某入住该小区，因黄某在入住后在其房屋阳台外墙上安装了伸缩衣架，某物业认为其破坏了房屋外貌，在2016年4月27日向被告发送违约行为

整改通知书劝阻,但遭到拒绝,于是某物业于2016年5月向法院起诉。

原告某物业诉称

黄某在其房屋阳台外墙上安装伸缩衣架的行为破坏了房屋外貌,影响了建筑使用安全,违反了《业主(临时)管理规约》《上海市商品房预售合同》有关禁止破坏房屋外貌及禁止安装晾衣架的约定。另外,根据《上海市住宅室内装饰装修管理办法》第十九条第(七)项的规定,在住宅装修活动中禁止其他影响建筑结构安全和使用安全以及影响建筑外貌的行为,原告的行为影响了建筑外貌。故请求判令黄某拆除安装在阳台外墙上的伸缩衣架。

被告黄某辩称

不同意原告的诉讼请求,因为被告要晒衣服,所以必须要装晾衣架。另外,原告在本案起诉前也并未通知过被告拆除晾衣架。

法院查明某佳苑小区的业主大会和业主委员会在庭审时尚未成立,亦未通过新的《业主公约》。

法院认为

业主应当遵守法律、法规以及管理规约;业主违反物业服务合同或者法律、法规、管理规约,实施妨害物业服务与管理的行为,物业服务企业请求业主承担恢复原状、停止侵害、排除妨害等相应民事责任的,人民法院应予支持。本案中,原告自2013年1月1日起受房产开发商委托对某佳苑小区实行前期物业管理服务,一直实际服务至今,原告系该小区的物业服务企业。按照前期物业服务合同的约定,原告有权对该小区业主及物业使用人违反管理规约的行为采取劝阻、制止,并有权向人民法院提起诉讼。被告作为某佳苑的业主,理应遵守法律、法规及管理规约的规定。本案中所涉的管理规约应为被告承诺书确认的《业主(临时)管理规约》及《上海市商品房预售合同》中附件五的约定。虽然预售合同系被告与开发商签订,但附件五明确载明为物业管理的临时公约,其中对业主在接受物业管理过程中应予遵循的内容作出了详细约定,附件五应视为对于物业管理规约的补充,对于业主具有拘束力。现被告在使用房屋时擅自在房屋阳台外安装伸缩式衣架,违反了《业主(临时)管理规约》及预售合同中不得破坏房屋外貌及禁止安装晒衣架的规定,原告在劝阻未果的情况下据此要求被告承担拆除晾衣架的民事责任,有事实和法律的依据,法院予以支持。至于被告所提的晾衣服问题,因房屋带有内阳台,可以晾晒衣服,故被告的抗辩难以成立。据此,判决如下:被告黄某于本判决生效之日起10日内拆除其在上海市松江区某佳苑小区×××室房屋阳台外安装的伸缩式晾衣架。

案例评析

业主公约体现了业主自我管理、自我约束的思想,是业主之间的共同约定。《物业管理条例》第十七条规定:"管理规约应当对有关物业的使用、维护、管理,业主的共同利益,业主应当履行的义务,违反管理规约应当承担的责任等事项依法作出约定。管理规约应当尊重社会公德,不得违反法律、法规或者损害社会公共利益。管理规约对全体业主具有约束力。"但是,业主公约需要经过全体业主的讨论与审议,因此《物业管理条例》规定审批业主公约属于业主大会的职责。也就是说在业主大会召开之前,是不可能通过业主公约的。因此《物业管理条例》第二十二条第一款规定:"建设单位应当在销售物业之前,制定临时管理规约,对有关物业的使用、维护、管理,业主的共同利益,业主应当履行的义务,违反临时管理规约应当承担的责任等事项依法作出约定。"《业主(临时)管理规约》虽然是临时的,但只是针对它的时间效力而言,事实上就其内容所包含的事项而言业主临时公约与正式的业主公约并没有本质上的差异。从《物业管理条例》第二十二条与第十七条的内容比较上可以看出来,临时管理规约同样应当对有关物业的使用、维护、管理,业主的共同利益,业主应当履行的义务,违反公约应当承担的责任等事项依法作出约定。但是由于临时管理规约并非是物业买受人所制定,因此为了避免物业建设单位可能的越权与擅断,《物业管理条例》要求建设单位制定业主临时公约时,不得侵害物业买受人的合法权益。这主要是要保障业主能够合理享受物业的公共部分,同时在不影响他人和公共利益的情况下排他性地占有、使用与处分自己的物业专有部分。《物业管理条例》第二十三条规定:"建设单位应当在物业销售前将临时管理规约向物业买受人明示,并予以说明。物业买受人在与建设单位签订物业买卖合同时,应当对遵守临时管理规约予以书面承诺。"本案中,黄某在签订房屋预售合同时,对作为房屋预售合同附件的临时公约做了书面认可,因此,在临时管理规约不侵害物业买受人的合法权益的前提下,对其具有约束力,黄某应当在使用物业的过程中,遵守《业主(临时)管理规约》的规定。

第三章

物业服务企业

一、某物业发展有限责任公司诉瞿某侵害建筑物共有权纠纷案

上诉人（一审原告）：某物业发展有限责任公司（以下简称某物业公司）

被上诉人（一审被告）：瞿某

案情介绍

瞿某系 SH 苑 3-1 号 1405 室的业主，2014 年 8 月 18 日，某物业公司与瞿某签订《物业服务协议》。后瞿某对所购房屋进行装修，装修时在其房屋门外的公共过道安装了防盗门，将部分共有面积变成专有面积。某物业公司以瞿某的行为妨碍通风采光，妨碍检查维护设备，占用消防救援等待区，对小区其他业主的生活造成极大影响，破坏了小区安全环境为由，于 2015 年 4 月 21 日诉至法院。

一审原告某物业公司一审诉求

判令瞿某立即排除妨碍，拆除违法建筑，恢复原状。

一审法院认为

某物业公司作为物业管理公司，不是小区业主，即区分建筑物所有权人，对侵害小区物业或业主相邻权的行为，物业公司也不符合《中华人民共和国民事诉讼法》对诉讼主体关于"法律上的利害关系"的要求，不具备原告诉讼主体资格。故裁定驳回某物业公司的起诉。

上诉人某物业公司二审诉求

请求二审法院依法撤销一审裁决。事实和理由：①被上诉人私自将公共楼道堵塞

起来,导致上诉人无法检查弱电井,且侵占了建筑物公共部分。②一审适用法律错误,一审裁定认为上诉人不具有"法律上的利害关系",上诉人与被上诉人瞿某签订了《物业服务协议》及《管理规约》,根据《管理规约》的约定,业主违反临时管理规约有关物业的使用、维护和管理的约定,妨碍物业正常使用或造成物业损害及其他损失的,其他业主和物业服务企业可依据本临时管理规定向人民法院提起诉讼,据此,上诉人有权向法院提起诉讼。

二审法院认为

起诉应当符合民事诉讼法规定的条件。本案中,被上诉人瞿某在对房屋进行装修时,占用公共过道违章搭建,权利受到侵害的业主或业主委员会、业主大会依法可以向人民法院提起诉讼。上诉人某物业公司作为提供物业管理服务的企业,对物业管理区域内业主实施的侵害建筑物共有权或其他业主相邻权的行为,无权提起诉讼,上诉人某物业公司的起诉不符合《民事诉讼法》规定的诉讼主体须具有"法律上的利害关系"的要求,不具备原告诉讼主体资格。故裁定驳回上诉,维持原裁定。

案例评析

物业公司在物业管理中常常与业主发生纠纷,有的纠纷物业公司具备诉讼主体资格,有的则不具备诉讼主体资格。业主取得房屋所有权后对建筑物内的住宅、商业用房等专有部分享有所有权,对专有部分以外的共有部分享有共有和共同管理的权利。按照基本的民法原理,物权属于一种支配权,即对物的占有、使用、收益和处分的权利;物权具有绝对性,对侵害物权的行为直接产生物上请求权,可直接产生请求停止侵害、排除妨碍并要求恢复原状的权利。物权是法定的,物权人行使其物权只遵从法律规定,任何人不得阻碍其权利行使。对建筑物区分所有权而言,业主只对建筑物专有部分享有所有权;对该专有部分权利行使,只要不损害其他业主的合法权益和社会公共利益,业主可自由行使之。根据《物业管理条例》第四十六条的规定,对施工单位或业主乱搭乱建违反城市规划、建筑、消防、环保或社会治安等行政法律法规或侵害其他业主权益的行为,物业公司应及时出面进行通告制止;在制止无效时,应立即通知相关政府部门出面解决或请求利益受损害的业主通过诉讼或其他途径解决。物业公司不是政府机关,也不代表政府,不可能拥有制裁业主行政违法的政府权力,不能对施工单位或业主采取行政强制措施。物业公司非小区业主,即区分建筑物所有权人,对侵害小区物业或业主相邻权的行为。物业公司也因不符合《民事诉讼法》对诉讼主体关于"法律上的利害关系"的要求,不可能具备原告的诉讼主体资格。因此,对物权和债权所产生的保护请求权方式是有区别的,对侵害物权所产生的请求权其保护方式为"停止侵害、排除妨碍、恢复原状或赔偿损失"等；而对保障债权实现所产生的保护请求权其保护方式为"确认合同有效或无效、请求合同解除或撤销或继续履行、承担违约责任或赔偿损失"等，一般不会产生"停止侵害、排除妨碍或恢复原状"的请求权保护方式。本案中，物业公司以《物业服务协议》等合同为依据，但却向业主们提出"停止侵害、排除妨碍或恢复原状"的"物上请求权"，这种混淆物权和合同债权的请求权保护方式的做法显然是没有任何法律依据的。即物业公司的诉讼请求和其所依据的事实和理由之间不具备诉讼法上的关联性、一致性和统一性。

本案中，某物业公司的起诉因不符合《民事诉讼法》规定的诉讼主体须具有"法律上的利害关系"的要求，不具备原告诉讼主体资格而被法院驳回起诉和上诉。

《物权法》第八十三条规定："业主大会和业主委员会，对任意弃置垃圾、排放污染物或者噪声、违反规定饲养动物、违章搭建、侵占通道、拒付物业费等损害他人合法权益的行为，有权依照法律、法规以及管理规约，要求行为人停止侵害、消除危险、排除妨害、赔偿损失。业主对侵害自己合法权益的行为，可以依法向人民法院提起诉讼。"因此本案中，对于瞿某占用公共过道违章搭建，将建筑物共有部分及附属设施据为己有的行为，权利受到侵害的业主或相关利害关系人可以向人民法院提起诉讼。

二、孟某因车辆丢失诉南京市某物业有限责任公司物业服务合同纠纷案

上诉人（一审被告）：南京市某物业有限责任公司（以下简称某物业公司）

被上诉人（一审原告）：孟某

案情介绍

孟某为某丽庭小区业主，居住于该小区莺歌苑89号×××室，该住宅小区由某物业公司提供物业管理服务。在小区业主办理入住手续时，某物业公司与各业主签订并发放了《业主公约》《防火责任书》《精神文明公约》《车辆行驶停放管理规定》和《装修管理规定》等。在某物业公司制定的《车辆行驶停放管理规定》中要求：进出小区的机动车辆要领取车辆出入卡，住户自备车辆须到物业公司办理登记手续，对出入车辆进行登记，取车人必须凭卡取车，机动车辆停放必须接受管理人员的引导，保证小区消防通道畅通等。2004年3月14日，原告购买春风150T-3二轮摩托车一辆，登记牌照号码为苏A32×××。2005年8月17日早晨9时许，孟某向公安机关报案，称其摩托车停放在楼下被盗，车辆全部行车手续及发票等材料随车一并丢失。因公安机关对盗窃案

侦破未果,孟某遂以某物业公司对小区的安全管理有疏漏为由,于2005年9月26日提起诉讼要求某物业公司赔偿丢失摩托车损失、登报挂失费、补办驾驶证费用、车辆购置附加费等共计9000元。

一审原告诉称

自己按照与某物业公司签订的《物业服务合同》按时交纳了物业管理费用,而某物业公司未能按照与原告的约定对小区进行安全管理,对小区的安全管理存在重大疏漏,自始并未按此规定对该小区除汽车以外的其他住户自备车辆及进出车辆实施登记和出入卡管理制度。在原告的车辆被盗时,被告管理使用的小区共用监控、录像设备未正常使用,亦未予录像,当晚值班保安人员对小区安全监控情况未作记载,公安机关以盗窃案件受理。但是由于小区内的监控摄像坏了,所以公安机关一时无法侦查锁定犯罪嫌疑人。由于无法抓到犯罪嫌疑人,于是孟某要某物业公司承担赔偿责任。但某物业公司认为这属于小偷的犯罪行为,物业公司不应当赔偿。双方协商不成,孟某将某物业公司告上法庭。要求某物业公司赔偿其丢失摩托车损失9000元。

一审被告辩称

原、被告双方仅是物业管理协议,双方不存在保管合同关系。物业公司收取的是物业管理费用,不是保管费。即使丢失车辆,被告也不应该承担保管责任。原告的车辆进出不需要经过物业同意,也不受被告控制,是否在小区内被盗也无法证实。物管公司只是负责小区清扫,一般性的小区安全巡逻,24小时值班,不定期的巡逻,也有监控设施,被告对小区的安全措施是到位的,所以被告在物业管理过程中没有过失和不当,请驳回原告的诉讼请求。

一审法院认为

某物业公司并未对除汽车以外进出、停放小区的其他车辆采取任何可以确认车辆停入事实的管理措施,或给孟某发放过任何车辆进出凭据,某物业公司作为创设该举证条件的一方,应对"案发当晚原告车辆是否停入小区"的事实承担举证责任,其不能提供反证,故应当推定摩托车在小区内丢失的法律事实。孟某作为业主与某物业公司之间已建立了物业服务法律关系,某物业公司应依法履行对小区物业共用部位和物业共用设施设备的日常维护和管理义务,以及对其物业管理区域内公共秩序、安全防范的协助管理等义务。某物业公司在履行义务时存在疏漏和瑕疵,由此给孟某造成的财产损失应依法承担相应的赔偿责任,综合各方面因素某物业公司承担孟某全部损失的60%较为适当。丢失摩托车的价值可以参照折旧年限的相关规定,确定为6400元。登报挂失费200元和补办驾驶证费用18元,系由原告发生的实际损失确定。某物业公司关于双方未形成车辆保管关系,不应承担赔偿责任的辩解不能成立。孟某关于赔偿车辆购置附加费 800 元的主张,未提供证据不予支持。综上,一审法院于判决某物业公司于判决生效之日起 10 日内赔偿孟某损失 3970.8 元;诉讼费 470 元由双方当事人各负担一半。

被告某物业公司不服该判决,向江苏省南京市中级人民法院提起上诉。

上诉人某物业公司诉称

①车辆是否停放在小区被盗,相关行车证件是否一并被盗,孟某无任何证据加以证实,一审用推定的方式确认上诉人的保管责任无法律依据。②一审确认孟某将车停在莺歌苑 89 号楼下,证明孟某乱停乱放车辆,本身有重大过错。③要求上诉人对业主的所有车辆实施刷卡管理不现实,要求 24 小时录像并遍及小区每个角落是苛刻的,由于大多数业主不配合,出入卡管理制度在该小区从未实施过,且被上诉人亦未能提供持卡丢车的事实。④一审判决上诉人承担 60% 赔偿责任不恰当。车辆丢失是犯罪行为所致,上诉人已履行了物业公司在保安方面的全部责任,双方形成的是物业管理关系,并非保管合同关系,其财产毁损丢失的责任应由车主自行负担。

被上诉人孟某辩称

①车辆被盗当晚的两位值班保安共同出具了情况说明,证实了车辆在小区内被盗、监控录像设备故障多时的事实。②经法院勘验表明小区物业管理漏洞百出。被上诉人被盗的属大型摩托车,根本无法进入地下公共车库,上诉人对被上诉人多年来停放车辆的位置从未提出意见。③出入卡制度是上诉人制定的规定,并在房屋交付使用前要求业主必须签字认可,事实上上诉人从未给业主办理过登记或出入卡,小区监控设备是小区业主出资购买用于小区安全防范的公共设施,物业管理单位理应保证其正常使用及维修保养,上诉人对小区安全保卫不作为,给案件侦破带来困难。请求二审维持原判。

二审法院认为

某物业公司不能举证证明其对孟某的摩托车丢失已经尽到了合理地安全防范义务,一审法院基于某物业公司在履行小区安全防范义务中的过错酌情判令其赔偿 60% 的损失并无明显不当,某物业公司的上诉理由均不能成立。综上,判决驳回上诉,维持原判。

案例评析

在司法实践中,因车辆被盗而引发的车主与物业服务有限公司之间的纠纷时有发生。小区业主车辆在小区内被盗或毁坏的,物业公司应否承担赔偿责任,关键在于车主和物业公司之间是否构成保管合同关系。实践中主要有两种观点:一种观点认为业主与物业服务企业之间成立车辆保管合同关系,物业服务企业对发生在小区内的车辆被盗或毁坏应承担保管不善的责任;另一种观点认为业主与物业服务企业之间仅成立服务与被服务的关系,物业服务企业仅在未尽到合理的管理义务时才承担责任。这两种观点的区别关系到赔偿责任的大小与赔偿金额的多少。如果业主与物业服务企业之间成立保管合同,那么根据保管合同的规定,物业服务企业要承担车辆被盗的大部分甚至全部损失;如果只是成立物业服务合同,则物业服务企业只承担管理不善的责任,即物业服务企业对车辆被盗确有过错的,才应承担相应的赔偿责任。至于实践中是按保管合同处理还是按一般的物业管理关系处理,应具体问题具体分析,不能一概而论。对于此类案件目前司法并无统一规定,这主要看物业服务企业对停放在小区内的车辆的管理义务是维护停车秩序的义务,还是保管义务。

目前司法实践除非有明确的约定,一般认为小区停车所收费用基本属于停车费,否则不会认定为保管合同。《合同法》第三百六十五条规定:"保管合同是保管人保管寄存人交付的保管物,并返还该物的合同。"第三百六十七条规定:"保管合同至保管物交付时成立,但当事人另有约定的除外。"保管合同的成立有两个条件:①双方当事人需就保管事项达成合意。②寄存人需交付保管物。而是否支付了停车费并不是保管合同的本质要件。一般情况下,如果业主与物业服务企业没有特别约定为保管关系的,他们之间就是一般的物业管理关系,依据物业管理合同的约定,物业服务企业应采取各种措施保障业主的人身、财产安全,维持正常的生活秩序,物业服务企业对小区负有安全管理的义务,包括对小区的消防管理、进出人员登记以及治安管理等方面的管理义务,也包括对小区停放车辆的管理义务。物业服务企业只有在有过错的时候才对小区车辆的丢失承担赔偿责任。物业服务企业是否有过错,要看其是否尽到了相应的管理义务。如果物业服务企业履行了物业管理合同中所约定的正常安全防范义务,没有重大过错行为,对车辆的失窃物业公司可以免责。从我国目前物业管理的相关法规和物业管理的收费标准及物业管理手段来看,物业公司对整个小区的安全保卫范围是小区的公共设施设备的安全保卫工作,并不涉及业主个人特定财产的安全保卫之责。毕竟物业公司是以服务为主收取微薄费用的,根据权责一致原则,如把小区内的私人财产及人身安全一并囊括进物业公司的保卫范畴,对物业公司来说也是不公平、不对价的。《物业管理条例》规定物业服务企业有一定的安全防范义务,物业服务合同所约定的保安服务,一般指物业服务企业为维护物业管理区域内的公共秩序而实施的必要的正常防范性安全保卫活动。业主人身或财产受到第三者不法侵害的,如果物业服务企业已尽到保安注意义务,可不承担损害赔偿责任。判定物业服务企业是否尽到注意义务,可参考以下几个方面:①是否按物业服务合同约定配备了保安人员及相关的保安措施。②对于承诺24小时巡逻的小区,是否实际做到。③监控系统是否正常有效运作。④当发现犯罪行为时,小区保安人员是否采取了合理的措施。⑤外来人员凭证出入的小区,盗贼出入小区时门卫是否查验证件。⑥小区业主对小区安全提出改进要求,物业公司是否改进等。如果物业服务企业未按照物业服务合同尽到安全防范义务,则应根据过错程度承担相应的赔偿责任。综上所述,如果能够按照约定或事实确定业主与物业服务企业之间形成车辆保管合同关系,则对于车辆被盗的损失物业服务企业应承担部分或全部赔偿责任;如果不能确定业主与物业服务企业之间构成保管合同关系的,应按一般的物业管理服务关系处理,只要物业服务企业对于安全保卫工作没有过错的,即可免除赔偿责任。

本案中,根据小区业委会与物业公司签订的物业管理服务合同规定,业主交纳的停车费和管理费,仅能证明物业公司对小区公共场地车位进行管理和定额收费。《物业管理条例》第三十六条第二款规定:"物业管理企业未能履行物业服务合同的约定,导致业主人身、财产安全受到损害的,应当依法承担相应的法律责任。"因此本案中,业主车辆被盗,物业公司是否有赔偿责任,关键要看业主是否能举证物业公司在管理过程中未能履行合同约定,存在重大过错,导致车辆失窃。如果车辆停放人和物业管理公司订立过停车管理服务合同,且合同中约定,若因物业管理公司未按合同履行义务而造成车辆被盗或损坏的,物业管理公司应当承担合同约定的民事责任。另外,如果车辆停放人和物业管理公司没有签订停车服务管理合同,但是停车人能举证物业管理公司在履行公共秩序维护服务方面有瑕疵的,也可与物业管理公司交涉,要求其承担相应赔偿责任。反之,物业管理公司则不承担民事责任。但目前赔偿金额如何认定仍没有明确标准,这也是该类案件的一个难点。就物业公司的过错及责任范围而言,应以其资质等级和收费标准为基础,结合法定、约定或行业安全保障标准,从侵权行为的性质和强度、相关安全保障设施及制度、侵权行为发生前后义务的实际履行情况三个主要方面综合判定。如果物业公司没有过错,即使业主遭受了损害也不应当承担责任。反之,则应视过错大小承担合理范围内的实体责任。作为物业服务企业来说,应加强管理,做好合同约定的分内事,从而减少经营风险。

三、顾某地因安装浴缸受阻诉上海 JX 物业服务有限公司排除妨碍、赔偿损失纠纷案①

上诉人(一审原告):顾某地

被上诉人(一审被告):上海 JX 物业服务有限公司(以下简称 JX 物业)

---

① 顾某地诉上海 JX 物业服务有限公司排除妨碍、赔偿损失纠纷案[N].中华人民共和国最高人民法院公报,2003(6).

案情介绍

顾某地作为物业使用人住在上海市 SH 花园 4 号楼顶层 29E 室。该小区由 JX 物业提供物业服务。1998 年,顾某地购买一只长、宽、高为 4.267 米×2.286 米×1.219 米、上口面积 9.754 平方米、占地面积 8.826 平方米、自重 362.8 公斤、可容水 4160.5 公斤的浴缸预备装在室内,但遭到了小区 JX 物业的拒绝,2001 年 12 月 10 日,顾某地出资购买了 SH 花园 4 号楼 29E 室,就浴缸安装问题多次与 JX 物业交涉,JX 物业均以安装该浴缸需通过安全测定为由不予准许,因双方僵持不下,顾某地认为 JX 物业妨碍其行使所有权,向上海市静安区人民法院提起排除妨碍、赔偿损失的诉讼。

一审原告顾某地诉称

SH 花园 4 号楼 29E 室是原告购买的房屋,原告有权在自己的房屋安放自己的浴缸。被告的职责仅是对物业进行管理,却以原告安装、使用这个浴缸会影响楼房安全为由,阻止原告安放浴缸,后在原告承诺目前并不使用的情况下,被告仍不同意安放,以至该浴缸被长期搁置在户外,损坏严重。被告的行为严重侵犯了原告的合法权益,给原告造成精神和财产损失。请求判令被告排除妨碍,给原告赔偿精神损失 5000 元、人工费损失 7600 元,并负担本案的诉讼费。

一审被告 JX 物业公司辩称

被告受业主委员会的委托,管理 SH 花园 4 号楼整个物业。原告的浴缸面积、体积过大,使用时的重量是该楼楼板无法承受的,会危及楼房结构的安全,被告因此才阻止原告吊装。原告关于不使用该浴缸的承诺,缺乏诚信,难以令人信服。浴缸通常的用途,只能是洗澡。如果同意原告将浴缸放置在室内,其一旦使用,就会成为安全隐患,从而影响其他业主对物业的正常使用。作为物业管理者,被告制止原告安装该浴缸,是依法履行管理职责的行为,没有侵犯原告的合法权利,故不同意原告的诉讼请求。

一审法院认为

任何一幢独立建筑物,均由基础、框架、承重等部分构成。尽管用隔板可以将一幢独立建筑物分割成不同的使用空间,以供不同的人分别独立使用,但构成该幢独立建筑物的基础、框架、承重墙体、隔板、顶盖、走道、阶梯、门窗、管线以及必要的活动场所等部位,却无法分割使用。整幢独立建筑物如果被分割为若干人所有,则每个人享有的是建筑物区分所有权,它不同于一物一权形态下的建筑物所有权。建筑物区分所有权虽然与建筑物所有权一样具备物权的一切特征,但由于建筑物的特性,决定了它是一种复合性权利,权利人既对其在建筑物中的专有部分享有占有、使用、收益和处分的全部所有权权能,又对整幢建筑物的共用部分享有共有权。同时也由于建筑物的特性,决定了权利人在行使其权利时要受到一定限制。这种限制是指,区分所有权人只能在建筑物设计允许的限度内合理使用自己专有部分的建筑物,区分所有权人使用自己专有部分的建筑物时,不得违反全体区分所有权人的共同利益,不得妨碍整幢建筑物的正常使用。

《中华人民共和国民法通则》第六条规定:"民事活动必须遵守法律,法律没有规定的,应当遵守国家政策。"第八十三条规定:"不动产的相邻各方,应当按照有利生产、方便生活、团结互助、公平合理的精神,正确处理截水、排水、通行、通风、采光等方面的相邻关系。给相邻方造成妨碍或者损失的,应当停止侵害,排除妨碍,赔偿损失。"原告顾某地是SH花园4号楼29E室的业主,对该室享有建筑物区分所有权。29E室内的墙板、楼板与该楼其他墙板、楼板一样,是使该楼能成为独立建筑物的不可分割部分,应属全体区分所有权人共有的财产。顾某地如果按照设计的用途和设计的荷载量使用29E室内的墙板、楼板,他人无权干涉,但如果超出设计允许的限度使用墙板、楼板,就应该征得其他区分所有权人的同意。29E室内虽然设计了三间浴室,但最大一间的使用面积也只有10.39平方米。顾某地的浴缸,上口面积达9.754平方米,根据日常生活经验,这个浴缸无法安装在顾某地的浴室内。若安装在室内其他部位,则势必改变房屋的设计布局和用途。况且该浴缸注满水后的重量,超出了每平方米最大280公斤的楼板设计荷载量。长期使用这个浴缸,不仅顾某地的安全不能保证,且势必危及相邻其他区分所有权人的安全。在此情况下,顾某地必须征得其他区分所有权人的同意,才能放置这个浴缸,否则既是对共有财产的侵犯,也是对相邻关系的损害。

《上海市居住物业管理条例》规定,业主应当按照有利于物业使用、安全以及公平、合理的原则使用物业,正确处理相邻关系,不得随意改变住宅的使用性质,禁止损坏房屋承重结构和破坏房屋外貌的使用行为;物业管理企业指导和监督装修、使用住宅的活动,发现不当行为应劝阻制止并督促改正,对拒不改正的,应当及时告知业主委员会并报有关行政管理部门依法处理。被告JX物业作为物业管理企业,接受业主委员会的委托,对SH花园进行物业管理。JX物业对原告顾某地吊装浴缸的行为加以制止,是其管理职责所在,并无不妥。对这个从面积看无法在浴室安装、从重量看不能在29E室其他部位安装的浴缸,顾某地坚持要求放入29E室。浴缸的特定功能是洗澡,将这个浴缸放在室内,其虽然承诺不使用,但这种承诺有悖常理。JX物业从保障物业安全的角度出发,对这一承诺表示怀疑,有一定的合理性。JX物业的行为不具有违法性,且无侵权事实。顾某地要求JX物业赔偿精神损失和人工费损失,该诉讼请求不予支持。据此,上海市静安区人民法院于2002年3月20日判决:诉讼请求不予支持。

一审宣判后,顾某地不服,向上海市第二中级人民法院提起上诉。

上诉人顾某地诉称

29E室跃层的楼板,采用现浇钢筋混凝土大板结构,使用暗梁,并非通常情况下的梁板结构。暗梁与普通梁相比,刚度小、变形大,对板的支撑及约束小。应当对29E室跃层楼板能否承载注满水的浴缸这个问题进行鉴定。上诉人目前只是准备将浴缸安放在29E室跃层,不去使用,根据浴缸的自重,这样做不会损坏跃层楼板;在对跃层楼板采取相关加固措施后,即使将浴缸加满水,跃层楼板也能完全满足承载要求,不会对整个大楼的安全造成隐患。再说,29E室是上诉人的权利范围,如果上诉人的行为存在危害,损害的只能是上诉人自己的利益,不会影响他人利益和公共利益,另外,被上诉人不是SH花园的正规、合法管理者,因此其制止上诉人安放浴缸的行为是不正当的,应当赔偿上诉人因无法及时安装浴缸而遭受的人工费、运费等损失。一审判决驳回上诉人的诉讼请求是错误的,应当改判。

被上诉人JX物业辩称

虽然29E室归上诉人所有,但上诉人应当遵守法律规定,在建筑物设计允许的限度内使用该室。上诉人安装和使用大浴缸,肯定会给楼板及整幢房屋的安全带来危险,从而影响其他业主的正常生活,这是被上诉人阻止上诉人的理由;上诉人在29E室安装和使用大浴缸,必然改变房屋的结构和用途;该浴缸的进水和出水,也会使整幢大楼的供排水系统发生问题。退一步讲,不允许业主改变房屋的结构和用途,是上海市从公共安全和物业安全出发,在总结以往教训的基础上作出的物业管理规定。作出这个规定,并不意味着对房屋结构和用途的每一次改变,都会危害公共安全和物业安全。但是没有这个规定,允许每一位业主随意改变房屋的结构和用途,则势必会危害公共安全和物业安全。因此即便上诉人为安装浴缸而改变房屋结构和用途的行为没有造成危险,其也无权违反上海市的物业管理规定。一审判决正确,应当维持。

上海市第二中级人民法院经审理,确认一审认定的事实属实。二审期间,应上诉人顾某地的申请,法院委托鉴定机构对SH花园4号楼29E室复式房屋内的跃层楼板能否承载装满水的系争浴缸进行鉴定。得出的评估结论是:一般住宅建筑若不做专门设计,不适宜安装巨型浴缸。29E室的房型设计未考虑到使用时会安装巨型浴缸,安装巨型浴缸对大楼的局部结构安全性及正常使用均会产生较大影响。因此,SH花园4号楼29E室不应在跃层安装巨型浴缸。

二审法院认为

本案的争议焦点有三个:①系争浴缸能否放置在SH花园29E室的跃层?②被上诉人JX物业是否有权制止上诉人顾某地安放系争浴缸的行为?③顾某地在此案中是

否遭受损失？损失应由谁承担？

关于第一个争议焦点。SH花园的设计单位证明和鉴定机构的评估报告证实SH花园4号楼29E室的跃层平板结构不仅承担着该跃层室内荷载,还承担室外露台荷载及顶层局部屋面荷载,因此安装系争浴缸对大楼局部结构的安全会造成较大影响。该鉴定人的鉴定资质和鉴定程序合法,鉴定结论应予采信。顾某地提出,其对29E室跃层采取相关加固措施后就能够安装系争浴缸:这是一个在一审审理时没有提出的诉讼请求,已经超出二审审理范围,本案不予处理。综上,系争浴缸不能放置在SH花园29E室内。

关于第二个争议焦点。被上诉人JX物业接受业主委员会的委托,对SH花园履行管理职能,是SH花园的物业管理者。这一事实不仅有证据证明,上诉人顾某地也以其直接向JX物业交纳物业管理费的行为证明,其对此是明知的。作为物业管理者,JX物业当然有权依据《上海市居住物业管理条例》的规定,制止顾某地安放系争浴缸。

关于第三个争议焦点。上诉人顾某地未能及时安装系争浴缸后,必然产生相关费用的损失。但这些损失,是由于顾某地准备安装系争浴缸前没有考虑到建筑物安全和物业管理规定造成的。被上诉人JX物业阻止顾某地安装系争浴缸的行为没有过错,故这部分损失不应由JX物业承担。

综上所述,一审适用法律正确,判决对颐然地的诉讼请求不予支持并无不当,应予维持。于2003年7月25日判决驳回上诉,维持原判。

 **案例评析**

(1) 此类物业管理纠纷,实质上是业主对房屋支配的所有权和物业服务企业的物业管理权的冲突,以及个别业主的个体权利和全体业主的整体权利的冲突。《物权法》第七十一条规定:"业主对其建筑物专有部分享有占有、使用、收益和处分的权利。业主行使权利不得危及建筑物的安全,不得损害其他业主的合法权益。"《物业管理条例》第四十六条第一款规定:"对物业管理区域内违反有关治安、环保、物业装饰装修和使用等方面法律、法规规定的行为,物业服务企业应当制止,并及时向有关行政管理部门报告。"该条例第五十三条第一款规定"业主需要装饰装修房屋的,应当事先告知物业服务企业。"

根据《物权法》的规定及相关法理,业主对建筑物的专有部分享有专有权,但是专有权的行使比一般所有权的行使限制更为严格,业主行使建筑物专有权不得损害他人的权益,也不得危及建筑物的安全。本案中,顾某地安装的浴缸承重明显超过规定的荷载量,危及建筑物安全,因此,不能在房屋内擅自安装大型浴缸。装饰装修虽然是业主对其个人财产的一种处分行为,但正如一审法院在判决中认为的,一幢独立建筑物虽然用隔板分割成不同的使用空间,以供不同的人分别独立使用,但构成该幢独立建筑物的基础、框架、承重墙体、隔板、顶盖、走道、阶梯、门窗、管线以及必要的活动场所等部位,却无法分割使用。业主不当的装修行为势必影响其他区分所有权人的利益,并可能给建筑物造成安全隐患,从而妨碍到他人对房屋行使权利。顾某地安装的浴缸明显加大了房屋荷载,长期压置在楼板上,势必影响建筑物结构,影响建筑物安全,损害其他业主的利益。为规范业主的装修行为,避免装修可能损害公共利益,住房和城乡建设部先后制定了《家庭居室装饰装修管理试行办法》《住宅室内装饰装修管理办法》等规章。

(2)对业主为违规装修,危及建筑物安全的行为,物业服务企业有权以自己的名义依法制止违规装修的行为。首先,根据《物业管理条例》的规定,物业服务企业应当制止在物业管理区域内违反有关治安、环保、物业装饰装修和使用等方面法律、法规规定的行为。这是物业服务企业进行物业管理时应尽的义务。其次,行使物业管理权是遵守合同约定的结果。业主和物业服务企业通过物业管理发生法律上的联系,形成物业管理法律关系,物业服务合同是物业服务企业和业主委员会订立的书面民事合同,是物业服务企业获得物业管理权的法律基础。物业服务企业由业主大会选聘,获得业主的授权来处理物业管理事务,因此,物业管理公司根据业主的授权和物业管理合同的约定,对物业进行日常维护和管理,对业主进行的危及物业安全的行为,有权加以阻止。最后,因建筑物结构与使用功能上的特点,存在着单一业主的所有权和全体业主的共有权的连接,在物业使用的过程中,单一业主在行使区分所有权人利益时,不得损害全体业主的整体利益。因此,物业服务企业在接受全体业主的委托后,有权对物业管理区域进行管理。业主违规装修的行为,如果出现对建筑物构成安全隐患、危害其他区分所有权人的共同利益、妨碍整幢建筑物正常使用的情形,物业服务企业可以以自己的名义提起诉讼予以制止。

四、JS小区业主委员会诉HD物业服务有限公司、张某转包物业服务合同纠纷案

原告:JS小区业主委员会

被告:HD物业服务有限公司

被告:张某

第三章 物业服务企业

 **案情介绍**

2008年6月23日,原告JS小区业主委员会与被告HD物业服务有限公司签订物业服务合同,合同约定由HD物业服务有限公司负责小区物业服务,合同期限为两年,即从2008年6月23日至2010年6月22日止;合同对物业管理费用的收取标准、违约责任及其他事项进行了约定。同日,被告HD物业服务有限公司与张某签订了承包经营合同一份,在合同中HD物业服务有限公司与张某约定,HD物业服务有限公司将与原告小区业主委员会签订物业服务合同取得的小区物业服务工作由张某负责,以HD物业服务有限公司的名义成立小区管理处,由张某为负责人;管理处独立经营,自负盈亏,承包经营期间产生的一切债权、债务均有张某负责,承包经营期限为两年,即从2008年6月23日至2010年6月22日止;物业管理费的收取标准以物业服务有限公司与业主委员会签订的物业服务合同为准,张某每年固定向HD物业服务有限公司交纳人民币30万元承包费用。被告HD物业服务有限公司成立的JS小区物业管理处未经工商行政管理部门注册登记并未领取营业执照。2008年12月,JS小区业主委员会发现物业服务有限公司将小区物业服务承包给张某经营后,委托律师向物业服务有限公司致函,要求HD物业服务有限公司结束与张某的承包经营合同,由HD物业服务有限公司负责小区物业服务工作。HD物业服务有限公司以与张某的承包经营合同系内部承包经营关系为由,拒绝了JS小区业主委员会的要求。JS小区业主委员会于是向法院起诉了HD物业服务有限公司和张某。

原告JS小区业主委员会诉称

HD物业服务有限公司与张某签订的承包经营合同,违反了法律、法规的规定,应该属于无效合同;同时,HD物业服务有限公司将物业服务转包给他人经营,是一种违约行为,小区业主委员会有权解除其与物业服务有限公司签订的物业服务合同。因此,请求法院确认物业服务有限公司和张某签订的承包经营合同无效,并要求解除其与HD物业服务有限公司签订的物业服务合同。

被告HD物业服务有限公司辩称

与张某签订的承包经营合同是一种内部承包合同关系,是经营的一种形式,而且也成立了管理处负责小区物业服务,因此,承包经营并非将小区物业服务工作转包给张某,该内部承包经营合同不违反法律、法规的规定,也未损害小区业主的权益,业主委员会以承包经营合同是一种转包行为,要求确认物业公司与张某签订的承包经营合同无效的理由不成立。另外,与业主委员会签订的物业服务合同并未约定不能采用内部承包经营的形式对小区提供物业服务,物业服务有限公司未违反与业主委员会签订的物业服务合同的约定,业主委员会要求解除双方物业服务合同的理由也不能成立。请求法院判决驳回业主委员会的诉讼请求。

被告张某辩称

同意 HD 物业服务有限公司关于承包经营合同是内部承包合同的说法,此合同的订立,是 HD 物业服务有限公司经营 JS 小区物业服务的一种形式;在实际的物业服务过程中,小区物业管理处已经尽到了管理职责,按照 HD 物业服务有限公司与 JS 小区业主委员会签订的物业服务合同的约定,为小区提供了物业服务。因此,请求法院判决驳回 JS 小区业主委员会的诉讼请求。

法院认为

被告 HD 物业服务有限公司与被告张某签订的承包经营合同,虽约定成立由张某任负责人的小区物业管理处,但同时约定管理处与 HD 物业服务有限公司相对独立,自负盈亏,独立经营,承包经营期间的债权、债务均有张某个人负责,HD 物业服务有限公司除每年固定收取承包费用外不承担任何服务义务;因此,HD 物业服务有限公司与张某签订的承包经营合同不符合内部承包经营的形式,而是对 JS 小区物业服务的转包。该承包经营合同违反了国务院《物业管理条例》的禁止性规定,且张某系自然人,不具有物业管理资质,应属无效合同。HD 物业服务有限公司与金盛业主委员会签订的物业服务合同,虽未约定物业服务有限公司不得将物业服务转包,但约定了由 HD 物业服务有限公司对小区物业提供物业服务,HD 物业服务有限公司未按合同约定为小区提供物业服务,而是将小区物业服务工作转包给被告张某,其行为不仅违反了国务院《物业管理条例》的禁止性规定,也是一种违约行为。据此,法院判决支持原告 JS 小区业主委员会的请求,确认被告 HD 物业服务有限公司与被告张某签订的承包经营合同无效,并解除原告 JS 小区业主委员会与被告 HD 物业服务有限公司签订的物业服务合同。

 案例评析

《物业管理条例》第三十六条规定:"物业服务企业应当按照物业服务合同的约定,提供相应的服务。物业管理企业未能履行物业服务合同的约定,导致业主人身、财产安全受到损害的,应当依法承担相应的法律责任。"第四十条规定:"物业管理企业可以将物业管理区域内的专项服务委托给专业性服务企业,但不得将区域内的全部物业管理一并委托给他人。"《物业管理条例》规定物业服务企业不得将其物业管理区域内的全部物业管理一并委托给他人主要是因为:①对物业服务企业的选择,是业主们通过比较考察企业信誉、业绩、资质、管理服务水平等因素后选聘出来的,业主大会最终决定选聘某个物业服务企业是因为信任其能够为业主提供满意的物业管理服务,能够最大限度地满足广大业主对服务服务的预期要求,如果物业服务企业将全部物业管理业主转委托给第三人,无疑破坏了这种信任关系,使得业主选聘物业服务企业的活动失去了意义,业主无法依照自己的意愿选聘到满意的物业服务企业,不能按照预期享受物业服务,从而业主的合法权益也无法得到保障。②根据《物业服务企业资质管理办法》相关规定,物业服务企业必须具有法定的资质才能从事相应的物业管理活动,如果物业服务企业将全部物业管理一并委托给没有资质的企业或者个人,则无法保障物业服务的质量,从而影响物业服务合同目的的实现。③物业服务企业将整体服务业务装委托给他人时,一般带有一定的经济目的,而这一经济目的的实现往往是建立在损害业主权益的基础上的。

本案中,HD物业服务有限公司与张某签订的承包经营合同,约定JS小区的物业管理工作由小区管理处负责,而小区管理处并未经工商行政管理部门注册登记,也未领取营业执照,且管理处由承包人张某负责,管理处独立经营,自负盈亏,经营期间的一切债务、债权均有管理处自行负责,这类规定,并不同于单位内部岗位责任制,而应认定为一种转包。HD物业服务有限公司与张某的承包经营合同因违反现行法律、法规的禁止性规定而无效。

小区业主委员会与物业服务企业在双方协商一致的情况下签订《物业服务合同》,约定双方的权利义务,物业服务企业应该按照《物业服务合同》的要求严格履行合同义务,本案中,HD物业服务有限公司将JS小区的物业服务转包给不具有物业服务经营资格和资质的张某,极有可能出现物业服务不能达到合同约定的要求,损害小区业主的利益。《中华人民共和国合同法》第九十四条第(四)项规定,当事人一方延迟履行债务或者有其他违约行为致使不能实现合同目的的,另一当事人有权要求解除合同,本案中,原告JS小区业主委员会委托被告HD物业服务有限公司对小区提供物业管理服务,被告未按照合同约定为小区提供服务,而是将小区物业服务予以转包谋利,不能实现小区业主委员会通过签订《物业服务合同》达到由被告物业服务有限公司为小区提供服务的目的,因此,JS小区业主委员会有权依据《中华人民共和国合同法》的规定,要求解除与HD物业服务有限公司签订的物业服务合同。

物业服务合同作为合同的一种,应当遵循《合同法》的相关规定,根据《合同法》的规定,委托人应当亲自处理委托事务,经委托人同意,受托人才可以转委托。转委托未经同意的受托人应当对转委托人的行为承担责任。但是,由于物业管理服务项目内容广泛,许多领域专业性很强,一个物业服务企业可能很难完全胜任,必须将这些专业性的服务活动再行委托给其他专业服务公司才能很好地完成其物业服务活动,这样对业主是有利的,但若必须取得业主同意,不但费时、费力甚至是不可能的,因此物业服务企业可以根据《物业管理条例》第四十条的规定,聘请专业机构承担机电设备维修养护、清洁卫生、园林绿化、工程施工等专项服务,而不必取得业主的同意。因此,物业服务有限公司在对小区从事物业服务的过程中,根据实际情况,有权聘请专业的保安公司对小区安全提供服务,委托他人从事物业服务专项服务,但是,物业服务有限公司无权将小区物业服务进行转包谋利。《物业管理条例》第六十二条规定:"物业服务企业将一个物业管理区域内的全部物业管理一并委托给他人的,由县级以上地方人民政府房地产行政主管部门责令限期改正,处委托合同价款30%以上50%以下的罚款;情节严重的,由颁发资质证书的部门吊销资质证书。委托所得收益,用于物业管理区域内物业共用部位、共用设施设备的维修、养护,剩余部分按照业主大会的决定使用;给业主造成损失的,依法承担赔偿责任。"

五、邱某因车辆被淹诉漳州某物业服务有限公司等物业服务合同纠纷案

原告:邱某
被告:漳州某物业服务有限公司
被告:漳州某房地产有限公司

案情介绍

2010年5月,邱某以其婆婆熊某的名义购买了被告漳州某房地产有限公司出售的位于漳州开发区某花园城9幢508号房屋,双方签订了商品房买卖合同,2011年5月26日邱某以其婆婆熊某的名义与被告漳州某物业服务有限公司签订《前期物业管理服务协议》,约定漳州某物业服务有限公司为其提供物业服务,包括对公用设施设备进行日常管理和维修养护,区内公共雨、污水管道每年的检查疏通,以及对进出小区的车辆进行管理,引导车辆有序通行停放等。另双方约定每月除交纳约定的物业费外,还向漳州某物业服务有限公司交纳自身车辆"某别克君越"小汽车的停车费150元/月,按被告漳州某物业服务有限公司指定将车辆停放于小区地下停车场内。该房交付后由原告邱某及其丈夫白某居住使用,并向被告漳州某物业服务有限公司交纳了2013年7月—12月物业管理费997.20元和2013年6月2日—12月1日停车费900元。

2013年7月18日,被告漳州某物业服务有限公司在小区宣传栏张贴"温馨提示",内容是:"今年第8号热带风风暴'西马仑'今天5时中心位于北纬21度,东经119度,

就是在东山东南偏南方约340公里的海面上,中心气压990百帕,近中心最大风力9级(23米/秒),七级风圈半径150公里。预计未来'西马仑'中心将以每小时20公里左右的速度向西北方向移动,逐渐向广东东部到福建南部沿海靠近,并可能于今天傍晚到夜里在这一带沿海登陆。受'西马仑'影响,预计今天到19日,崇武到东山沿海阵风可达8~9级,我市有暴雨、局部大暴雨天气过程。管理处提醒您做好各项防风工作,将放置在阳台的花盆及易坠落物品(如拖把、扫把)搬至室内,关好门窗,必要时请避免外出。"邱某遂按漳州某物业服务有限公司的规定将自己的车辆某别克牌小轿车停放在小区东区地下停车场。2013年7月18日傍晚,受第8号热带风暴"西马仑"影响,漳州沿海各县市出现大暴雨至特大暴雨,暴雨的强度、量级属百年一遇,部分地区出现400年一遇的特大暴雨,部分村庄出现严重内涝,最高受淹水深达3.5米左右,208省道及大部分乡、村道路受淹、塌方、交通中断。邱某居住小区的东区地下停车场因地势较低,大量进水,致使邱某的车辆被水浸泡,水淹高度在车辆的仪表工作台以上,顶篷以下,发动机严重进水,被水浸泡的零部件都受到不同程度的损坏。台风过后,因地下停车场排水措施不力,邱某车辆被水浸泡达30小时以上。排洪抽干后,为避免损失的扩大,漳州某物业服务有限公司于2013年7月25日书面提示邱某及时将车辆拖走维修,邱某以未达成任何赔偿协议为由拒绝拖走车辆。邱某认为被告漳州某物业服务有限公司和被告漳州某房地产有限公司对其车辆受损均有责任,因双方对赔偿事宜协商不成,原告邱某诉至法院。

原告邱某诉称

漳州某物业服务有限公司收取了业主的物业费及停车管理费,有义务和责任负责小区的安全及管理,在明知台风将带来强降雨,有可能危及车辆安全的情况下,却要求原告将车辆停至低洼的地下停车场,并且未进行任何防范措施阻挡洪水,在7月18日晚长达数小时的降水过程中未通知原告险情的发生,以便移走车辆避免损失,被告的不作为和救援缓慢,导致车辆全损,具有全部过错,应对原告的损失承担全额的赔偿责任。被告漳州某房地产有限公司作为开发商,在设计建造地下停车场时,进出口低于地面高度,是暴雨倒灌的客观原因,被告漳州某房地产有限公司未能完善防排涝设施的建设也是导致原告损失的原因之一,应与被告漳州某物业服务有限公司共同承担赔偿责任。请求判令:①两被告共同赔偿原告的车辆被淹损失77 000元。②本案的诉讼费、评估费等费用由被告承担。

被告漳州某物业服务有限公司辩称

①本次事故是因超百年甚至400年一遇特大暴雨引起,降雨量及引起的山洪等灾情远超正常的预见能力和承受能力,确系不可抗力。②被告漳州某物业服务有限公司

与原告之间不是通常意义上的"财产保管合同关系",而是"物业服务合同关系",被告漳州某物业服务有限公司收取的仅是管理费而不是保管费。被告漳州某物业服务有限公司对"进出小区的车辆进行管理、引导车辆有序通行、停放"等仅起协助义务,主要义务者在于原告,物业合同约定,原告有自行办理自己的财产与人身安全的保险的义务。③被告漳州某物业服务有限公司已在正常的预见和能力范围内防御和抗击台风,已尽到义务,没有任何过错。④原告对自己的财产安全负有首要注意义务,在自然灾害来临前及来临时本负有充分注意的防患和抢救义务,在灾害退去后,又负有及时防止损失扩大的义务,但原告在自然灾害面前没有尽到任何应有的防范和抢救义务,对车辆受损存在过错,在灾害退去后更拒不及时将车辆送修止损,放任车辆损失的扩大。⑤原告提起诉讼违反物业服务协议约定被告需承担相应法律责任的两个前提条件,协议约定"甲方违反协议,未达到管理服务质量约定目标的,乙方有权通过业主大会要求甲方限期改正,逾期未改正给乙方造成损失的,甲方承担相应的法律责任。"被告漳州某物业服务有限公司承担相应责任的前提必须是确实违反协议未达管理服务质量约定目标及通过业主大会限期改正,逾期未改正造成损失的,才承担相应责任。⑥原告车辆损失总额有被洪水淹浸的原因和原告不及时送修减、止损扩大的原因,扩大损失应由原告自己承担,被洪水浸泡造成的损失属于不可抗力。⑦原告车辆评估鉴定属于原告举证范围,鉴定费由原告自行承担。要求驳回对被告漳州某物业服务有限公司的诉讼请求。

被告漳州某房地产有限公司辩称

①其与原告不存在物业服务合同关系,不是物业合同的相对方,只与熊某存在商品房买卖关系。②原告车辆停放的地下停车场已经验收合格交付使用,原告没有任何证据证明车辆损失是被告漳州某房地产有限公司设计原因所致,本次事故是特大暴雨引起,降雨量及山洪等灾情远超正常的预见能力和承受能力,确系不可抗力。同意被告漳州某物业服务有限公司的上述答辩意见。

诉讼中,经原告邱某申请,本院委托漳州金桥机动车鉴定评估有限公司鉴定,评估意见是:以2014年1月23日为鉴定评估基准日,该车辆由于泡水事故造成车损,维修费用预估也超过车身的实际价值,按二手车交易市场惯例和市场行情,维修预估费超过受损前车辆价值时,该车判定为全损,其车辆贬值估价为其受损前的价值扣除剩余残值,贬值损失67 925元。评估鉴定费1200元。经法院咨询后,鉴定机构出具补充说明,评估意见为:以2013年7月19日为鉴定评估基准日,该车辆成新率为35%、评估价为77 000元、残值为3850元、贬值损失为73 150元。

法院认为

双方争议的焦点是:①"西马仑"台风是否属于法律规定的"不可抗力";②原告车

辆被水浸泡的损失如何确定;③原告车辆被水浸泡造成的经济损失应由谁承担赔偿责任。

(1) 关于"西马仑"台风是否属于法律规定的"不可抗力"的问题。根据《中华人民共和国合同法》第一百一十七条第二款规定"本法所称不可抗力,是指不能预见、不能避免并不能克服的客观情况。"台风作为一种严重的自然灾害,确实是难以避免的。但是,在气象等相关科学高度发展的今天,台风是可以预见的,通过采取适当的措施,台风过境造成的影响也是能够减小到最低程度的。本案中,政府已经对"西马仑"台风即将登陆发出了警报,且准确预报了台风登陆时间和范围,被告漳州某物业服务有限公司对台风即将登陆这一事实是明知的,也在小区张贴了"温馨提示"。因此,被告漳州某物业服务有限公司对于受台风袭击致停车场积水浸泡停车场的车辆并非不能预见、不能避免,被告漳州某物业服务有限公司完全有条件在台风登陆前做好小区停车场防洪排水措施工作,但是在台风登陆的当日,被告漳州某物业服务有限公司因管理措施不力,致使小区停车场大量积水长时间不能排除,积水浸泡了原告的车辆,造成车辆的损失。因此,被告关于本案事故发生系因不可抗力的抗辩理由,没有事实根据和法律依据,不予支持。

(2) 关于原告车辆被水浸泡的损失如何确定的问题。原告认为,《二手车鉴定评估报告书》鉴定车辆贬值损失 67 925 元,残值 3850 元,原告对车辆残值 3850 元没有异议,但车辆贬值损失 67 925 元是鉴定机构的鉴定评估基准日为 2014 年 1 月 23 日,原告车辆是 2013 年 7 月 19 日被淹,应以 2013 年 7 月 19 日作为原告车辆损失的时间,车辆价值多贬值 6 个月,应以车辆贬值损失 77 000 元确定。

两被告认为,原告的车辆由于没有及时修复,车辆泡水后被原告搁置 6 个月,导致车辆被鉴定为全损,贬值损失 67 925 元,若及时修复,贬值损失只有 10 000 多元。因此,车辆泡水时的损失属于自然灾害导致,不应由被告承担责任;车辆泡水后的损失是因原告不及时修复,扩大损失,应由原告自行承担。

法院分析认为,鉴定机构作出的《二手车鉴定评估报告书》和《补充说明》程序合法,内容客观真实,可以作为本案认定事实的依据。但鉴定评估报告鉴定的车辆损失是分别以鉴定日 2014 年 1 月 23 日为鉴定评估基准日和车辆被水浸泡时间 2013 年 7 月 19 日为鉴定评估基准日评估相应的数据,故本院认为计算车辆损失应以该车辆被水浸泡时间确定,而本案原告的车辆损失应分为两部分:一是台风时车辆被水浸泡的损失;二是台风过后车辆未及时修复扩大的损失。根据《二手车鉴定评估报告书》及《补充说明》评估该车的重置成本 220 000 元,成新率应以车辆已使用年限从 2006 年 7 月至 2013 年 7 月计 84 个月计算,即成新率:$(1-84/180)\times 0.65\times 100\% = 35\%$,评估价为:220 000元×35%=77 000元,即该车在被水浸泡前的价值是77 000元。通常情况下,车辆在泡水后及时修复,贬值损失系数一般为原车受损前可变现价格的25%～60%,本案车辆贬值损失系数本院酌定为42.50%,残值:77 000元×5%=3850元。台风时车辆被水浸泡的损失为:77 000元×42.50%=32 725元;台风过后车辆未及时修复扩大的损失为:77 000元×57.50%－3850元=40 425元。

(3)关于原告车辆被水浸泡造成的经济损失应由谁承担赔偿责任的问题。原告认为:被告漳州某物业服务有限公司作为物业服务的提供方,应提供包括对公用设施设备进行日常管理和维修养护、区内公共雨、污水管道每年的检查疏通,以及对进出小区的车辆进行管理,引导车辆有序通行停放等,被告漳州某物业服务有限公司在漳州市政府发布"西马仑"台风警报这种可能会发生强降雨导致内涝的情况下,应通知业主将车辆停放在高处以避免车辆被淹,相反却要求业主将车辆停放于地下车库,小区地面上也没有停车位,禁止小区业主在地面上违章停车。在台风强降雨情况下,错误引导,没有任何防护措施,没有及时通知原告转移车辆以避免损失,且求援不力,致使原告车辆被水浸泡四天共计90余个小时。被告漳州某物业服务有限公司未尽到上述义务,应承担相应的法律责任;被告漳州某房地产有限公司作为开发商,在设计建造地下停车场时,车库进出口低于地面高度,是暴雨倒灌的客观原因,且未能完善防排涝设施的建设,违反有关规定,救援迟缓,应与被告漳州某物业服务有限公司承担共同连带赔偿责任。

被告漳州某物业服务有限公司辩称

其与原告之间是物业服务合同关系而不是财产保管合同关系,收取的仅是管理费而不是保管费,物业公司对进出小区的车辆进行管理、引导车辆有序通行、停放等仅起协助义务,合同约定原告有自行办理自己财产与人身安全的保险义务。被告漳州某物业服务有限公司已在正常的预见和能力范围内防御和抗击台风,已尽到义务,没有任何过错。而原告在自然灾害面前没有尽到任何应有的防范和抢救义务,对车辆受损存在过错,在灾害退去后更拒不及时将车辆送修、减止损,放任车辆损失的扩大。原告车辆的损失,被水浸泡造成的损失属于不可抗力,不及时止损造成的扩大损失应由原告自己承担。

被告漳州某房地产有限公司辩称

其与原告是商品房买卖合同关系而不是物业服务合同关系,不是物业服务合同的相对方,被告漳州某房地产有限公司建造的商品房已竣工验收合格并交付使用,原告车辆的损失与被告漳州某房地产有限公司没有任何关系。

法院认为

保管合同是保管人将寄存人交付的保管物保管,并返还该物的合同,保管人的义务是结果义务。而物业服务合同是物业公司对业主的房屋及配套的设施设备和相关场地进行维修、养护、管理,维护物业管理区域内的环境卫生和相关秩序的活动,物业公司的义务是行为义务。本案原告将车辆停放在被告漳州某物业服务有限公司管理的小区内停车场,原告支付了物业费和停车费,但双方未明确约定车辆由被告漳州某物业服务有限公司保管,且车辆停放后车辆由原告实际掌控,停车费是场地使用费而不是保管费,故原告与被告漳州某物业服务有限公司之间是物业服务合同关系而不是保管合同关系。本院确认原告车辆的经济损失:①台风时车辆被水浸泡的损失 32 725 元,是"西马仑"台风引起的强降雨,是原告车辆被水浸泡的直接原因,在履行合同中,被告漳州某物业服务有限公司应当对共用设施设备进行日常管理和维修养护,对进出小区的车辆进行管理,引导车辆有序通行、停放,但被告漳州某物业服务有限公司因其管理措施不力导致停车场长时间积水的过错行为,与原告车辆的损失有直接的因果关系,应当承担违约责任,该部分损失 32 725 元应由被告漳州某物业服务有限公司承担赔偿责任。②台风过后原告车辆扩大的损失 40 425 元,被告漳州某物业服务有限公司未能及时排水,导致车辆被水长时间浸泡。故被告漳州某物业服务有限公司在履行合同上有过错,不完全履行合同约定的管理义务,应当承担相应的违约责任。③原告在车辆被水浸泡后以未达成赔偿协议为由拒绝将车拖走维修,对车辆扩大损失部分也负有一定责任,双方共同造成车辆损失的扩大,故本院确认原告车辆扩大损失部分 40 425 元,由原告和被告漳州某物业服务有限公司各承担 50%,即 20 212.50 元。被告漳州某房地产有限公司作为商品房的出卖人,在出售商品房并转移房屋所有权、商品房小区已经交付使用后,在房屋质量没有瑕疵的情形下,对房屋的买受人的义务已履行完毕,原告车辆的损失与被告漳州某房地产有限公司缺乏因果关系,本院不予认定。

综上所述,原告邱某以其婆婆熊某的名义与被告漳州某物业服务有限公司签订的《前期物业管理服务协议》,该协议在签订形式上虽有缺陷,但双方均予认可且协议已实际履行,协议内容未违反法律、法规强制效力性规定,合同有效,原告邱某作为业主熊某的家庭成员,应当适用该协议的约定,故原告邱某与被告漳州某物业服务有限公司的物业服务合同关系成立,双方应按合同的约定全面履行。受"西马仑"台风的影响,原告停放于小区停车场的车辆被水浸泡造成的损失 32 725 元,被告漳州某物业服务有限公司已构成违约,应当承担赔偿责任。台风过后,被告漳州某物业服务有限公司排水不及时导致原告车辆长时间被水浸泡和原告拒绝配合将车辆拖走维修共同造成了该车辆损失的扩大,扩大损失 40 425 元,由原告邱某与被告漳州某物业服务有限公司各承担 50%即 20 212.50 元。原告请求被告漳州某房地产有限公司承担共同连带赔偿责任,因被告漳州房地产有限公司与原告车辆损失缺乏因果关系,故该请求与法不符,不予支持;原告请求被告承担本案车辆的评估鉴定费1200元,因评估鉴定费属原告的举证费用,应由原告自行承担。被告漳州某物业服务有限公司辩解原告提起诉讼违反物业服务协议约定被告需承担相应法律责任的两个前提条件,因根据《最高人民法院关于审理物业服务纠纷案件具体应用法律若干问题的解释》第三条第一款"物业服务企业不履行或者不完全履行物业服务合同约定的或者法律、法规规定以及相关行业规范确定的维修、养护、管理和维护义务,业主请求物业服务企业承担继续履行、采取补救措施或者赔偿损失等违约责任的,人民法院应予支持",故原告提起诉讼未违反双方的约定及法律的规定,该辩解意见不予采纳。据此,被告漳州某物业服务有限公司应承担原告车辆损失为 32 725 元+20 212.50 元=52 937.50 元,原告自行承担车辆损失 20 212.50 元。判决如下:①被告漳州某物业服务有限公司于本判决生效之日起10日内支付原告邱某赔偿款52 937.50元。②驳回原告邱某对被告漳州某房地产有限公司的诉讼请求。③驳回原告邱某的其他诉讼请求。④本案案件受理费1755元,由原告邱某负担632元,被告漳州某物业服务有限公司负担1123元;鉴定费1200元,由原告邱某负担。

案例评析

(1)物业服务企业作为车库物业管理部门,应当按照约定承担地下车库物业管理养护与维修义务。案发当日的台风虽然不能避免,但并非不可预见和不可克服。事实上,本案中,政府已经对"西马仑"台风即将登陆发出了警报,且准确预报了台风登陆时间和范围,物业服务企业对台风即将登陆这一事实是明知的,也完全有条件在台风登陆前做好小区停车场防洪排水措施工作,正是因为物业服务企业的管理措施不力,才致使小区停车场大量积水长时间不能排除,积水浸泡了原告的车辆,造成车辆的损失。根据《中华人民共和国合同法》第一百一十七条第二款的规定,不可抗力,是指不能预见、不能避免并不能克服的客观情况。本案中,台风并非不可抗力,物业服务企业作为专业的物业服务机构,对台风可能造成的危害是可以预见的,而且尽最大努力也是可以防止的,虽然物业服务企业采取了一定的抗灾措施,但未尽到最大的谨慎和最大的努力,故物业服务企业不可抗力的主张没有实施及法律依据,法院不予认可。《最高人民法院关于审理物业服务纠纷案件具体应用法律若干问题的解释》第三条第一款规定:"物业服务企业不履行或者不完全履行物业服务合同约定的或者法律、法规规定以及相关行业规范确定的维修、养护、管理和维护义务,业主请求物业服务企业承担继续履行、采取补救措施或者赔偿损失等违约责任的,人民法院应予支持。"故,物业服务企业因自己未尽到物业管理义务而造成的损失对邱某承担赔偿义务。

(2)《中华人民共和国合同法》第一百一十九条规定:"当事人一方违约后,对方应当采取适当措施防止损失的扩大;没有采取适当措施致使损失扩大的,不得就扩大的损失要求赔偿。"本案中,被告漳州某物业服务有限公司在履行合同上有过错,不完全履行合同约定的管理义务,应当承担相应的违约责任;但原告在车辆被水浸泡后以未达成赔偿协议为由拒绝将车拖走维修,未采取适当措施防止损失的扩大,对车辆扩大损失部分也负有一定责任,故法院判决邱某对车辆扩大损失部分承担50%的责任。

(3)关于漳州某房地产有限公司是否承担赔偿责任的问题。漳州某房地产有限公司作为商品房的出卖人,其与原告邱某之间形成的是商品房买卖关系,在出售商品房并转移房屋所有权,商品房小区已经交付使用后,房屋质量没有瑕疵的情形下,对房屋的买受人的义务已履行完毕,邱某车辆的损失与漳州某房地产有限公司缺乏因果关系,故漳州某房地产有限公司无需对邱某的损失承担赔偿责任。在物业管理活动中之所以出现许多问题,一个主要原因是很多人对物业管理中的法律关系认识不清,错误地理解自己在物业管理中的法律地位。物业管理是一个非常复杂的系统工程,涉及一处物业区的法律关系往往是由几个方面构成的,首先是开发物业的房地产开发公司,其次是物业管理公司、业主、使用人,以及主要由业主代表构成的业主委员会和向物业区提供其他方面专业服务的有关单位,最后还有政府有关部门。在同一个法律关系中,权、利、责均应当一致。但各种法律关系之间不能相互混淆。

第四章

物业服务合同

一、冯某与杭州某物业管理有限公司物业服务合同纠纷上诉案

上诉人(一审被告):冯某

被上诉人(一审原告):杭州某物业管理有限公司(以下简称某物业公司)

案情介绍

冯某系杭州市江干区某苑房屋所有权人,房屋建筑面积82.68平方米。2012年3月16日,某物业公司与某苑小区业主委员会(以下简称某苑小区业委会)签订《某苑小区物业管理服务合同》一份,由某物业公司为某苑小区的业主提供物业服务。约定委托管理期限为三年,自2012年3月16日至2015年3月15日止。住宅物业管理费由某物业公司按建筑面积0.65元/(平方米·月)向业主和物业使用人收取。小区公用设施设备的能耗费按0.3元/(平方米·月)由某物业公司向业主收取,按实结算。以上费用每半年支付1次,交费时间期限为每年的4月和9月。2015年3月13日,某苑小区第二届业委会张贴公告称,由于业主大会还未决定是否续聘某物业公司,为了不影响各位业主的正常生活,维持小区公共秩序和保安、保洁及电梯、水泵等公共设施设备的正常工作,维护小区的安定、团结,委托某物业公司延续前服务合同的各项工作至2015年6月15日,原则上延续至续聘或者选聘工作完成。2015年年底,某物业公司在冯某所有的某苑门口张贴催收函件,催讨2012年3月16日起至2015年6月15日的物业服务费2095.9元和2012年3月16日起至2015年3月15日的能耗费425.33元,但冯某仍未支付。某物业公司遂诉至法院。

一审原告某物业公司诉求

①判令冯某支付物业费2095.9元、能耗费425.33元,合计2521.23元。②判令冯某承担本案诉讼费用。

一审被告冯某辩称

①某苑小区第一届业委会未经业主大会授权,擅自与被上诉人签订物业服务合同,该合同依法应认定无效。②某物业公司未履行合同约定义务,并未做好招投标时曾明确承诺做好的三件事,即人车分流、电动车集中管理和安全监控。③某苑小区第二届业委会在合同终止后,以维持小区公共秩序为由委托被上诉人继续提供物业服务,存有不当。④自己居住在一楼,不需要坐电梯,没有产生能耗,无理由让自己承担能耗费。

一审法院认为

某物业公司与某苑小区业委会签订《某苑小区物业管理服务合同》,系某苑小区业委会代表全体业主而签订的,在该份合同被依法撤销或确认无效前,对双方均有约束力。物业服务的完善需要物业公司和小区全体业主的相互配合、共同努力,物业公司有依约提供物业服务并根据业主合理要求不断改善物业服务的义务,小区全体业主有依约交纳物业费,以及配合物业公司物业服务、共同维护小区和谐秩序的义务,业主不交纳物业费的行为,会影响物业公司的正常经营活动和提供物业服务的质量,进而影响其他已交纳物业费业主的利益。对于物业服务的瑕疵,业主可以要求物业服务人改进、弥补,仍达不到合同约定标准的,可以解除合同、更换物业服务人,故冯某因物业服务合同的订立、效力、履行等产生意见分歧拒交物业费,该院不予支持。《物业服务合同》并未因上诉人居住在一楼而约定不同的收费标准,冯某关于其不需要坐电梯,对能耗费收取不认可的意见,与合同约定不符,该院亦不予采信。某物业公司的相关诉请,合情合理,予以支持。据此判决:①冯某应支付杭州某物业管理有限公司物业服务费2095.9元。②冯某应支付杭州某物业管理有限公司能耗费425.33元。

宣判后,冯某不服,向法院提出上诉。

上诉人冯某诉称

①某苑小区第一届业委会未经业主大会授权,擅自与被上诉人签订物业服务合同,该合同依法应认定无效。根据《某苑小区业主大会和业主委员会指导规则》第三十五条的规定,业委会执行业主大会的决定和决议,与业主大会选聘的物业公司签订合同。但某苑小区第一届业委会在没有通过业主大会授权的情况下,私自与被上诉人签订物业服务合同,显然违法,其后果应由某苑小区第一届业委会的成员个人承担。上诉人作为小区业主,不认可该合同的效力。此外,被上诉人招投标时曾明确承诺做好

三件事,即人车分流、电动车集中管理和安全监控,但事实上被上诉人并未履行承诺。②某苑小区第二届业委会在合同终止后,以维持小区公共秩序为由委托被上诉人继续提供物业服务,存有不当。前份物业服务合同已属非法,现既无故延期三个月,更是荒谬。综上,请求:①撤销一审判决,依法改判或把本案发回重审。②本案一、二审诉讼费用由被上诉人承担。

被上诉人某物业公司辩称

某苑小区业委会由某苑小区业主大会选举产生,并经江干区房地产管理部门登记备案,是业主大会的执行机构,根据《物业管理条例》第十五条的规定,业主委员会有权代表业主与业主大会选聘的物业服务企业签订物业服务合同,签订物业服务合同不需再次经过业主大会的授权。所以,上诉人认为某苑小区业委会未经业主大会授权对外签订物业服务合同,是一种严重的侵权行为,这是上诉人对法律的误读。根据《物权法》第七十八条、《最高人民法院关于审理物业服务纠纷案件具体应用法律若干问题的解释》第一条的规定,业主委员会与业主大会依法选聘的物业服务企业签订的物业服务合同对业主具有约束力,因此上诉人受案涉物业服务合同的约束。综上,一审法院认定事实清楚,适用法律正确,请求驳回上诉,维持原判。

二审法院认为

本案二审的争议焦点为冯某是否应该支付该两笔费用的问题。某物业公司与某苑小区第一届业委会签订物业服务合同,并实际进场提供物业服务合同,根据法律规定,该物业服务合同对小区全体业主均有约束力。冯某主张该选聘物业服务企业和签订物业服务合同的行为未得到业主大会的授权,故物业服务合同无效。对此本院认为,即使冯某该主张成立,这也仅是合同可撤销的情形,而非合同无效的法定事由。在该合同未被撤销之前应属有效,冯某作为小区业主,应当按照合同的约定及时交纳物业服务费和能耗费。在案涉物业服务合同期满后,某苑小区第二届业委会出于现实情况的考虑,决定委托某物业公司暂时继续提供物业服务,而某物业公司也实际提供了物业服务,故某物业公司要求参照之前物业服务合同的约定收取物业费,理由正当,一审法院予以支持,并无不当,本院予以确认。综上,一审法院认定事实清楚,适用法律正确,实际处理妥当,予以维持。冯某的上诉主张依据不足,不予支持。据此,判决如下:

驳回上诉,维持原判。

 案例评析

关于本案中《物业服务合同》是否有效的问题

《物权法》第七十六条和《物业管理条例》第十一条都规定,选聘和解聘物业服务企业或者其他管理人由业主共同决定,同时《物业管理条例》第十二条还规定,选聘和解聘物业服务企业或者其他管理人应当经物业管理区域内专有部分占建筑物总面积过半数的业主且占总人数过半数的业主同意。根据以上规定,物业服务合同的订立程序是:在业主通过业主大会表决决定所选聘的物业服务企业后,业主委员会代表业主大会与该物业服务企业订立物业服务合同。显然,物业服务合同是由业主委员会与物业服务企业签订的,物业服务合同的乙方主体是物业服务企业,但是,物业服务合同的另一方主体应当是业主大会而非签订合同的业主委员会。业主委员会是业主大会的执行机构,是代表业主大会与物业服务企业签订物业服务合同,因此,业主委员会与物业服务企业签订物业服务合同之前必须经过业主大会表决同意,否则,业主委员会签订的物业服务合同的行为构成越权。但,越权签订的物业服务合同并不当然无效。根据《中华人民共和国合同法》第五十二条的规定:"有下列情形之一的,合同无效:

(一)一方以欺诈、胁迫的手段订立合同,损害国家利益;

(二)恶意串通,损害国家、集体或者第三人利益;

(三)以合法形式掩盖非法目的;

(四)损害社会公共利益;

(五)违反法律、行政法规的强制性规定。"

《最高人民法院关于审理物业服务纠纷案件具体应用法律若干问题的解释》第二条规定:"符合下列情形之一,业主委员会或者业主请求确认合同或者合同相关条款无效的,人民法院应予支持:

(一)物业服务企业将物业服务区域内的全部物业服务业务一并委托他人而签订的委托合同;

(二)物业服务合同中免除物业服务企业责任、加重业主委员会或者业主责任、排除业主委员会或者业主主要权利的条款。"

本案中,所涉《物业服务合同》并不具备以上情形,因此该合同应属于可变更和可撤销的合同,在被撤销之前应属有效合同对全体业主有效,冯某作为小区业主,应当按照合同的约定及时交纳相关费用。如果业主认为,业主委员会的行为侵犯了自己的合法权益,业主可以根据《物权法》第七十八条第二款和《物业管理条例》第十二条第五款的规定,行使撤销权,请求人民法院予以撤销。

关于业主居住在一楼,是否需要交纳电梯费、能耗费的问题

依据《物权法》的规定,业主取得房屋专有部分的所有权时,还对专有部分以外的共有部分享有共有和共同管理的权利。而所谓共有部分共有权是指全体业主对自家大门以外的区域包括门厅、电梯、走廊、屋顶、地下室等。业主对于电梯作为所有权人来讲,享有权利的同时就负有维护的义务。《物权法》第七十二条规定:"业主对建筑物专有部分以外的共有部分,享有权利,承担义务;不得以放弃权利不履行义务。业主转让建筑物内的住宅、经营性用房,其对共有部分享有的共有和共同管理的权利一并转让。"可见,电梯作为建筑物的共有部分,每个业主对其享有权利,同时需要承担义务。业主仅以未享受或者无需接受相关物业服务为由拒绝交纳相关费用的,得不到法院的支持。依据《最高人民法院关于审理物业服务纠纷案件具体应用法律若干问题的解释》第六条的规定:"……物业服务企业已经按照合同约定以及相关规定提供服务,业主仅以未享受或者无需接受相关物业服务为抗辩理由的,人民法院不予支持。"实践中,在物业服务企业已经按照约定以及规定全面履行了相应义务的情况下,有的业主以未享受物业服务企业已经提供的服务或者无需接受相关物业服务提出抗辩得不到法院的支持。因为,选聘物业服务企业是业主共同作出的决定,只要物业服务企业按照合同约定提供了相关服务,则物业费的交纳义务对全体业主而言都是均等的。除非管理规约或者物业服务合同等有另外的规定或者约定。

二、南京某医院与南京某物业管理有限责任公司物业合同纠纷上诉案

上诉人(一审被告):南京某医院(以下简称某医院)
被上诉人(一审原告):南京某物业管理有限责任公司(以下简称某物业)
一审被告:南京某房地产开发有限公司(以下简称某公司)

案情介绍

2009年4月24日,某公司与某医院签订《房屋租赁合同》1份,约定由某公司将位于临街门面房(1~8层)出租给某医院使用。租期为2009年5月1日至2025年5月1日。合同其中一条约定,在租赁期内,如果发生与该房屋有关应由承租人支付的费用均由某医院支付。2009年9月24日,某家园业委会向某医院开具证明1份,载明:今收到某医院人民币25 000元,用于小区车库的改造,免某医院的物业管理费从2010年4月1日至2013年9月30日止。2009年12月16日,某物业与某家园业委会签订《物业服务合同》1份,约定由某物业对某家园小区的居住及商业房进行物业管理。关于物业费,门面房每平方米为1.6元/月,同时约定逾期交纳物业管理费的按每天应交管理费的万分之五交纳滞纳金。同年12月28日,某物业向某家园业委会交纳保证金20 000元。2011年6月9日,双方又签订《补充协议》1份,约定将物业管理期限延长

至 2014 年 12 月 31 日。2013 年 3 月,因某医院拖欠物业管理费用,某物业提起诉讼。

一审原告某物业诉称

2010 年 1 月,某物业与某家园业委会签订《物业服务合同》。合同签订后某物业按照合同履行了物业管理服务,但是某医院至今未交纳物业管理费。现要求:某公司、某医院支付 2010 年 1 月至 2013 年 6 月物业管理费 241 920 元,逾期付款违约金 31 104 元。

一审被告某公司辩称

①某物业起诉所依据的《物业服务合同》的效力存在问题。根据《物业管理条例》第十一条规定,本案中某家园业委会是否按法律规定成立,无法确认,因此业主委员会的合法性无法确认。某公司从未接到过召开业主大会的通知,也未参加过相关投票,因此合同订立违反法律法规,应为无效。②根据某物业所依据的《物业服务合同》第十八条的规定,某物业应于 2010 年 1 月 1 日前向业主委员会交纳保证金,否则合同作废。某物业并没有按照合同上所约定的职责履行其物业服务的义务,因此某物业的诉请事实及法律依据不足,关于其要求交纳逾期交纳物业费的违约金,由于合同中并未约定何时交纳物业费,所以不存在逾期支付违约金的问题。

一审被告某医院辩称

①其同意某公司的答辩意见。②其与某公司签订房屋租赁合同中并没有约定物业管理费的交纳方式及由谁交纳。③其于 2009 年 9 月 24 日进场后,根据某家园业委会的请求,其已于 2009 年 9 月 24 日支付了 25 000 元用于小区的车库改造,某家园业委会书面承诺免除某医院自 2010 年 4 月 1 日至 2013 年 9 月 30 日期间的物业管理费的时间是 2009 年 9 月 24 日,此时某物业尚未进入该小区进行物业管理,因此某物业如果要主张某医院对物业管理费的交纳,其首先应与某家园业委会就免除上述期间的物业管理费的书面承诺作出协调,而不应也不可以直接要求某医院承担所谓的物业管理费。

一审法院认为

当事人应当按照约定全面履行自己的义务。某物业系依法成立的物业管理公司,某家园物业服务合同虽非某物业与某公司、某医院所签,但《物业服务合同》加盖有某家园业委会印章,《物业服务合同》并不违反全体业主的利益,某物业在签订合同后即进驻某家园小区,提供物业服务。某公司系该小区的业主,是某物业服务成果的享有者,故某公司亦应是交纳物业服务费义务的承担者。某公司将房屋出租给某医院使用,在合同中有关于"与该房屋有关应由承租人支付的费用均由某医院支付"的约定,且某医院举证的某家园业委会证明(关于免除物业费)亦能佐证物业费由某医院承担,故对某公司有关《物业服务合同》无效,以及某医院有关租赁合同中并未约定物业费由其承担的主张,一审法院均不予采信。某医院称某家园业委会承诺免除物业费至2013年9月30日,对此,由于某物业行使物业管理权限自2010年1月1日开始,而业委会免除某医院物业费系2009年,收取物业费系某物业的权利,某家园业委会无权作出免除的承诺,现某物业对免除物业费不予认可,因此,对某医院的上述抗辩,一审法院亦不予采信。某医院作为物业使用人应根据租赁合同的约定交纳物业费,某公司应承担连带责任。至于某医院交纳给某家园业委会的用于小区车库改造的25 000元,其应与某家园业委会协调处理。本案中,某医院使用的门面房与普通住户有所区别,门面房系临街而建,物业使用人享受到的物业管理服务相对于普通住宅用户较少,一审法院对物业服务费酌情降低20%。故某医院应给付某物业的物业费为193 536元(241 920元×80%)。审理中,某物业自愿放弃主张违约金,一审法院予以准许。综上,一审法院判决:①某医院于判决发生法律效力之日起10日内给付某物业2010年1月1日至2013年6月30日的物业服务费193 536元。②某公司对上述债务承担连带责任。

上诉人某医院不服一审判决,提起上诉。

上诉人某医院诉称

①一审法院事实认定不清。涉案合同是否发生效力,取决于被上诉人是否交纳20 000元保证金。被上诉人提交的保证金收条是其在第一次开庭后,为了弥补证据缺陷而后补的,上诉人与一审被告均有异议,但一审采纳了该份证据,属于认定事实不清。②一审法院在本案中严重混淆了各方的法律关系,从而导致实体判决错误。上诉人入住涉案小区时,被上诉人还未对涉案小区进行管理,上诉人向某家园小区业委会交纳25 000元用于小区车库改造,某家园业委会承诺免除上诉人2010年4月1日至2013年9月30日期间的物业管理费,是双方的真实意思表示,其民事行为应受法律保护。一审法院认为某家园业委会无权作出免除物业管理费承诺,没有事实和法律依据。上诉人与某家园业委会达成的协议合法有效,被上诉人与某家园业委会达成物业管理委托协议时,作为协议一方当事人的某家园业委会有义务将上诉人与其协议内容告知被上诉人。依据《中华人民共和国民法通则》关于继承的法律原则,前期履行物业管理的业委会所实施的民事行为其权利义务自然由后续企业承受。一审法院忽视上述法律规定,判令上诉人给付被上诉人物业管理费显属不当。一审法院要求上诉人交付给业委会的25 000元另行协调处理,是加剧社会矛盾的不负责任的判决。综上,上诉人认为,一审法院在事实没有查清、法律关系混乱、违法认定民事法律行为效力的情况下,不可能作出正确的判决。请求二审法院依法撤销一审判决,驳回被上诉人在一审中的诉讼请求。

被上诉人某物业辩称

要求二审法院维持原判决。

一审被告某公司二审中述称

被上诉人某物业与某家园业委会签订的合同效力存在问题,某家园业委会是否成立,一审法院没有查清。即使合同有效,但被上诉人是否提供物业服务,一审法院没有查清。关于保证金问题的意见同上诉人意见。

二审法院认为

二审中,法院查明的事实与一审法院认定事实一致。二审中根据双方当事人的诉辩意见,法院认为:被上诉人某物业在一审中提交了某家园业委会的收条,该收条注明某家园业委会在 2009 年 12 月 28 日收到某物业 20 000 元保证金,能够证明在涉案合同签订后某物业已履行了交纳 20 000 元保证金的义务,双方合同已经生效,对相关当事人具有法律约束力。上诉人某医院尽管对前述收条提出异议,但并未提供相反证据,亦无证据显示某家园业委会对某物业向其交纳 20 000 元保证金持不同意见,故法院对上诉人某医院该上诉意见不予采纳。某物业与某家园业委会签订物业服务合同约定了某物业行使物业管理权限自 2010 年 1 月 1 日开始,从该日起,某物业既有义务提供物业服务,也有权利收取相应的物业管理服务费用。该合同双方当事人在合同中也没有对上诉人某医院免交物业服务费用问题作出约定,现某物业对免除物业费不予认可,因此,上诉人某医院与某家园业委会之间达成的协议,对被上诉人不具有约束力。上诉人某医院作为物业使用人应根据租赁合同的约定交纳物业费,业主某公司应承担连带责任,上诉人某医院上诉理由不能成立。上诉人某医院交给某家园业委会的用于小区车库改造的 25 000 元,一审法院认为上诉人某医院应与该业委会协调处理的意见,并无不当。故二审法院判决:驳回上诉,维持原判决。

 案例评析

本案争议的焦点有两个:①小区业主委员会与某物业公司签订的《物业服务合同》是否有效。②某家园业委会承诺免除某医院从 2010 年 4 月 1 日至 2013 年 9 月 30 日止的物业管理费,对某物业是否具有约束力。

关于焦点一:业主委员会是业主大会的执行机构,代表业主大会进行相关活动,业主委员会根据业主大会的决议与选聘的物业服务企业签订物业服务合同,根据《物业管理条例》第十一条、第十二条的相关规定,选聘和解聘物业服务企业由业主通过业主大会共同决定,选聘和解聘物业服务企业应当经专有部分占建筑物总面积过半数的业主且占总人数过半数的业主同意。本案例中,某公司以从未接到过召开业主大会的通知,也未参加过相关投票为由,要求认定《物业服务合同》无效是没有法律依据的,根据《物业管理条例》的规定,只要经过专有部分占建筑物总面积过半数且占总人数过半数的业主同意,业主大会即可选聘物业服务企业,业主委员会即可根据业主大会的决议与相关物业服务企业签订《物业服务合同》。《中华人民共和国合同法》第四十五条规定:"当事人对合同的效力可以约定附条件。附生效条件的合同,自条件成就时生效。……"本案中,某物业与某家园业委会签订的《物业服务合同》中要求某物业公司向某家园业委会交纳保证金 20 000 元。某物业是否交纳了 20 000 元保证金,直接决定了某物业公司向某家园业委会签订的《物业服务合同》是否有效,本案中,某物业在一审中提交了某家园业委会的收条,该收条注明某家园业委会在 2009 年 12 月 28 日收到某物业 20 000 元保证金,能够证明在涉案合同签订后某物业已履行了交纳 20 000 元保证金的义务,双方合同已经生效,对相关当事人具有法律约束力。某医院尽管对前述收条提出异议,但并未提供相反证据,亦无证据显示某家园业委会对某物业向其交纳 20 000 元保证金持不同意见,根据《中华人民共和国民事诉讼法》的相关规定,可以认定某物业公司向某家园业委会交纳保证金 20 000 元,《物业服务合同》中约定的条件成就,某物业公司与某家园业委会签订的《物业服务合同》有效。

关于焦点二:某家园业委会承诺免除某医院从 2010 年 4 月 1 日至 2013 年 9 月 30 日止的物业管理费,对某物业没有约束力,法院的此认定是正确的。

物业管理是一个非常复杂的系统工程,涉及一处物业区的法律关系往往是由几个方面构成的,涉及众多法律主体,法律关系众多。在同一个法律关系中,权、利、责均应当一致。履行了相关义务,就应当享有相应的权利,反之,则应当按照法律的规定或者合同的约定承担相应的责任。但各种法律关系之间不能相互混淆,即不能因为没有履行某个法律关系中的义务而不能享有另外一个法律关系中的权利,这样会导致权、利、责不一致。

本案中,某家园业委会与某医院之间,某物业与某医院之间分属不同的法律关系。由于某家园业委会与某物业在合同中也没有对上诉人某医院免交物业服务费用问题作出约定,某物业对免除某医院物业费也不予认可,故某医院与某家园业委会之间达成的协议,根据合同相对性的原则,对某物业不具有约束力。

《物业管理条例》第四十二条规定:"业主应当根据物业服务合同的约定交纳物业服务费用。……"现某物业根据《物业服务合同》的约定提供了物业服务,履行了义务,就有权利收取相应的物业管理服务费用,某医院作为物业使用人应根据租赁合同的约定交纳物业费,某公司应承担连带责任。至于某医院交纳给某家园业委会的用于小区车库改造的 25 000 元,法院判决其应与某家园业委会协调处理也是恰当的。

三、郴州某物业服务有限公司诉彭某等物业服务合同纠纷案

原告：郴州某物业服务有限公司

被告：彭某

被告：A公司

 案情介绍

2005年8月25日，郴州某物业服务有限公司与开发商某公司就某小区签订了《物业管理委托合同》，委托原告管理该小区，期限为：2005年8月25日至2010年8月15日。该合同第二十二条约定：物业管理服务费按照建筑面积0.35元/(平方米·月)，非住宅房屋按照建筑面积1.2元/(平方米·月)的标准，由原告向业主及物业使用人收取。《物业管理委托合同》到期后，小区超过半数的业主与原告签订了《物业管理合同》。被告A公司是某小区某栋二、三楼门面的业主，其与被告彭某于2006年7月30日签订了一份《某某铺面租赁合同》，合同约定租赁期自2006年至2016年，约定彭某应服从物业公司的综合管理，并按照规定交纳物业管理费。彭某租赁某栋二、三楼门面后，开设了"某某宾馆"，对外开展住宿服务。后因彭某以郴州某物业服务有限公司未提供相应的物业服务为由，要求降低物业服务费的收费标准，拒绝按合同支付物业服务费，为此，双方多次协商未果，后郴州某物业服务有限公司将彭某、A公司诉至法院。

原告郴州某物业服务公司诉称

自2005年8月25日接受物业服务委托后，严格按照合同约定，切实履行了物业管理职责，广大业主对原告5年以来提供的物业服务质量表示满意，《物业管理委托合同》到期后，小区超过半数的业主与原告签订了《物业管理合同》。两被告一直拖欠物业管理费，自2006年9月1日至2011年2月1日其应该向原告交纳物业管理费共计93 857元。原告多次向两被告采用书面通知、上门收取等方式催要，但两被告一直互相推诿，拒绝交付。原告认为，两被告拖欠物业管理费的行为是一种违约行为，除应当立即补交欠交的物业管理费外，还应承担逾期付款的违约责任，为维护自身的合法权益，维护法律的尊严，特向法院起诉，请求判令两被告向原告支付自2006年9月1日至2011年2月28日期间所拖欠的物业服务费95 628.6元，逾期交纳该项费用的滞纳金4293元，以上两项共计99 921.6元。

被告彭某辩称

①2006年7月30日，其与A某公司签订了《某某铺面租赁合同》，合同确实约定

其应服从物业公司的综合管理,并按照规定交纳物业管理费。但 A 公司没有明确告知是哪个物业公司,也未向其出具《物业管理合同》,更未明确物业管理金额标准。之后,某物业公司虽多次找到其催交物业管理费,并申明每平方米按照每月 1 元的标准收取,但始终没有出具物业管理合同,也未向其明确服务内容。某物业公司只要求交钱,从来不承诺服务,原告认为,其与某物业公司自始至终未形成事实上的物业服务合同,其没有承担物业服务费的义务。②原告自承租 A 公司房产以来,某物业公司从来没有通知其参加业主大会或业主委员会,原告从来没有享受过选举权、被选举权、知情权、监督权等任何权利,被告对其经营某某宾馆没有给予应有的配合服务工作,如自来水开口、接电源、安装排气系统等事项肆意刁难阻挠,并给其经营宾馆造成巨大的经济损失。③原告所经营的某某宾馆,有关服务工作全部都是由原告自己承担,并支付了巨额经济报酬。这些项目和费用主要体现在:a.保安费用,月均 3600 元左右,2006 年 10 月至 2011 年 2 月底(下同),合计 190 800 元;b.垃圾清运费,月均 150 元,合计 7950 元;c.停车费,每年 5400 元,合计 21 600 元;d.维修费约每年 2000 元,合计 8000 元;e.水电开口开户费约 50 000 元;f.安装排气管道费约 15 000 元;g.因某某物业公司刁难造成其损失约 10 000 元。以上各项合计达 303 350 元。原告认为如果某物业公司认为原告确实应该承担其所谓的物业管理费,就应该承担原告因某物业公司管理不到位而由原告支付的以上全部管理费用和损失。④某物业公司曾经与原告达成相关协议,并且原告已实际履行到位。一是原告装修时,曾要求开水口,某物业公司阻止不同意,后原告申请单独开一个水口,自来水公司要求交清欠交的水费,而某物业公司拒不交纳,原告被逼无奈代交了 3900 多元水费,该款原告不再要求被告归还。二是双方曾协商由原告负责清理小区内的一个化粪池,原告已经按照要求进行了清理,人员由原告安排,费用由原告承担。上述虽然都是口头协议,但事实已履行到位。综上所述,原告认为自己作为房屋的使用人,未享受到某物业公司的任何服务,原告有权拒绝支付物业管理费。

被告 A 公司辩称

①争执物管费的物业于 2006 年 7 月 30 日由被告 A 公司租给了被告彭某使用。双方签订的《租赁合同》第三条第五款规定了乙方应服从甲方或物业公司的综合管理,并按规定交纳物业管理费。《物业管理条例》第四十一条规定:"……业主与物业使用人约定由物业使用人交纳物业服务费用的,从其约定,业主负连带交纳责任。……"被告 A 公司与被告彭某租赁合同约定物业服务费用由物业使用人交纳符合国家法律的规定,法院应予以支持。作为 A 公司,如原告请求得到法院支持,被告彭某就应当承担支付的义务。如原告请求得不到法院支持,A 公司作为被告一方当然也就不再承担支付

义务。②原告请求的权利是否应得到法院的支持,从证据上看,本案物业从被告彭某承租使用后,迄今达四年时间,原告提供与某开发商之间的委托合同,而与两被告没有合同,由于双方没有签订合同,也由于房屋的特殊性均没有接受原告相关的保安、保洁、绿化,以及在供电、用水、排污方面的服务。

法院认为

法院经审理查明:2005年8月25日,某开发有限公司与原告某物业服务有限公司签订《物业管理委托合同》,约定由原告郴州某物业服务公司对某小区提供物业服务,双方对其服务内容约定:"第四条,房屋建筑共用部分的维修、养护和管理包括:楼盖、屋顶、外墙、承重结构、楼梯间、走廊通道、门厅;第五条,公用设备的维修、保养、运行和管理,包括:共用的上下水管道、落水管、垃圾道、烟囱、共用照明、天线、中央空调、暖气干线、高压水泵房、楼内消防设备、电梯;第六条,市政公用设施和附属物、建筑的维修、养护和管理,包括:道路、室外上下水管道、化粪池、沟渠、池、井、自行车棚、停车场;第七条,公用绿地、花木、建筑小品的养护和管理;第八条,附属配套建筑和设施的维修、养护和管理,包括商业网点、文化体育娱乐场所;第九条,公共环境卫生,包括:公共场所、房屋共用部分的清洁卫生、垃圾的收集、清运;第十条,交通与车辆的停放秩序的管理;第十一条,维护公共秩序、包括:安全监控、巡视、门岗执勤;……第二十二条,物业管理服务费。"

另查明:

(1)被告彭某承租某小区某栋二、三楼门面后,将其装修改建为宾馆,从事宾馆经营,即某某宾馆。因原告管理的某小区供水、供电设施所供水电不能达到被告彭某经营宾馆的需求,对此,原、被告协商未能解决,被告彭某便向当地电力公司和自来水公司分别申请了独立开户,另行安装了单独的电表、水表,并另行交纳了开户费用。在安全保卫方面,由于某某宾馆为临街门面,其出入通道并未处于某小区内部,因原告未向其提供安全保卫服务,故被告彭某自行招聘了四名保安人员,从事安保工作。在卫生保洁方面,因原告未提供清运垃圾等服务,被告彭某为宾馆经营需要自行聘请了保洁人员,从事清运垃圾并另行清理化粪池,且支付了相应的人员工资。在停车消费方面,因原告某物业公司以小区内车位紧张等为由,未给某某宾馆的消费车辆配备相应的停车位,为此,某某宾馆为其消费车辆办理了城市道路占用手续,并向相关部门交纳了城市道路占用费。

(2)2007年2月1日,当地为原告颁发的《服务价格登记证》,注明某住宅物业管理服务费为0.35元/(平方米·月)。开发商某公司与郴州某物业服务有限公司签订的《物业管理委托合同》约定的物业服务费为住宅房屋0.35元/(平方米·月),非住宅房屋 1.2 元/(平方米·月)。

(3) 原告某物业服务有限公司于 2008 年 8 月 28 日、2009 年 9 月 4 日、2010 年 10 月 28 日三次向被告彭某经营的某某宾馆发出《关于要求协助收取物管费的通知》及《缴费通知单》要求尽快支付物业服务费,2006 年 9 月 1 日至 2010 年 10 月 28 日,某某宾馆的物业服务费共计 88 545.00 元。被告彭某以原告某物业服务有限公司未提供相应的物业服务为由,要求降低物业服务费的收费标准,拒绝按合同支付物业服务费,法院经审理后认为,本案系物业服务合同纠纷。依法成立的合同,受法律保护,对当事人具有法律约束力,当事人应当按照约定履行自己的义务。某开发有限公司与原告签订的《物业管理委托合同》对被告彭某、A 公司均具有约束力。因此,原告某物业服务有限公司应当按照《物业管理委托合同》的约定提供物业服务,被告彭某、A 某公司应当履行支付物业服务费的义务。本案中,因物业的使用人彭某未支付物业服务费,被告 A 公司应负连带交纳责任。但被告彭某自 2006 年 9 月经营某某宾馆以来,自行开设水、电户头并交纳水电费,自行管理水电设施,自行聘请安保人员和保洁人员,且某某宾馆的消费车辆也未享有物业公司的停车服务。对以上服务项目,原告本应按《物业管理委托合同》履行服务义务,而本案中,原告未按《物业管理委托合同》的约定全部履行物业管理服务。根据公平合理和等价有偿原则,原告向被告收取的物业管理费标准应相应核减。根据本案具体情况,物业管理费标准可以参照住宅物业管理服务费定价,调整为 0.35 元/(平方米·月)为宜。至于拖欠物业管理费的滞纳金问题,因原告某物业服务有限公司提供的服务项目减少,被告彭某与原告之间对物业管理费的标准存在争议,在争议未解决之前,不宜要求被告支付该段时间物业管理费的滞纳金。

因此,判令被告彭某和被告 A 公司共同支付原告某物业服务有限公司物业服务费 38 449.593 元。

案例评析

本案的争议焦点有两个:①被告能否以没有与某物业服务有限公司签订《物业服务合同》为由拒绝支付物业服务费用。②某物业服务企业在未完全履行合同约定义务的情况下,如何确定物业服务费计算标准及服务费金额。

(1) 被告能否以没有与某物业服务有限公司签订《物业服务合同》为由拒绝支付物业服务费用

《物权法》第七十六条规定:"下列事项由业主共同决定:……(四)选聘和解聘物业服务企业或者其他管理人;……"第七十八条规定:"业主大会或者业主委员会的决定,对业主具有约束力"。现实中,在一个物业管理区域内通常有很多业主,业主通过业主大会遵循少数服从多数的原则来共同协商决定如何行使业主应有的权利和义务,业主委员会作为业主大会的执行机构,业主委员会代表全体业主与物业管理公司所签订的《物业服务合同》,对全体业主发生约束力。《最高人民法院关于审理物业服务纠纷案件具体应用法律若干问题的解释》第一条规定:"建设单位依法与物业服务企业签订的前期物业服务合同,以及业主委员会与业主大会依法选聘的物业服务企业签订的物业服务合同,对业主具有约束力。业主以其并非合同当事人为由提出抗辩的,人民法院不予支持。"因此,本案中,虽然被告彭某和 A 公司没有直接和物业公司签订《物业服务合同》,但其所在小区开发商和原告某公司签订了《物业服务合同》,合同到期后,某公司的服务也得到了小区过半数业主的同意,因此,《物业服务合同》对小区内全体业主都具有法律效力。

(2) 某物业服务企业在未完全履行合同约定义务的情况下,如何确定物业服务费计算标准及服务费金额

那么被告彭某能否以自行聘请安保人员和保洁人员,某某宾馆的消费车辆也未享有物业公司的停车服务为由,拒绝交纳物业服务费用呢,答案是否定的。从物业服务企业提供的物业管理服务的内容来看,物业管理服务具备公共服务的性质,它针对建筑区划整体而言,公共性表现在两个方面:①这种服务是针对整个建筑区划的公共区域和公共设施而提供,而非针对建筑区划内的某一具体物业和个人设施而提供。②这种服务是针对整个建筑区划内的全体业主而提供,并不针对建筑区划内的某一业主而提供。

实践中,确实存在一些业主,为了实现经营目的并加强对自由物业的管理,自聘保安和清洁人员提供服务,但其自聘相关人员所提供的服务在性质上是针对业主个人的私人服务,在性质上并不等同于物业服务有限公司对建筑区划内的全部物业及全体业主提供的物业管理服务,两者在服务的内容上也并不完全相同。因此,业主在享受了其自聘人员对自由物业所提供的服务,也享受了物业服务在建筑区划内对物业的公有部分及公共事务所提供的物业管理费服务,因此,业主不得以自聘保安和清洁工提供服务而拒绝向物业服务公司交纳物业服务费用,当然,如果物业服务公司未能全部履行约定的物业服务义务,物业服务费用应根据公平合理和等价有偿原则适当减少。本案中,根据《物业管理委托合同》的约定,物业服务费标准为住宅房屋 0.35 元/(平方米·月),非住宅房屋 1.2 元/(平方米·月),但被告彭某自 2006 年 9 月经营某某宾馆以来,自行开设水、电户头并交纳水电费,自行管理水电设施,自行聘请安保人员和保洁人员,且某某宾馆的消费车辆也未享有物业公司的停车服务。对以上服务项目,原告应按《物业管理委托合同》履行服务义务,而本案中,原告未按《物业管理委托合同》

的约定全部履行物业管理服务义务,根据公平合理和等价有偿原则,原告向被告收取的物业管理费标准应相应核减。因此,本案中,法院的判决是恰当的。

四、某物业管理公司与沈某物业服务合同纠纷案

原告:某物业管理公司

被告:沈某

案情介绍

2008年2月1日某物业管理公司与某花苑小区的业主大会及业主委员会签订了《物业服务合同》。合同约定:某花苑业主大会委托某物业管理公司对某花苑小区进行物业管理,委托管理期限为2年,自2008年3月1日起至2010年2月28日止;约定的物业管理费用为1.20元/(平方米·月),跨年度逾期未交纳者按千分之三收取滞纳金。同时,双方就所涉及的其他相关事宜作了明确约定。合同签订后,由于某花苑的前期物业管理公司拒不撤离小区,导致某物业管理公司无法全面履行合同,2008年3月18日,某物业管理公司委派部分管理、维修人员进入小区,但保安、保洁人员尚未进入,经调解,某物业管理公司与某花苑小区业主委员会达成调解协议,约定自甲物业管理有限公司(即前期物业管理公司)迁出某花苑小区之日起,原告某物业管理公司全面履行合同,对该小区进行物业管理,某花苑业主委员会向原告某物业管理公司移交物业管理资料。2009年9月1日起,甲物业管理有限公司撤出对某花苑小区的物业管理,某物业管理公司全面进驻小区,并履行物业管理合同。而2008年3月至2009年8月期间,某花苑小区的保安、保洁等主要物业管理服务均由甲物业管理有限公司负责,电梯等设备运行及维护、保养等费用也均由甲物业管理有限公司承担,原告某物业管理公司也曾委派管理人员、维修人员进入小区,但未能提供全面服务,许多业主对交纳物业管理费的对象发生分歧,部分业主向甲物业管理有限公司交纳,部分业主向某物业管理公司交纳。沈某系某花苑3栋1603室房屋的权利人,该房建筑面积为133.56平方米。因沈某未向某物业管理公司支付2008年3月至2009年8月期间的物业管理费而被诉至法院。

原告某物业管理公司诉求

请求判令被告支付所拖欠的自2008年3月起至2009年8月物业管理费,并支付相应的违约金。

被告沈某辩称

2009年9月1日甲物业管理有限公司撤出某花苑小区后,某物业管理公司才全面进驻该小区,履行物业服务合同,之前小区的物业管理服务仍实际由甲物业管理有限公司提供。现某物业管理公司认为未能按时进驻并提供服务系甲物业管理有限公司造成,其应向甲物业管理有限公司主张权利。另,签订《物业服务合同》后,原告擅自变更合同内容,未全面提供物业服务,业委会的公告不能作为原告收取物业费的依据,故不同意原告诉请。

法院认为

依法成立的合同,对当事人具有法律约束力,当事人应当按照约定全面履行自己的义务。原告受托对被告房屋所在的某花苑小区进行物业管理,即应当按照合同的约定全面履行物业服务合同。根据本案《物业服务合同》第二条的约定:乙方(某公司)应当为物业管理区域的业主、物业使用人提供包括物业公共部位维护、物业共用设施设备日常运行和维护、公共绿化养护、物业公共区域清洁卫生、公共秩序维护、物业使用禁止性行为管理、物业其他公共事务管理,以及业主委托的其他物业管理服务事项等在内的全面服务。但2009年3月至2010年8月期间某花苑物业管理服务的主要工作仍由甲物业管理有限公司提供,原告虽委派管理人员和维修人员进入某花苑小区,但未能全面提供《物业服务合同》约定的服务,也不符合物业管理的综合性、全面性要求,故不能认定其对某花苑小区提供了物业管理服务。根据权利与义务相一致的原则,原告主张2008年3月至2009年8月期间的物业管理费,法院不予支持。2008年3月起原告未能按约进入小区全面进行物业管理,许多业主对交纳物业管理费的对象发生分歧,部分业主向甲公司交纳,部分业主向某公司交纳。鉴于上述收费混乱现象的产生非业主过错造成,因此,被告未及时交纳物业管理费用不可归责于被告,原告主张违约金,法院不予支持。据此判决驳回原告某公司的全部诉讼请求。

案例评析

(1)本案的争议焦点在于某公司对某花苑小区是否提供了物业管理服务。根据《中华人民共和国合同法》的规定,依法成立的合同,对当事人具有法律约束力,当事人应当按照约定全面履行自己的义务。物业管理,是指业主通过选聘物业管理企业,由业主和物业管理企业按照物业服务合同约定,对房屋及配套的设施设备和相关场地进行维修、养护、管理,维护相关区域内的环境卫生和秩序的活动,是一个整体性范畴,是综合事务的全面管理。根据《最高人民法院关于审理物业服务纠纷案件具体应用法律若干问题的解释》第三条的规定:"物业服务企业不履行或者不完全履行物业服务合同约定的或者法律、法规规定以及相关行业规范确定的维修、养护、管理和维护义务,业主请求物业服务企业承担继续履行、采取补救措施或者赔偿损失等违约责任的,人民法院应予支持。物业服务企业公开作出的服务承诺及制定的服务细则,应当认定为物业服务合同的组成部分。"物业公司受托对小区进行物业管理,即应当按照合同的约定全面履行物业服务合同。如果由于小区前物业公司拒绝交接,导致新的物业公司不能为小区提供综合性、全面性管理的行为,即不能认定其对小区提供了物业管理服务。虽然新的物业公司对此并无过错,但根据权利与义务相一致的原则,新的物业公司无权要求业主按约支付物业管理费及违约金。

（2）对于前物业公司拒不交接并撤出小区的行为,最有效的办法是向法院起诉,要求原物业公司撤出并赔偿损失,如果在判决后原物业公司仍不肯搬离,可以申请强制执行。《物权法》第七十六条规定,经专有部分占建筑物总面积过半数的业主且占总人数过半数的业主同意,可以选聘和解聘物业服务企业或者其他管理人。其第八十一条也指出:"业主可以自行管理建筑物及其附属设施,也可以委托物业服务企业或者其他管理人管理。对建设单位聘请的物业服务企业或者其他管理人,业主有权依法更换。"由此可以看到,该小区与原物业公司的服务合同到期后,经过业主大会决定不再续签,并聘用了新的物业公司,是业主行使管理自主权的体现,也符合法律规定,应当得到法律的支持,如果起诉,其诉请会被法院采纳。根据《最高人民法院关于审理物业服务纠纷案件具体应用法律若干问题的解释》第十条的规定:"物业服务合同的权利义务终止后,业主委员会请求物业服务企业退出物业服务区域、移交物业服务用房和相关设施,以及物业服务所必需的相关资料和由其代管的专项维修资金的,人民法院应予支持。物业服务企业拒绝退出、移交,并以存在事实上的物业服务关系为由,请求业主支付物业服务合同权利义务终止后的物业费的,人民法院不予支持。"在具体操作上,业主或业主委员会均可提起诉讼。业主作为具体的权利人,其诉讼权利自然不必多说。就业主委员会而言,同样可以代表业主提起诉讼。因为业主委员会是由物业管理区域内的业主根据业主大会议事规则选举产生,代表业主利益的组织机构,也就有权代表业主行使包括诉讼权利在内的相关权利。

五、天津某花园小区业主委员会诉某物业管理有限公司提前终止合同纠纷案

原告：天津某花园小区业主委员会

被告：某物业管理有限公司（以下简称某物业管理公司）

 **案情介绍**

天津某花园小区业主委员会于2012年4月通过招标程序与被告某物业管理公司订立了小区物业管理合同。合同约定：原告委托被告对小区进行管理，服务期限为三年，期限为2012年4月11日至2015年4月10日，物业管理服务费标准为住宅建筑面积1.5元/(平方米·月)，非住宅建筑面积2.8元/(平方米·月)。合同约定任何一方无正当理由提前终止合同的，应向对方支付10万元违约金，给对方造成的经济损失超过违约金的，还应给予赔偿。2012年6月27日被告向原告发出告知函，以业主拖欠物业服务费、垫付水电费，经营出现亏损为由，提出退出小区物业管理服务。在双方未就提前终止合同达成一致的情况下，在书面告知解除物业服务合同三个月后，于2012年9月27日撤离该小区。这家物业公司的撤出，让小区业主委员会不得不在短时间内找一家新物业来代替，造成了议价上的被动，最终使新物业公司的收费标准比原来多出很多。随后，某花园小区业主委员会起诉了被告某物业管理公司。

原告天津某花园小区业主委员会诉称

原告与被告某物业管理公司签订的《物业服务合同》合法有效，在签订的物业管理服务合同中双方约定："甲乙任何一方无正当理由提前终止合同的，应向对方支付10万元违约金，给对方造成的经济损失超过违约金的，还应给予赔偿。"本来约定的合同期限是3年，被告未经双方协商一致，擅自撤出小区，单方撕毁合同，应按照《物业服务合同》的约定向原告支付违约金10万元。

被告某物业管理公司辩称

同意原告解除合同的诉讼请求，但原告违约在先，不同意支付违约金。理由是：①原告始终没有依约向被告提供物业用房；原告没有依据《物业管理条例》的规定，出面督促业主交纳物业费。②原告招标时说明的小区物业建筑面积与实际建筑面积不符，造成被告4.62万元损失。③原告招标过程中未将水电费交纳方式告知被告，造成被告6万余元的损失。以上造成被告直接经济损失达30余万元，致使被告无法继续履行合同，经履行《天津市物业管理条例》中规定的法定程序后撤离该小区，被告的行为并无不当。

法院在审理中查明，在某物业管理公司管理涉案小区期间，经原被告协商，小区物业管理用房建设由原告出资1万元，被告垫付了28 539元，也认定了业主拖欠物业管理服务费、物业服务建筑面积、垫付底商水电费等事实，以及被告提前3个月发告知函的事实。

法院认为

原被告之间签订的物业管理服务合同依法成立有效，对双方当事人均有约束力，双方应按合同约定全面履行义务。虽然某物业管理公司提前3个月向业主会提交了退出函,退出前也向区物业办办理了备案,但这并不能成为其擅自退出小区、单方终止合同的法定条件。物业用房已经建成,被告已经使用,业主拖欠物业费,应由被告自行收取,且被告未举证证明原告未尽催交责任;关于物业管理面积的问题,双方在合同中并未约定物业管理服务的具体面积;关于被告垫付的水电费,合同中也没有约定,是被告自行垫付的,与原告无关。综上所述,法院认为,被告撤出某花园小区并无正当理由,属违反合同约定的行为,应按照双方合同中有关违约责任的约定赔偿原告违约金。鉴于被告曾为搭建物业用房垫付了2万多元,这笔钱应从其应付的违约金中扣除,实际应支付原告7万多元。

 案例评析

本案主要涉及两个法律问题:①业主委员会与物业服务企业对物业管理服务合同是否有任意解除权;②物业服务企业单方解除合同后应承担何种法律责任。

物业服务合同当事人双方对合同应当享有任意解除权

一般认为,物业服务合同具备委托合同的特征。所谓委托合同,是指委托人和受托人约定,由受托人在委托人授权范围内处理委托人事务的合同。物业服务合同正是由业主、业主大会委托物业服务企业对其物业小区进行服务与管理的合同。物业服务合同又是一种综合性的委托合同,其中涉及的委托事务不仅仅是某一项而是多项,如小区的绿化、卫生、治安、公共设施的运行及维护等事项。在这种综合性的委托合同中,包括承揽、保管、服务等多种性质的委托关系。按照《中华人民共和国合同法》第四百一十条的规定:"委托人或者受托人可以随时解除委托合同。因解除合同给对方造成损失的,除不可归责于该当事人的事由以外,应当赔偿损失。"既然物业服务合同在性质上属于委托合同,在解除权的问题上其也应当具备委托合同的这一特质,合同当事人双方享有任意解除权。在实践中,不少地方法规已经对这一问题作出了确认。需要注意的是,对于业主、业主大会一方解除合同,法律作出了规制。《物权法》第七十六条将选聘和解聘物业服务企业权力的行使做了严格限定,即交由业主共同决定,具体言之,选聘和解聘物业服务企业须经专有部分占建筑物总面积过半数业主且占总人数过半数业主同意。可见,不符合规定的单个业主或部分业主,以及业主委员会是不享有物业服务合同任意解除权的。本案被告某物业管理公司提前三个月告知原告撤场,已经为业主会留出了较为充裕的时间选聘新的物业服务企业,并就撤离问题在有关部门进行了备案,在物品及材料交接上亦无争议,故应当认定其撤离行为是合法的,也没有给小区业主造成损失。因此,法院判决准许双方解除物业服务合同是正确的。

物业公司应当就合同解除条款的特别约定承担责任

物业服务合同的解除权,并不是物业服务合同的违约责任形式,而仅仅是物业服务合同不履行时的处理方式。物业公司行使合同任意解除权合法,并不意味着物业公司不需要承担违约责任。本案被告物业公司在合同履行期尚未届满前,告知原告将要撤场的行为,已经构成了违约。在此情形下,必然要承担相应的违约责任。虽然物业公司基于委托合同而享有解除权,但解除权不能豁免违约责任的承担,这也是合同意思自治原则的具体体现。

《中华人民共和国合同法》第一百一十四条第一款规定:"当事人可以约定一方违约时应当根据违约情况向对方支付一定数额的违约金,也可以约定因违约产生的损失赔偿额的计算方法。"据此,在合同有特殊约定的情况下,应当根据约定承担支付违约金的责任,这也是合同自由原则的体现。本案双方当事人在物业服务合同中特别约定:合同任何一方无正当理由提前终止合同的,应向对方支付10万元违约金。法院判决支持原告要求被告支付违约金的诉讼请求是合理的。此外,就一般合同而言,违约金作为违约后生效的补救方式,是独立于履行行为之外的给付,只要当事人没有特别约定,支付违约金的行为不能替代履行合同,当事人不得在支付违约金后而免除履行主债务的义务。但是物业服务合同因其委托合同的性质而例外,物业服务企业在行使任意解除权后,小区业主委员会无权要求其继续履行合同。

第五章

前期物业管理服务

一、JJ 物业管理公司诉 WD 房地产公司物业管理纠纷案

原告：JJ 物业管理公司
被告：WD 房地产公司

案情介绍

新开盘的 BH 家园位于海口市滨江路，东临海口市的母亲河——南渡江，西临超大型商贸中心，地理环境优越，交通便利。开发商 WD 房地产公司为了进一步提高物业卖点，决定通过公开招标的方式选择 BH 家园物业服务企业。通过严格履行招投标程序后，本市一家实力较强的物业管理公司——JJ 物业管理公司中标，但开发商 WD 房地产公司迟迟不与 JJ 物业管理公司签署物业管理合同。在该项目开发完毕后，为了安置自己的项目开发人员，WD 房地产公司又想自己成立物业管理公司进行管理。为了顺利地挤走已经中标的 JJ 物业管理公司，WD 房地产公司决定提高该物业的管理标准，并降低其物业管理收费标准。请问该中标的 JJ 物业管理公司可以通过什么方式来维护自己的权益？

案例评析

物业管理招投标的整个过程就是一个完整的合同形成的过程。招标、投标制度是指招标人向数人或者向不特定人发出招标通知或者公告，并在众多的投标人中选择自己最满意的投标人，与之订立合同的制度。物业管理招标制度是指建设单位或者开发

商为即将建造完成或者已经建造完成的物业寻找合适的物业服务企业,制度符合其管理要求和标准的招标文件,向社会或者若干特定的物业服务企业发出邀请,并根据众多的投标文件中按既定的标准选择自己最满意的投标人,委托其进行物业管理的制度。物业管理招标、投标,不但要符合《招标投标法》,还要遵守住房和城乡建设部《前期物业管理招标投标管理暂行办法》及与之相关联的法律法规的规定。招标投标的过程必须严格按照法律的有关规定进行,否则就可能会引起纠纷,甚至会导致整个投标过程无效。

按照法律规定,开发商 WD 房地产公司的招标公告属于邀约邀请,招标文件属于邀约,而投标方 JJ 物业管理公司的投标书属于合同中的承诺,评标和定标属于合同双方对于合同的确定。这是一种合同订立的特殊形式,招投标的整个过程完成,就预示着双方的合同关系已经得以确立。如果开发商 WD 房地产公司要另外提高该物业的管理标准,并降低其物业管理收费标准,则该行为属于违约行为,已经中标的 JJ 物业管理公司可以依法追究 WD 房地产公司的违约责任,向有管辖权的法院提起诉讼,请求法院判令开发商与之签订的物业管理服务合同有效。

二、白山市江源区某物业服务有限公司与桦甸市某房地产开发有限责任公司物业服务合同纠纷上诉案

原告:白山市江源区某物业服务有限公司(以下简称某物业公司)

被告:桦甸市某房地产开发有限责任公司(以下简称某房地产公司)

案情介绍

2013 年 6 月 26 日,某物业公司与某房地产公司签订前期物业服务合同一份。合同未约定未售出房屋物业费用的收取,但合同第六章第十二条、第十三条第九款约定了双方应履行国家法律、法规、规章或《临时管理规约》规定的权利义务。根据国家发展与改革委员会和住房和城乡建设部 2004 年 1 月 1 日发布的《物业服务收费管理办法》第十六条"开发建设单位已竣工的纳入物业服务管理范围的房屋出售前应全额缴纳物业服务费"的规定,某物业公司认为:根据合同第七条约定,某物业公司按建筑面积 0.40 元/(平方米·月)、非住宅房屋按建筑面积 1.50 元/(平方米·月)向业主和物业使用人收取物业服务费;物业费用按年度收取,每年 10 月底前收完下一年度的物业服务费用,业主和物业使用人逾期交纳物业服务费的从逾期之日起按每日 0.3‰交纳违约金,某房地产公司应缴纳未出售房屋的物业费 162 906 元(其中住宅类 10 519.17 平方米、

非住宅类4842.75平方米)、已出售的房屋欠缴的物业费23 957元。同时,某房地产公司还应给付2014年11月1日至2015年3月31日的违约金64 386.45元。根据《吉林省物业管理办法》的规定,某房地产公司应提供120平方米的物业管理用房。

原告某物业公司诉求

请求法院判令某房地产公司给付物业服务费186 863元、违约金64 386.45元、交付120平方米物业管理用房。

被告某房地产公司辩称

①根据《吉林省物业管理办法》第三十二条规定,物业用房产权为全体业主共有,某物业公司并非物业用房的所有人,因此主体不适格。②双方签订的前期物业合同,没有进行公开招投标,也没有经过房地产主管部门的批准,不符合"住房和城乡建设部关于印发《前期物业管理招标投标管理暂行办法》的通知"第三条"住宅及同一物业管理区域内非住宅的建设单位,应当通过招投标的方式选聘具有相应资质的物业管理企业;投标人少于3个或者住宅规模较小的,经物业所在地的区、县人民政府房地产行政主管部门批准,可以采用协议方式选聘具有相应资质的物业管理企业"和"白山市人民政府关于加强物业管理有关问题的通知"中第一条第三项"按照房地产开发与物业管理相分离的原则,实行建设与管理分业经营。一个物业管理区域由一个物业管理企业实施物业管理,应当通过招投标方式选聘具有相应资质的物业管理企业。投标人少于3个或者住宅规模较小的,经房地产行政主管部门批准,可以采用协议方式选聘具有相应资质的物业管理企业。建设单位不得擅自选聘物业管理企业,物业管理企业也不得擅自接管物业"的规定。因此,双方签订的前期物业合同无效。③物业服务的等级及物业费的标准,没有经过房地产主管部门的审批,不符合"白山市区住宅小区物业管理服务政府指导价格"中第十条的规定,因此无效。④某物业公司没有物价局审批的"经营性收费许可证",根据"白山市人民政府关于加强物业管理有关问题的通知"第七条第二项"未经批准任何单位不准收取任何费用",因此,某物业公司不具有收费资格,也就不具备本案相应的民事权利能力。⑤因某物业公司无权向某房地产公司收取物业费,也就不存在违约金的问题。即使按照诉状中所称的违约金进行诉求,也因过分高于其实际受到的损失而不合理。⑥因双方签订的前期物业合同无效,所以双方形成的是无因管理关系,某物业公司若主张对自己已经完成的工作获得补偿,应当另行提起无因管理之诉,法院应当驳回其诉讼请求。

法院认为

某物业公司与某房地产公司签订的前期物业服务合同是当事人的真实意思表示,内容不违反法律、行政法规的强制性规定,合同有效。某房地产公司关于前期物业服务合同不符合《白山市人民政府关于加强物业管理有关问题的通知》中第一条第三项的规定合同无效的主张,不符合法律关于合同无效的规定情形。所以对某房地产公司关于前期物业服务合同无效的观点不予采纳。某物业公司是否办理收费许可不属本案审理范围。根据合同第十二条、第十三条的约定,某物业公司提供物业服务后有权依照法律、法规、规章收取物业服务费;某房地产公司应依照法律、法规、规章交纳物业服务费。依照《物业管理条例》第四十二条第二款"已竣工但尚未出售或者尚未交给物业买受人的物业,物业服务费用由建设单位交纳"的规定,某房地产公司应交纳未售出房屋和因买卖双方有争议而未办理入住手续的已售出房屋及已售出房屋的 2013 年 10 月 1 日至办理入住手续前的物业服务费。物业服务费的收费标准应为合同约定的住宅类 0.40 元/(平方米·月)和物价部门批准的非住宅类 1.00 元/(平方米·月)。经核算,某房地产公司应交纳未售出房屋物业服务费 152 443.76 元、因买卖双方有争议而未办理入住手续的已售出房屋物业服务费 14 085.36 元、已售出房屋的 2013 年 10 月 1 日至办理入住手续前的物业服务费 17 286.52 元。合计 183 815.64 元。因某房地产公司未交纳物业费,所以其应承担违约责任。由于合同约定的违约金过分高于造成的损失,某房地产公司可按中国人民银行发布的同期同类贷款利率承担违约责任。某物业公司主张从 2014 年 11 月 1 日计收至 2015 年 3 月 31 日未办理入住交接手续房屋物业费的违约金,不违反合同约定和法律规定,予以支持。某物业公司撤回要求某房地产公司交付 120 平方米物业用房的请求,不违反法律规定,予以准许。综上,法院判令:被告某房地产公司于本判决发生法律效力后 10 日内给付原告某物业公司物业服务费 183 815.64 元;被告某房地产公司于本判决发生法律效力后 10 日内按中国人民银行发布的同期同类贷款利率给付 2014 年 11 月 1 日至 2015 年 3 月 31 日原告某物业公司物业服务费的违约金(计算违约金的物业服务费本金为 166 529.12 元)。诉前保全申请费 1750 元由被告某房地产公司承担。案件受理费 5068 元,减半收取 2534 元,由被告某房地产公司承担。

一审判决后,被告某房地产公司不服,向吉林省白山市中级人民法院提出上诉,要求改判,驳回原告某物业公司的全部诉讼请求。吉林省白山市中级人民法院进行了终审宣判:驳回上诉,维持原判。

案例评析

本案涉及的核心问题是没有通过招投标的方式选聘,亦未通过政府批准方式选用的物业管理企业,与其签订的前期物业合同是否有效?

某物业公司与某房地产公司签订的前期物业服务合同是双方在没有任何干扰下

自愿签订的,是双方的真实意思表示,内容不违反法律、行政法规的强制性规定,并且已向政府主管部门进行备案,某物业公司亦提供了物业服务,合同是有效的。被告某房地产公司主张其与某物业公司签订的前期物业服务合同未按照《前期物业管理招标投标管理暂行办法》的规定进行招标和投标,系《中华人民共和国合同法》第五十二条规定的违反法律、行政法规的强制性规定的合同无效的情形。因为《前期物业管理招标投标管理暂行办法》系由住房和城乡建设部于 2003 年 6 月 26 日印发的行业管理规定,依照《中华人民共和国立法法》第六十五条第一款"国务院根据宪法和法律,制定行政法规"的规定,不属于行政法规。某房地产公司的此项主张是没有法律依据的。因而应当认定某物业公司与某房地产公司签订的前期物业服务合同是有效的。

三、张某诉北京 LF 物业管理有限公司等确认合同无效纠纷案

原告(原审被告):张某

被告(原审原告):北京 LF 物业管理有限公司(以下简称 LF 物业公司)

被告:北京某房地产开发有限公司

案情介绍

原告张某诉称

原告张某是 YS 嘉园小区的业主。北京某房地产开发有限公司是该小区的开发商。该公司最初选聘的物业服务企业为北京 SH 物业管理有限公司(以下简称 SH 物业公司)。2008 年 4 月,北京某房地产开发有限公司与 LF 物业公司签订《北京市前期物业服务合同》,约定由 LF 物业公司为 YS 嘉园小区提供物业服务(LF 物业公司于 2009 年 5 月 31 日成立,于 2013 年 5 月 23 日取得物业服务企业资质,被准予从事物业服务的时间为 2010 年 11 月 5 日)。2009 年 7 月 16 日,北京某房地产开发有限公司与北京 LH 物业管理有限公司签订《北京市前期物业服务合同》,约定由 LH 物业公司为 YS 嘉园小区提供物业服务。2009 年 7 月,SH 物业公司终止了对 YS 嘉园小区的物业服务,北京某房地产开发有限公司选聘被告 LF 物业公司为 YS 嘉园小区提供物业服务,因被告无相关资质,故挂靠在 LH 物业公司名下提供物业服务。

被告 LF 物业公司在成立前就签订了 2008 年 4 月的《北京市前期物业服务合同》,系无照经营、无资质经营,违反了国家工商行政管理总局《合同违法行为监督处理办法》的有关规定,住房和城乡建设部《前期物业管理招标投标管理暂行办法》的有关规

定,国务院《无照经营查处取缔办法》第二条"任何单位和个人不得违反法律、法规的规定,从事无照经营"等规定;被告 LF 物业公司挂靠 LH 物业公司开展经营活动,LH 物业公司出借资质,违反了住房和城乡建设部《物业服务企业资质管理办法》的有关规定;北京某房地产公司未经招投标即选聘 LF 物业公司提供物业服务,违反了《物业管理条例》第二十四条第二款"住宅物业的建设单位,应当通过招投标的方式选聘具有相应资质的物业服务企业"等规定;LH 物业公司将一个物业管理区域内的全部物业管理业务一并委托给被告 LF 物业公司,违反了《物业管理条例》第四十条"物业服务企业可以将物业管理区域内的专项服务业务委托给专业性服务企业,但不得将该区域内的全部物业管理一并委托给他人"等规定。上述行为,属《中华人民共和国合同法》第五十二条第五项"违反法律、行政法规的强制性规定"情形。故二被告于 2008 年 4 月签订的《北京市前期物业服务合同》违反法律、行政法规的强制性规定,且存在以欺诈手段订立合同、恶意串通损害广大业主利益、以合法形式掩盖非法目的等情况,构成《中华人民共和国合同法》第五十二条第(二)项、第(三)项、第(五)项所规定的无效要件,当属无效。

原告诉求

①请求法院判令 LF 物业公司与北京某房地产公司于 2008 年 4 月签订的《北京市前期物业服务合同》无效。②要求物业公司返还我已经支付的 2009 年 8 月 1 日至 2014 年 7 月 31 日期间的物业管理服务费 8838 元。

被告 LF 物业公司辩称

我公司与北京某房地产开发有限公司签订了《北京市前期物业服务合同》,签订日期是在我公司成立之后,具体日期现已无法核实。张某并非我公司与北京某房地产开发有限公司签订的《北京市前期物业服务合同》的当事人,该合同亦不影响张某的权利义务,故张某与《北京市前期物业服务合同》无利害关系。另外,《北京市前期物业服务合同》不具备《中华人民共和国合同法》规定的合同无效的要件,不应归于无效。对于张某所提各项合同无效的理由,均不能成为《北京市前期物业服务合同》无效的理由。且北京市门头沟区人民法院已经作出(2015)门民初字 753 号生效民事判决,判决张某应当给付我公司 2009 年 8 月 1 日至 2014 年 7 月 31 日期间的物业管理服务费 8838 元。现张某起诉要求返还上述物业费属重复起诉。综上,请求法院驳回张某的起诉。

被告北京某房地产开发有限公司辩称

我公司的答辩意见与 LF 物业公司一致,我公司与物业公司签署的《北京市前期物业服务合同》载明的"2008 年 4 月"的签订日期系笔误,请求法院驳回张某的全部诉讼请求。

法院经审理查明,张某系北京市门头沟区 YS 嘉园某号楼某单元某室房屋业主。

北京某房地产开发有限公司最初选聘的YS嘉园小区物业管理企业为SH物业公司。

2009年5月31日,被告LF物业公司成立。2010年11月5日,北京市住房和城乡建设委员会准予被告LF物业公司从事物业管理活动。LF物业公司与北京某房地产公司签订《北京市前期物业服务合同》,约定由LF物业公司为YS嘉园小区提供物业服务,期限为自2011年9月28日至业主委员会成立后代表业主大会与物业服务企业签订物业服务合同生效时,该合同落款日期显示为2008年4月。

2009年7月16日北京某房地产开发有限公司与LH物业公司订立《北京市前期物业服务合同》,约定由LH物业公司为YS嘉园小区提供物业服务,合同期限自2009年8月1日至业主大会成立聘请新物业公司签订新物业服务合同生效。

2014年12月30日LH物业公司出具授权委托书,载明:2009年8月至2011年7月期间被告LF物业公司挂靠在LH物业公司名下,对YS嘉园小区实施服务和管理。2014年11月北京某房地产开发有限公司、LH物业公司出具证明,载明:2009年7月SH物业公司终止了对YS嘉园小区的物业服务,撤出了该小区,为了使该小区的管理和服务不出现空白,北京某房地产开发有限公司依规选聘了被告LF物业公司为该小区的管理服务单位;此后双方正式签订前期物业服务合同,对小区实施了管理和对业主的服务;由于当时被告LF物业公司的相关手续正在办理过程中,所以各项业务工作挂靠在LH物业公司名下;期间为业主开具的各类收费票据,均由LH物业公司提供,而实际对该小区实施事实服务和管理的责任主体是被告LF物业公司,具体挂靠时间段为2009年8月至2011年7月;2011年8月后由被告LF物业公司独立经营。

2015年4月20日,北京市门头沟区人民法院作出(2015)门民初字第753号民事判决,判决被告张某于本判决生效之日起七日内给付原告LF物业公司自2009年8月1日至2014年7月31日期间的物业管理服务费8838元。该判决已生效。

上述事实,有双方当事人的陈述、被告LF物业公司与某房地产开发有限公司签订的《北京市前期物业服务合同》《证明》《授权委托书》、(2015)门民初字第753号民事判决书等证据在案佐证。

法院认为

关于张某所提要求确认被告LF物业公司与某房地产开发有限公司签订的《北京市前期物业服务合同》无效的诉讼请求,对张某所持各项主张涉案合同无效的理由。第一,《中华人民共和国合同法》第五十二条第(五)项规定,有下列情形之一的,合同无效:违反法律、行政法规的强制性规定。对张某所提LF物业公司签订《北京市前期物业服务合同》属无照经营、无资质经营,且LF物业公司出借资质,违反了国家工商行政管理总局、住房和城乡建设部等部门规章,因张某所提相关规定并非法律或行政法规,不符合《中华人民共和国合同法》上述规定情形,故对张某所提该项理由,本院不予采信。第二,对张某所提LF物业公司签订《北京市前期物业服务合同》违反了国务院《无照经营查处取缔办法》第二条"任何单位和个人不得违反法律、法规的规定,从事无照经营"等规定,根据查明的事实,被告LF物业公司在为YS嘉园小区提供物业服务期间已经领取营业执照,故对张某所提该项理由,本院不予采信。第三,对张某所提LF物业公司签订《北京市前期物业服务合同》违反了《物业管理条例》第二十四条第二款"住宅物业的建设单位,应当通过招投标的方式选聘具有相应资质的物业服务企业"之规定,本院认为,《物业管理条例》属于行政法规,该条例第二十四条的规定属于管理性禁止规范,禁止的是一种交易方式而不是交易行为本身,所涉及事项亦不损害国家利益和社会利益,因此不应理解为足以导致合同无效的效力性禁止规范,故对张某所提该项理由,本院不予采信。第四,对张某所提LF物业公司签订《北京市前期物业服务合同》违反了《物业管理条例》第四十条"物业服务企业可以将物业管理区域内的专项服务业务委托给专业性服务企业,但不得将该区域内的全部物业管理一并委托给他人"之规定,根据查明的事实,LF物业公司在其取得相应物业服务资质前系挂靠LH物业公司为YS嘉园小区提供物业服务,实际为YS嘉园小区提供物业服务的企业为LF物业公司,并不存在LH物业公司将物业服务业务一并委托给LF物业公司的情形,故本院对张某所提该项理由不予采纳。另外,二被告LF物业公司与某房地产开发有限公司所签订的《北京市前期物业服务合同》亦不构成《中华人民共和国合同法》第五十二条其他各项规定的合同无效要件。综上,对张某持其诉称理由请求确认被告LF物业公司与某房地产开发有限公司签订的《北京市前期物业服务合同》无效的诉讼请求,无法律依据,本院不予支持。对于二被告LF物业公司与某房地产公司签订在经营过程中发生的违反有关行政法规、部门规章的行为,应由行政主管机关对违反行政管理规定的违法行为予以处理,不影响对涉案合同效力的认定。对张某要求物业公司返还2009年8月1日至2014年7月31日期间的物业管理服务费8838元的诉讼请求,已经经过法院生效判决审理,故本院对此不予处理。综上,依据《中华人民共和国合同法》第五十二条、《最高人民法院关于适用〈中华人民共和国合同法〉若干问题的解释(二)》第十四条之规定,判决如下:驳回张某的诉讼请求;案件受理费25元,由张某负担。

 案例评析

物业管理招标制度是指建设单位或者开发商为即将建造完成或者已经建造完成

的物业寻找合适的物业服务企业,制度符合其管理要求和标准的招标文件,向社会或者若干特定的物业服务企业发出邀请,并根据众多的投标文件中按既定的标准选择自己最满意的投标人,委托其进行物业管理的制度。

在物业管理招标投标过程中,招标投标双方应该严格按照招标投标的程序要求和相关法律规范实施招标投标活动,实事求是,守信践诺,准确履行招标投标义务,否则很容易产生纠纷。

本案中,原告提出被告物业公司签订《北京市前期物业服务合同》违反了《物业管理条例》第二十四条第二款"住宅物业的建设单位,应当通过招投标的方式选聘具有相应资质的物业服务企业"之规定,而《物业管理条例》属于行政法规,该条例第二十四条的规定属于管理性禁止规范,禁止的是一种交易方式而不是交易行为本身,所涉及事项亦不损害国家利益和社会利益,因此不应理解为足以导致合同无效的效力性禁止规范。

其次,对张某所提被告LF物业公司签订《北京市前期物业服务合同》违反了《物业管理条例》第四十条"物业服务企业可以将物业管理区域内的专项服务业务委托给专业性服务企业,但不得将该区域内的全部物业管理一并委托给他人"之规定,根据查明的事实,被告在其取得相应物业服务资质前系挂靠LH物业公司为YS嘉园小区提供物业服务,实际为YS嘉园小区提供物业服务的企业为被告,并不存在LH物业公司将物业服务业务一并委托给被告的情形。综上,原告的诉讼请求无法律依据。对于被告LF物业公司与某房地产公司签订在经营过程中发生的违反有关行政法规、部门规章的行为,应由行政主管机关对违反行政管理规定的违法行为予以处理。

四、李某和王某诉快餐厅老板孙某、XY开发有限公司、CM物业管理公司共同侵权纠纷案

原告:李某和王某

被告:快餐厅老板孙某、XY开发有限公司、CM物业管理公司

案情介绍

XY开发有限公司在其开发的立达花园竣工验收后,又将消防通道和门厅关闭起来出租给一家名为"乐园"的快餐厅。接管的CM物业管理公司因为和XY开发有限公司的裙带关系在验收时也不置可否,该快餐厅在经营过程中不慎失火,使楼上李某和王某两户业主遭受了不同程度的火灾损害。李某和王某两户业主在与快餐厅老板

孙某协商不成后将快餐厅老板孙某、XY 开发有限公司和 CM 物业管理公司列入共同被告告上法庭,要求三被告承担连带赔偿责任。

 **案例评析**

物业接管验收是指委托方将新建房屋和实行产权转移的原有房屋及其附属设施等物业移交给受托方,由受托方按照清单和接管验收标准进行综合检验,然后接受管理的一项程序。从法律性质上来讲,接管验收既是物业服务企业履行生效服务合同应尽的第一项重要义务,也是物业服务企业享有管理权的一项重要权利,是物业管理中委托方与受托方履行物业管理服务合同的法定程序和约定程序。接管验收是物业管理过程中必不可少的一个环节。物业管理公司不仅要尽早地介入物业的建设,而且要充分利用其在接管验收中的地位严格把关。如果在接管验收中马虎从事,得过且过,物业管理公司就只能遭受损失。因为一旦合同生效,物业管理公司就必须承担合同中规定的义务和责任。所以,物业管理公司应该充分重视接管验收。

物业的接管验收范围,包括主体建筑、附属设备、配套设施、道路、场地和绿化区域等,应特别注意对综合功能的验收。物业的接管验收,由开发商与物业管理公司共同组织进行。房屋接管交付使用后,如发生隐蔽性的重大质量事故,应由接管单位会同建设单位或移交单位组织设计、施工等单位,共同分析研究,查明原因,如属设计、施工、材料的原因应有建设单位负责处理,如属使用不当、管理不善的原因,则应由接管单位负责处理。

CM 物业管理公司接管验收不严使本来存在的隐患和问题没有在验收中得到改善和解决,带入后期物业管理中,CM 物业管理公司存在管理上的过错。这是在目前的实际接管验收中常犯的典型错误,一方面,物业服务企业接管验收关把得不严,甚至为增大接管面积有意放宽验收标准;另一方面,有些物业管理公司因为和开发商的裙带关系,物业服务企业难以严格按照接管验收标准行使验收权,形成"敢怒而不敢言",更多的是在被动地接管物业,从而形成物业管理公司的管理过错,最终物业管理公司需要为这种过错承担相应的责任。

五、陈某诉施某侵权纠纷案

原告:陈某
被告:施某

案情介绍

施女士是某高档住宅区的业主,家住 19 楼。因为施女士对家里的卫生设施要求比较高,而由于家里的卫生间比较小,施女士便别出心裁地将北卧室改成了大浴室,并安装了一个三角大浴缸。对施女士来说,提升了生活质量,这一番改造是值得的。但施女士在装修该浴室时,由于采取的防水措施不当,致使浴缸金属软管断裂漏水,积水渗漏到楼下,给楼下的陈老伯带来了无穷的烦恼。从 1999 年起,先后发生了 3 次漏水事件,陈老伯提出意见后,虽然施女士对浴室进行了修理,并承担了修理房屋的损失,但仍没有恢复北房间的卧室功能。第四次发生的漏水事件影响更大,致使陈老伯家客厅的西墙背角、北卧室的屋顶和墙面,以及窗帘箱等多处受损。小区的物业公司向施女士发出了整改通知,施女士却无动于衷,陈老伯实在无法忍受就将施女士告上了法庭,诉请施女士拆除其安装在北卧室的浴具、恢复房间的设计用途和功能,并委托有资质的单位对其客厅的屋顶和墙面、北卧室的屋顶和墙面及窗帘箱予以修复。

等诉状递到法院后,施女士似乎什么都"明白"了,她主动拆除了安装在北卧室的卫浴设施,重新粉刷墙面、铺设地板,主动恢复了卧室的设计用途。由于施女士已恢复了北卧室的设计用途,陈老伯的这项诉讼请求已归于消灭,对于陈老伯的修复请求,闵行区法院判决全部支持。

与本案类似的情况在实践中十分常见,有不少业主认为:"我自己花钱买的房子,我想怎么装修就怎么装修,物业公司无权干涉。"可是,没有人对装修进行监管就极容易造成这种纠纷。

案例评析

物业装饰装修管理是通过对物业装饰装修过程的管理、服务和控制,规范业主、物业使用人的装饰装修行为,协助政府行政主管部门对装饰装修过程中的违规行为进行处理和纠正,从而确保物业的正常运行使用,维护全体业主的合法权益。

物业装饰装修是业主入住后必不可少的环节。由于缺乏物业装饰装修建筑专业知识和对装饰装修管理相关法律法规的了解,业主在装饰装修中更多的是考虑物业的实用、美观和舒适,而较少顾及建筑安全和公共权益。随着人们审美情趣的不断变化,物业装修设计、施工、材料等的个性化程度越来越高。加之物业装饰装修过程长、点多面广、不确定因素多,管理控制难度大。稍有不慎,一方面有可能危害物业安全,影响物业的正常使用,或对物业构成潜在的危险,导致物业风险;另一方面也可能激发物业服务双方的矛盾和冲突,影响物业管理和社区的和谐局面。因此,物业装饰装修管理是物业服务的重点和难点之一,不仅要求细致专业、一丝不苟,方案上严格把关,沟通上人情在理,而且要求物业管理单位高度敬业、检查频密、消灭隐患、及时整改。

按照《住宅室内装饰装修管理办法》第十三条第一款之规定:"装修人在住宅室内装饰装修工程开工前,应当向物业管理企业或者房屋管理机构申报登记。"第十六条第一款:"装修人,或者装修人和装饰装修企业,应当与物业管理单位签订住宅室内装饰装修管理服务协议。"

该案中,对施女士擅自更改室内布局,将北卧室改为浴室,违反了有关法规的规定,小区的物业管理公司应该进行有效的制止和监管。按照《住宅室内装饰装修管理办法》第三十三条的规定:"因住宅室内装饰装修活动造成相邻住宅的管道堵塞、渗漏水、停水停电、物品毁坏等,装修人应当负责修复和赔偿;属于装饰装修企业负责的,装修人可以向装饰装修企业追偿。装修人擅自拆改供暖、燃气管道和设施造成损失的,由装修人负责赔偿。"根据《住宅室内装饰装修管理办法》第五条第二款之规定,住宅室内装饰装修活动,禁止将没有防水要求的房间或者阳台改为卫生间、厨房。第三十八条第一款还规定:"将没有防水要求的房间或者阳台改为卫生间、厨房间的,或者拆除连接阳台的砖、混凝土墙体的,对装修人处 500 元以上 1000 元以下的罚款,对装饰装修企业处 1000 元以上 10 000 元以下的罚款。"因此,施女士为了满足自己的需求,肆意更改住房结构,应该承担相应的民事责任,还应受到一定的行政处罚。

此外,本案中的物业管理企业也应当承担相应的责任。根据《住宅室内装饰装修管理办法》第十七条的规定:"物业管理单位应当按照住宅室内装饰装修管理服务协议实施管理,发现装修人或者装饰装修企业有本办法第五条行为的,或者未经有关部门批准实施本办法第六条所列行为的,或者有违反本办法第七条、第八条、第九条规定行为的,应当立即制止;已造成事实后果或者拒不改正的,应当及时报告有关部门依法处理。对装修人或者装饰装修企业违反住宅室内装饰装修管理服务协议的,追究违约责任。"第四十二条还规定:"物业管理单位发现装修人或者装饰装修企业有违反本办法规定的行为不及时向有关部门报告的,由房地产行政主管部门给予警告,可处装饰装修管理服务协议约定的装饰装修管理服务费 2 倍至 3 倍的罚款。"本案中的物业管理企业发现施女士违反装修行为后,及时作出了整改通知,但在整改无效后没有及时向有关部门报告,要受到相应的行政处罚。

六、冯某诉杭州市某住房和城乡建设局处罚案

原告:冯某

被告:杭州市某住房和城乡建设局

案情介绍

原告冯某起诉被告处罚一案,于 2015 年 4 月 9 日向法院起诉。法院于 2015 年 4 月 14 日受理后,于 2015 年 4 月 15 日向被告送达起诉状副本及应诉通知书,并依法组成合议庭,于 2015 年 5 月 11 日、5 月 18 日公开开庭进行了审理。原告冯某、被告的委托代理人魏某和林某到庭参加诉讼。本案现已审理终结。

2015 年 1 月 13 日,被告杭州市某住房和城乡建设局作出西住罚决字〔2015〕第 01 号《行政处罚决定书》,载明:根据举报,被告于 2014 年 2 月 18 日对冯某住房某花园公寓楼 1602 室(以下称 1602 室)进行查看,现场未发现违法装修行为。2 月 20 日,原告冯某承诺房屋仅为自住并将严格按照法律法规规定进行装修。5 月 14 日,被告再次接群众举报,至现场发现原告存在违法装修行为,并予以立案调查。现查明,原告存在以下违法行为:北阳台增设卫生间,卫生间地面增加荷载,增加分隔,原有两卫隔成五卫。原告的行为违反了《住宅室内装饰装修管理办法》第五条第一款第(二)项、第七条规定。依据该办法第三十八条第(一)、(四)项规定,决定对原告①处以罚款 900 元。②责令拆除北阳台增设的卫生间,拆除增加的楼面荷载。

被告在法定期限内向法院提供的用于证明被诉行政行为合法性的证据:①立案审批表、行政处罚事先告知审批表、行政处罚决定审批表。证明被告处罚的内部流程。②现场检查(勘验)笔录。证明被告对现场检查取证。③调查询问笔录。证明被告调查取证情况。④责令整改通知书、送达回证。证明被告发出责令整改通知书。⑤委托书、承诺书、身份证复印件、证明、房屋所有权证、图纸。证明原告为涉案房屋的装修人和实际使用人、房屋的设计情况。⑥行政处罚事先告知书、送达回证。证明被告发出行政处罚事先告知书。⑦行政处罚决定书、送达回证、票据。证明被告作出的行政行为的内容。

原告冯某诉称

其对 1602 室装修时已按照《住宅室内装饰装修管理办法》规定进行开工申报,对 1602 室装修时增加的隔断使用的是符合标准的环保轻质砖,楼面抬高未超过 8 厘米,且使用与楼下原设计装修一根管道,故其装修未增加楼面荷载。原告对北阳台增设卫生间时做了防水处理。被告在缺少技术鉴定的情形下,仅凭对现场的判断认定 1602 室增加楼面荷载,证据不足。原告积极配合被告调查。因此,原告于 2015 年 4 月 9 日向杭州市某人民法院起诉诉请判令:撤销被告杭州市某住房和城乡建设局于 2015 年 1 月 13 日作出的西住罚决字〔2015〕第 01 号《行政处罚决定书》第二项。

被告杭州市某住房和城乡建设局辩称

根据住房和城乡建设部《住宅室内装饰装修管理办法》第五条第一款第（二）项及第七条规定，被告于2014年5月14日对1602室的违法装修一案启动了立案程序，并进行了调查。原告的装修行为存在以下违法内容：北阳台增设卫生间，卫生间地面增加荷载，增加分隔，原有两卫隔成五卫。被告在调查后于2014年10月20日发出《行政处罚事先告知书》，并于2015年1月13日根据《住宅室内装饰装修管理办法》第三十八条第（一）、（四）项作出判；对被告作出的处罚决定合法有效。原告主张的事实与理由无法成立。要求驳回原告的诉讼请求。

法院经审理查明

2014年2月18日，被告接群众举报称，原告在1602室装修过程中有违法装修行为，被告即于同日至现场查看，并未发现违法装修行为。2月20日，原告表示该房屋仅为自住并将依规进行装修。5月14日，被告再次接举报称，1602室装修过程中有违法装修行为。当日，被告予以立案，并对1602室装修进行实地调查，发现原告的房屋装修行为存在以下违法内容：在北阳台增设卫生间，卫生间地面增加荷载，增加分隔，将原设计两卫改为五卫。被告对现场进行拍照取证。7月31日，被告向原告进行了调查。8月12日，被告向原告送达西住罚责改通字〔2014〕第65号责令整改通知书，要求原告对上述问题于8月26日前完成整改。因原告未采取有效措施消除或减轻违法装修后果，10月20日，被告作出西住罚先告字〔2014〕第10号《行政处罚事先告知书》，原告未在规定期限内进行陈述、申辩。2015年1月13日，被告作出涉案行政处罚决定书，并向原告送达。原告在交纳了罚款后，诉至本院。

法院认为

根据住房和城乡建设部令第110号《住宅室内装饰装修管理办法》第四条规定："直辖市、市、县人民政府房地产行政主管部门负责本行政区域内的住宅室内装饰装修活动的管理工作。"被告具有作出涉案行政处罚决定的职权依据。第五条规定："住宅室内装饰装修活动，禁止下列行为：

（一）未经原设计单位或者具有相应资质等级的设计单位提出设计方案，变动建筑主体和承重结构；

（二）将没有防水要求的房间或者阳台改为卫生间、厨房间；

（三）扩大承重墙上原有的门窗尺寸，拆除连接阳台的砖、混凝土墙体；

（四）损坏房屋原有节能设施，降低节能效果；

（五）其他影响建筑结构和使用安全的行为。"

第七条规定："应当经原设计单位或者具有相应资质等级的设计单位提出设计方

案."被告提供的1602室原始图纸、现场检查笔录、现场拍摄照片等证据显示,本案原告在对1602室进行装修时,将没有防水要求的阳台改为卫生间,在北阳台增设卫生间;未经原设计单位或具有相应资质等级的设计单位提出设计方案,即擅自超过设计标准或者规范,增加卫生间楼面荷载,增加分隔,将原设计两卫改为五卫。原告的行为违反了前述规定,由城市房地产行政主管部门责令改正,并处罚款:①将没有防水要求的房间或者阳台改为卫生间、厨房间的,或者拆除连接阳台的砖、混凝土墙体的,对装修人处500元以上1000元以下的罚款,对装饰装修企业处1000元以上10 000元以下的罚款;②未经原设计单位或者具有相应资质等级的设计单位提出设计方案,擅自超过设计标准或者规范增加楼面荷载的,对装修人处500元以上1000元以下的罚款,对装饰装修企业处1000元以上10 000元以下的罚款。被告依据《住宅室内装饰装修管理办法》第三十八条第(一)、(四)项规定,对原告违法行为作出涉案行政处罚决定,认定事实清楚,适用法律法规正确。被告在作出涉案行政处罚决定前向原告送达了《责令改正通知书》《行政处罚事先告知书》,依法履行了告知义务,程序并无不当。原告主张其对1602室的北阳台做了防水处理,并不能改变其装修行为的违法性。原告关于认定是否增加楼面荷载应经鉴定的主张没有依据。

据此,法院依照《中华人民共和国行政诉讼法》第六十九条之规定,判决如下:驳回冯某的诉讼请求;案件受理费50元,由冯某负担。

 案例评析

随着我国经济持续快速发展和人民生活水平的不断提高,城市住宅室内装饰装修活动日益普遍,在这一过程中也出现了一些个人随意拆改建筑主体和承重结构等危及公共和人民生命财产安全的问题。根据住房和城乡建设部颁布的《住宅室内装饰装修管理办法》的规定,并结合其他法律、法规的相关规定。通常情况下,业主个人在进行装修时不得采取以下的行为。

(1)未经有关单位的批准擅自改变房屋的用途的行为。

(2)破坏建筑物安全的各种行为,包括:①未经原设计单位或者具有相应资质等级设计单位提出设计方案,变动建筑主体和承重结构。②将没有防水要求的房间或者阳台改为卫生间、厨房间。③扩大承重墙上原有的门窗尺寸,拆除连接阳台的砖、混凝土墙体。④损坏房屋原有节能设施,降低节能效果。⑤未经批准,不得搭建建筑物、构筑物;改变住宅外立面,在非承重墙上开门、窗;拆改供暖管道和设施;拆改燃气管道和设施。⑥其他影响建筑结构和使用安全的行为。

(3)妨碍物业整体形象和市容的行为,包括:①搭建建筑物、构筑物。②改变住宅外立面,在非承重外墙上开门窗行为。③其他有损物业整体形象和市容市貌的行为。

(4)侵犯其他业主相邻权益的行为,如破坏其他业主的生活安宁情节严重的行为、给其他业主物业造成损害的装修行为等。

(5)其他为法律、法规所禁止的装修行为。

其中,建筑主体是指建筑实体的结构构造,包括屋盖、楼盖、梁、柱、支撑、墙体、连接接点和基础等。承重结构是指直接将本身自重与各种外加作用力系统地传递给基础地基的主要结构构件和其连接接点,包括承重墙体、立杆、柱、框架柱、支墩、楼板、梁、屋架、悬索等。

上述禁止性行为属于强制性规范,任何装修人员都不得违反上述规定。物业服务企业发现装修人员有上述行为必须马上制止,通知整改,如果装修人员拒不更改的,物业服务企业应立即报告给房屋所在地住房和城乡建设主管部门,由住房和城乡建设主管部门责令改正、处以罚款。给其他业主造成损失的,其他业主可以主张损害赔偿。

此外,还规定业主装饰装修房屋的,应当事先告知物业服务企业。虽然业主有权对自己的房屋进行装修或改造,但如果对业主不加以管理,就有可能会破坏房屋结构,侵犯其他用户的利益,或者因施工扰民影响其他用户的居住安宁和清洁。因此,物业服务企业有必要对用户的装修行为进行管理,以保护相邻业主、公共设施和环境卫生。《物业管理条例》第五十三条规定:"业主需要装饰装修房屋的,应当事先告知物业服务企业。"《住宅室内装饰装修管理办法》第十三条也规定:"装修人在住宅室内装饰装修工程开工前应当向物业管理企业或者房屋管理机构申报登记。"装修人向物业服务公司申报装修登记时,应该提交相关材料,一般包括房屋所有权证(或者证明其合法权益的有效凭证);申请人身份证原件及复印件;装饰装修设计方案;变动建筑主体或者承重结构的,须提交原设计单位或者具有相应资质等级的设计单位提出的设计方案;提交有关单位的批准文件及有关设计方案或施工方案;委托装饰装修企业施工的,必须提供该企业资质证书的复印件。

本案中,原告在对自家房屋进行装修时,将没有防水要求的阳台改为卫生间,在北阳台增设卫生间;未经原设计单位或具有相应资质等级的设计单位提出设计方案,即擅自超过设计标准或者规范,增加卫生间楼面荷载,增加分隔,将原设计两卫改为五卫。原告的行为严重违反了前述规定,因此,房屋所在城市的房地产行政主管部门有权责令改正,并处罚款。

七、刘某诉天津某置业有限公司等财产损害赔偿纠纷案

原告：刘某
被告：天津某置业有限公司
被告：上海某物业管理有限公司天津分公司
被告：天津市某热电有限公司
被告：天津某建筑装饰工程有限公司

案情介绍

原告刘某诉称

其于2013年12月至2014年3月与被告之一的天津某建筑装饰工程有限公司签订合同，对位于天津市红桥区HH花园某号的新房进行装修，2014年3月装修完成，期间为了卫生间贴瓷砖，施工人员将卫生间暖气片卸下，线路未拆改，暖气片未更换，施工完毕后装回。原告于2014年8月24日结婚并入住该套新房，2014年10月16日收到物业短信通知，称2014年10月19日至21日暖气打压试水，要求家中留人。原告于2014年10月19日至21日均留人在家观察暖气片漏水情况，2014年10月22日14点05分，原告接到物业电话，称楼下某室反映其家里门厅房顶滴水，怀疑原告家漏水，要求先将供热进水阀门关闭，原告同意并立刻回家查看，发现因卫生间暖气片严重漏水导致卫生间全部泡水，客厅几乎完全被水浸泡，当时楼下两位邻居也在现场目睹，并协助原告立即进行处理，但由于水量过大、积水时间过长导致客厅地板大面积起鼓损坏，无法使用，主卧次卧厨房卫生间门及鞋帽柜严重开裂影响使用，电视柜、餐桌、餐椅、沙发、茶几等家具均有不同程度损坏，无法正常使用。后经物业工作人员确认，事故确为暖气漏水导致。原告与邻居及物业工作人员沟通后得知，2014年10月22日，HH花园小区某号楼多家住户同时发生暖气漏水情况，与原告家情况相同。原告询问物业人员为何发生漏水，物业人员说试水是逐步加压，22日水压大于19～21日，达到了最大，有可能导致漏水。原告在物业公司通知试水的期限内，按照物业公司要求家中留人观察，无漏水情况，并无过失。因此，原告将开发商天津某置业有限公司、物业管理方上海某物业管理有限公司天津分公司、供暖方天津市某热电有限公司及装修公司天津某建筑装饰工程有限公司作为共同被告，起诉至天津市红桥区人民法院，天津市红桥区人民法院于2014年11月5日立案受理，依法适用简易程序于2014年11月24日公开开庭进行了审理，后依法组成合议庭，于2015年1月14日、6月1日公开开

庭进行了审理。原告认为众被告相关责任体现在以下几个方面：①物业公司仅通知19～21日打压试水，未告知22日也进行打压试水并存在更大漏水风险，未尽到告知责任，对住户造成严重误导，导致我家遭受重大损失。②供暖公司在通知的打压试水日期后继续进行操作且未告知操作事项，导致多家同时发生漏水。③开发商未履行《户内供热设施验收确认单》中规定的供热系统运行调试执行及监管责任，却根据其中霸王条款推卸责任，称暖气拆装后就对质量不再负责，但本人购买的新房为毛坯房，装修时必须给卫生间贴瓷砖，不可能不对暖气片进行拆装，此条款应为无效条款。④装修公司负责暖气的拆装，事发当天发现暖气的漏水部位系暖气片下部和进水口的接口漏水，原告认为装修公司安装暖气时接口没有接好。综上，被告的行为损害了原告的切身利益，致使原告蒙受了巨大的经济损失，对原告家的暖气漏水事故负有共同责任，应依法共同赔偿原告的全部经济损失，并承担原告处理解决此事所产生的全部相关费用，包括：家具损失费35 181.9元（包含客厅地板4561.9元、主次卧和厨卫门12 156元、鞋帽柜3358元、电视柜1018元、餐桌2380元、椅子四把2920元、沙发8095元、茶几693元）、误工费8070元、精神损失费3000元，退还本供暖期取暖费2174.25元、交通费1000元、电话费200元、其他经济损失2000元（结婚所购买的新婚的鞋、地垫等相关的物品被水浸泡），共计人民币51 626.15元，请求法院依法裁决。

被告天津某置业有限公司辩称

其公司已经按照商品房买卖合同的约定履行了交付房屋的义务，所交付房屋符合质量要求，对于原告家中发生的暖气漏水事故，并不存在过错，因此请求法院驳回原告的诉讼请求。

被告上海某物业管理有限公司天津分公司辩称

在原告办理收房、装修申请手续期间，其公司已多次以书面确认的形式，告知原告在装修期间应注意的相关事项及应享有的权利和承担的义务，明确提示了原告装修时如需拆改暖气设备、设施的，应征得供暖单位批准，否则给自己或他人造成损失、损害，由拆改人自行承担全部责任；并提示原告在申请装修施工时，雇用的企业及人员应持有相关部门颁发的资质证书、上岗证或相关技术证书。对于原告与施工单位之间签署的装修施工协议中，双方也明确了对于室内采暖设施、设备在无相关管理部门审批的情况下，不得改动的条款。至此，原告在多方告知且有书面确认的情况下，仍然不按相关规定施工，致使此次室内采暖设施、设备漏水。其公司工作人员在此次暖气打压试验漏水事件中尽到了物业服务的相关标准及责任义务，为此，不同意原告所提出的各项赔偿费用。

被告天津市某热电有限公司辩称

原告所述其公司在通知的打压试水日期后继续进行操作,以及打压试水系逐步加压的事实不存在,从打压试水第一天直至供暖期结束一直都是固定的压力值。涉诉房屋交付使用未满两年,供暖设施的保修由开发商负责,其公司对原告损失的发生没有过错,不同意原告的诉讼请求。

被告天津某建筑装饰工程有限公司辩称

在其公司与原告签订的装修合同中已经约定其公司对于对房内的暖气只负责拆装,不负责维修及保养,且涉诉房屋在打压试水期间未发生漏水,其公司没有过错,不同意原告的诉讼请求。

法院经审理查明

原告刘某与被告天津某置业有限公司于2013年1月26日签订《天津市商品房买卖合同》,由原告购买坐落天津市红桥区河北大街与子牙河南路东侧HH花园某号房屋。2015年1月15日,上述房屋所有权证书下发,登记所有人为原告刘某。

2013年12月7日,原告对上述房屋交接验收,并在《房屋交接验收表》《户内供热设施验收单》《物品及资料移交清单》中签字确认。被告上海某物业管理有限公司天津分公司对上述房屋所在小区提供物业管理服务。2013年12月15日,原告与被告天津某建筑装饰工程有限公司签订《天津某家庭居室装饰装修工程施工合同协议条款》,同时,上述两方与被告上海某物业管理有限公司天津分公司签订《HH花园装修管理协议》,约定由天津某建筑装饰工程有限公司对涉诉房屋进行室内装修,施工期自2013年12月22日至2014年3月8日。在对涉诉房屋卫生间装修施工过程中,天津某建筑装饰工程有限公司对卫生间内的暖气片进行了拆卸及重新安装,未更换暖气设施。2014年10月16日,被告上海某物业管理有限公司天津分公司接天津市某热电有限公司通知,涉诉房屋所在小区将于2014年10月19日至21日进行打压试水,该物业公司于2014年10月16日张贴《关于暖气供水打压的通知》,并向小区业主发送短信通知。上述期间内,打压试水如期进行。2014年10月22日,原告家中无人,涉诉房屋卫生间暖气片漏水,涉诉房屋客厅木质地板及主卧、次卧、卫生间、厨房门框开裂,鞋帽柜底部开裂,沙发、茶几、电视柜、餐桌、餐椅底部损坏。经原告与上海某物业管理有限公司天津分公司、天津某建筑装饰工程有限公司工作人员确认,漏水部位为暖气片下部与进水口的连接处。

庭审中,原告曾申请法院委托鉴定机构对暖气漏水原因进行鉴定,经法院司法技术辅助技术办公室咨询,未有鉴定机构接受该项鉴定委托,该项鉴定未能进行。因四被告对原告主张的上述损失的价格有异议,均要求原告进行物价评估以确定其损失金额,原告为此向法院提出鉴定申请。法院依法对外委托天津中大信诚资产评估有限公司对涉诉房屋内的沙发、茶几、电视柜、餐桌、餐椅进行损失价值评估,该评估公司于 2015 年 4 月 23 日出具《中大信诚咨字(2015)第 001 号评估咨询报告》,评估结论为:"在评估咨询基准日 2015 年 4 月 9 日,天津市红桥区人民法院委托评估咨询的实物资产的评估咨询价值为 2627.33 元;本评估咨询报告自评估咨询基准日起使用有效期为一年,即自 2015 年 4 月 9 日至 2016 年 4 月 8 日"。原告支付评估费 3000 元。法院依法对外委托天津市滨海房地产工程造价咨询有限公司对涉诉房屋客厅木质地板及主卧、次卧、卫生间、厨房门框开裂,鞋帽柜底部开裂进行损失评估,该公司于 2015 年 4 月 29 日出具《津滨海(2015)建鉴字第 20 号司法鉴定意见书》,鉴定意见为 12 501.7 元。原告支付评估费 4000 元。第三次庭审中,原告表示对诉请中的家具损失费予以变更,以评估结论为准。

法院认为

公民合法的民事权益应受法律保护。四被告对涉诉房屋因暖气漏水而造成的损害后果均无异议,法院予以确认。关于涉诉房屋的漏水原因,该房屋的漏水部位系暖气片下部与进水口的连接处,原告与天津某建筑装饰工程有限公司均认可在涉诉房屋装修过程中对漏水暖气片进行过拆卸和安装,原告自述在漏水发生后拧紧上述漏水部位的螺丝后不再漏水,暖气能够正常使用,本案虽因客观原因不能对上述部位的漏水原因进行鉴定,但基于上述事实,能够确认拆装暖气片与暖气漏水所致损害之间存在因果关系。根据我国住房和城乡建设部于 2002 年 3 月 5 日颁布的《住宅室内装饰装修管理办法》第六条、第三十三条的规定,"装修人从事住宅室内装饰装修活动,未经批准,不得有下列行为:……(三)拆改供暖管道和设施;……第(三)项行为,应当经供暖管理单位批准","装修人擅自拆改供暖、燃气管道和设施造成损失的,由装修人负责赔偿",被告天津某建筑装饰工程有限公司作为具备相应资质的装修单位,对于装修过程中拆装暖气片这一普遍现象,应当按照上述针对装修行业所制定的专项规定进行操作,而在本案中,其公司拆装暖气片并未经过供暖管理单位的同意,违反了上述规定,具有过错,其公司应当对其违规装修行为承担责任。原告主张其他三被告的相关行为亦系导致暖气漏水的原因,因证据不足,法院不予确认,对于原告要求其他三被告承担赔偿责任的主张,法院不予支持。

对于原告而言,其在被告天津某建筑装饰工程有限公司拆改暖气片时虽未向供暖单位申报,但其该不作为行为与被告天津某建筑装饰工程有限公司因拆装暖气而导致的损害后果之间并不存在因果关系,且原告作为一般大众并不具备装修单位所应熟稔的装修知识,其主观上亦不存在过错,故原告的合理损失应由被告天津某建筑装饰工程有限公司全部承担。

对于原告主张的各项损失,本院具体分析如下。

(1) 物品损失:原、被告双方对涉诉房屋内的沙发、茶几、电视柜、餐桌、餐椅损坏的评估价格2627.33元,以及客厅木质地板及主卧、次卧、卫生间、厨房门框开裂,鞋帽柜底部开裂的评估价格12 501.7元均无异议,本院予以确认。

(2) 误工费:原告主张因今后更换和重新装修受损物品而发生的误工损失,尚未实际发生,本院不予支持。

(3) 精神损失费:原告该项请求于法无据,本院不予支持。

(4) 采暖费:原告因卫生间暖气漏水无法使用该暖气确属事实,在其正常交纳供暖费而无法享受到供暖服务的情况下主张该项损失较为合理,考虑原告在供暖期后期曾恢复暖气使用,参考原告提交的采暖费收据所载金额,本院酌情支持其该项损失1000元。

(5) 交通费:原告主张因处理暖气漏水及诉讼过程中所发生的交通费用,确系必然发生,本院予以支持;原告主张今后装修发生的交通费尚未实际发生,本院不予支持;结合本案实际情况,本院确认该项损失为300元。

(6) 电话费:原告主张该项损失无证据证实,本院不予支持。

(7) 其他经济损失:原告主张因暖气漏水将其购买的新鞋、地垫等物品浸泡,无法继续使用,但未提供相关证据证实该项损失的发生,本院不予支持。

上述损失共计16 429.03元,应由被告天津某建筑装饰工程有限公司对原告予以全部赔偿。

综上,法院依照《中华人民共和国侵权责任法》第六条第一款、《中华人民共和国民事诉讼法》第六十四条、《最高人民法院关于适用〈中华人民共和国民事诉讼法〉的解释》第九十条的规定,判决如下。

(1) 自本判决书生效之日起15内日,被告天津某建筑装饰工程有限公司赔偿原告刘某经济损失16 429.03元。

(2) 驳回原告刘某的其他诉讼请求。

案件受理费1091元,原告刘某负担751元,被告天津某建筑装饰工程有限公司负担340元;鉴定费7000元,由被告天津某建筑装饰工程有限公司负担。

 案例评析

根据我国住房和城乡建设部于2002年3月5日颁布的《住宅室内装饰装修管理办法》第六条、第三十三条的规定,"装修人从事住宅室内装饰装修活动,未经批准,不得有下列行为：……（三）拆改供暖管道和设施；……第（三）项行为，应当经供暖管理单位批准"，"装修人擅自拆改供暖、燃气管道和设施造成损失的，由装修人负责赔偿"。上述禁止性行为属于强制性规范，任何装修人员都不得违反上述规定。物业服务企业发现装修人员有上述行为必须马上制止，通知整改，如果装修人员拒不更改的，物业服务企业应立即报告给房屋所在地住房和城乡建设主管部门，由住房和城乡建设主管部门责令其改正、处以罚款。给其他业主造成损失的，其他业主可以主张损害赔偿。

在装修的过程中，装修人和装饰装修施工单位应严格按照装修申报登记的内容组织施工。物业管理单位应严格按照住宅装饰装修管理服务协议的约定实施管理监督和服务工作，加强现场检查，发现装修人或者装饰装修施工单位有违反有关规定的行为，应当及时劝阻和制止；已造成事实后果或拒不改正的，应及时报告有关部门依法处理。对装修人或者装饰装修施工单位违反《物业装饰装修管理服务协议》的，应追究违约责任。

被告天津某建筑装饰工程有限公司作为具备相应资质的装修单位，对于装修过程中拆装暖气片这一普遍现象，应当按照上述针对装修行业所制定的专项规定进行操作，而在本案中，其公司拆装暖气片并未经过供暖管理单位的同意，违反了上述规定，具有过错，其公司应当对其违规装修行为承担责任。

八、隋某等与刘某等财产损害赔偿纠纷案

原告：隋某

原告：王某

被告：刘某

被告：刘某某

 案情介绍

原告隋某、王某诉称

隋某、王某系夫妻关系。2013年4月4日，隋某、王某购买了位于沈阳市和平区胜利南街××号××室商品住宅一套（建筑面积为135.62平方米）。刘某、刘某某系夫妻关系，也购买了该处楼房的××室，位于隋某、王某家楼上。2014年3月下旬，隋某、王某发现刘某、刘某某为了将房屋原暖气片供暖改造为地热供暖，用风镐及电钻将其房屋楼板刨除掉很厚的一层，导致隋某、王某家中的楼板出现裂缝和酥裂，房屋的客厅、卧室等楼板受损。目前，该房屋楼板的厚度已经达不到原设计标准，楼板的承重结

构已改变,造成严重的安全隐患。隋某、王某不敢对房屋装修入住,只好在外面租房居住,并且支付了案外人姜某装修违约金10 000元。因此事隋某、王某多次找到刘某、刘某某进行协商均未解决,现隋某、王某为维护自己的合法财产权益,诉至法院,申请对本案涉案的破损楼板进行检测,进行加固工程施工方案、加固工程总造价预算的鉴定,鉴定费用由被告承担,并请求法院判令被告限期对本案的破损楼板进行修复,恢复原状,修复费用由被告承担。修复后的房屋应经过质量监督部门验收合格,并出具验收报告。验收费用由被告承担;请求判令被告赔偿隋某、王某因其私自刨铲地面使隋某、王某无法按期装修而损失的违约金10 000元;请求判令被告支付隋某、王某房屋租赁费(自2014年3月10日起至法院判决确定的履行给付之日止),按照2000元/月计算;判令被告赔偿隋某、王某因未能入住涉案房屋而发生的物业费损失(2441元/年,从2014年3月10日计算至法院判决确定的给付之日);判令被告赔偿隋某、王某因未能入住涉案房屋而发生的电梯费损失(144元/(人·年),从2014年3月10日计算至法院判决确定的给付之日);判令被告立即拆除位于沈阳市和平区胜利南街××号××房屋内的地热;判令被告赔偿隋某、王某复印费70元;采暖费暂不予主张;本案诉讼费用由被告承担。

被告刘某、刘某某于第一次庭审中辩称

刘某、刘某某系夫妻关系。位于沈阳市和平区胜利南街××号××的房屋系刘某、刘某某购置。刘某、刘某某对隋某、王某增加的诉讼请求不同意,隋某、王某变更诉讼请求应该在有效期内提出,而且这些费用根本不存在,请求法院依法驳回。其他意见同2014年10月23日法庭组织双方询问时的意见。另外,近一年的时间也没看到隋某、王某家的破损程度,应经过司法程序做评估鉴定才能确定隋某、王某家是否有损失。隋某、王某已经放弃了权利,请求法院依法驳回隋某、王某的诉请。隋某、王某家根本没有进行装修,其提供的装修施工合同书是伪造的,也没有案外人姜某的身份证证明,无法确定真伪。隋某、王某提供的其房屋受损的照片,没有拍摄时间、没有地点、没有人物,与本案没有关联性,不能证明是刘某、刘某某给隋某、王某家造成损失的结果,事实上也不存在隋某、王某所举照片上反映的情况。对于隋某、王某举证的复印费收据,因系三联据,不能确定其真伪,隋某、王某应当有正式的税收发票,同时,该收据也没有记载复印了什么材料,数额也不确定。对于隋某、王某提供的其他证据材料,刘某、刘某某亦均提出异议。刘某、刘某某的房屋现在没有进行任何装修,也没有实际入住。隋某、王某所述的由我们刨开地面施工安装地热的事实,我们不认可。总之,隋某、王某的诉求与事实不符,其没有证据证明刘某、刘某某将房屋装修造成其房屋塌裂的事实,请求法院依法驳回隋某、王某的诉讼请求。本案第二次庭审时,刘某、刘某某经依法传唤未到庭应诉,亦未提交书面答辩意见。

法院认定

隋某、王某系夫妻关系,双方于 2005 年 6 月 3 日登记结婚。2013 年 4 月 4 日,二人与沈阳 STS 房屋开发有限公司(以下简称 STS 公司)签订《商品房买卖合同》,约定隋某、王某购买 STS 公司开发建设的位于沈阳市和平区胜利南街××号××房屋(建筑面积 135.62 平方米)一处,总价款为 875 131 元。2014 年 1 月 6 日,隋某、王某开始办理上述房屋入住手续。2014 年 3 月 10 日,隋某与案外人姜某签订《家庭居室装饰工程施工合同书》一份,约定由姜某对隋某、王某购买的沈阳市和平区胜利南街××号××房屋进行装修。

刘某、刘某某系夫妻关系,双方于 2008 年 10 月 30 日登记结婚。二人亦购买了 STS 公司开发建设的位于沈阳市和平区胜利南街××号××房屋,系隋某、王某所购房屋的楼上邻居。涉案楼房均系采用暖气片采暖方式,刘某、刘某某为将采暖方式改造为地热采暖,于 2014 年 3 月中旬在未经任何单位许可的情况下将其房屋地面层刨除约 6 厘米,并铺设了地热管线。刘某、刘某某的上述刨除地面层的行为导致位于楼下的隋某、王某家中房屋顶棚出现明显裂痕,并伴随有灰浆沙砾脱落的情况出现。因存在安全隐患,隋某、王某无法继续对房屋进行装修和入住,导致其与案外人姜某签订的装修合同中止。隋某、王某亦因此租赁案外人郭某华位于沈阳市和平区长白路 AT 小区的房屋居住,房屋租金为每月 2000 元。

再查明:隋某、王某于 2014 年 1 月 11 日向其涉案房屋所在小区×城小区物业公司——XD 物业管理(沈阳)有限公司交纳 2014 年 1 月 15 日至 2015 年 1 月 14 日期间的物业费 2441 元、电梯费 288 元。2015 年 5 月 22 日,隋某、王某再次缴纳 2015 年 1 月 15 日至 2016 年 1 月 14 日期间的物业费 2441 元、电梯费 144 元。

上述事实,有各方当事人的当庭陈述笔录、商品房买卖合同书、契税发票、物业费及电梯费发票、照片、装修合同书、制作的询问笔录及现场查勘书面材料等证据在卷佐证,经庭审质证及审查,予以确认。

法院认为

根据《中华人民共和国民事诉讼法》的规定,当事人有应诉答辩并对对方当事人提交的证据进行质证的权利。本案中,刘某、刘某某于本案第二次庭审时,经依法传唤,无正当理由拒不出庭应诉,视为其放弃了举证及质证的权利,根据隋某、王某提供的证据及其陈述意见,结合刘某、刘某某第一次庭审时发表的答辩意见等,对本案事实予以认定。

公民的合法财产权受法律保护。根据我国《物权法》第七十条规定:"业主对建筑物内的住宅、经营性用房等专有部分享有所有权,对专有部分以外的共有部分享有共有和共同管理的权利。"第七十一条规定:"业主对其建筑物专有部分享有占有、使用、收益和处分的权利。业主行使权利不得危及建筑物的安全,不得损害其他业主的合法权益。"国务院于2000年1月30日公布的《建设工程质量管理条例》第十五条第二款规定:"房屋建筑使用者在装修过程中,不得擅自变动房屋建筑主体和承重结构。"住房和城乡建设部于2002年3月5日以第110号令发布的《住宅室内装饰装修管理办法》第五条规定:"住宅室内装饰装修活动,禁止下列行为:(一)未经原设计单位或者具有相应资质等级的设计单位提出设计方案,变动建筑主体和承重结构;……本办法所称建筑主体,是指建筑实体的结构构造,包括屋盖、楼盖、梁、柱、支撑、墙体、连接接点和基础等。本办法所称承重结构,是指直接将本身自重与各种外加作用力系统地传递给基础地基的主要结构构件和其连接接点,包括承重墙体、立杆、柱、框架柱、支墩、楼板、梁、屋架、悬索等。"第六条规定:"装修人从事住宅室内装饰装修活动,未经批准,不得有下列行为:……(三)拆改供暖管道和设施;……第(三)项行为,应当经供暖管理单位批准;……"沈阳市人大常委会于2011年7月29日颁布并于同年11月1日起实施的《沈阳市民用建筑供热用热管理条例》第三十八条第一款规定:"用户不得有下列行为:(一)擅自改动室内采暖设施;……"本案中,隋某、王某与刘某、刘某某房屋之间的楼板属于共有部分,刘某、刘某某私自刨铲地面层,变动房屋承重结构,擅自改动室内采暖设施,致使隋某、王某的房屋受损,现隋某、王某要求刘某、刘某某拆除地热设施,恢复原状,符合法律规定,予以支持。关于刘某、刘某某辩称其从未对房屋进行过装修改动的意见,根据对刘某、刘某某于庭前制作的询问笔录,刘某、刘某某已自认其安装地热,并"刨开了地面",同时结合对涉案房屋进行的现场查勘,对这一事实予以确认,故对刘某、刘某某的答辩意见,不予采信。

关于赔偿隋某、王某主张刘某、刘某某赔因其私自刨铲地面使隋某、王某无法按期装修而损失的违约金10 000元这一情节,经向案外人姜某核实,其表示"涉案房屋的总装修款为49 500元,该10 000元系房屋装修预付款,等恢复装修,并装修完毕后,原告还需要支付39 500元",据此,可以认定上述10 000元系隋某、王某向案外人支付的装修款中的一部分,而非隋某、王某所述的违约金损失,故对隋某、王某的该项诉求不予支持。

关于隋某、王某主张的房屋租赁费损失。因刘某、刘某某的侵权行为导致隋某、王某无法继续装修房屋并入住,实际发生租房费损失,故应由刘某、刘某某承担赔偿责任。隋某、王某提供了房屋租赁协议及交纳租金的收条等,予以确认。对刘某、刘某某开始刨铲地面层的时间"2014年3月中旬"(确定为2014年3月15日)起至本案第二次庭审时(2015年6月17日)止期间的租房费用予以支持。结合沈阳市物价局、沈阳市房产局于2013年12月3日联合发布的沈价发(2013)70号《关于公布2014年—2015年沈价发(2013)70号沈阳市非住房租赁指导租金的通知》文件,对原告主张的租金计算标准2000元/月予以确认,所以,上述期间的房屋租金损失共计30 200元。

关于隋某、王某主张的物业费、电梯费损失。因刘某、刘某某的侵权行为导致隋某、王某交纳物业管理费、电梯费但无法入住房屋,无法享受相应物业服务,发生实际损失,故应由刘某、刘某某承担赔偿责任。隋某、王某提供了物业费及电梯费发票予以佐证,予以确认。对刘某、刘某某开始刨铲地面层的时间"2014年3月中旬"(确定为2014年3月15日)起至本案第二次庭审时(2015年6月17日)止期间的物业费、电梯费损失予以支持。据此,隋某、王某主张的物业费损失应为3071.79元,隋某、王某主张的电梯费损失应为301.20元。

关于隋某、王某主张的复印费70元。隋某、王某提供了收款收据,并于庭审中提供了照片证据等,该费用系隋某、王某的实际损失,刘某、刘某某应予承担。

关于隋某、王某申请涉案楼板进行检测,对加固工程施工方案、加固工程总造价预算的鉴定,鉴定费用由刘某、刘某某承担的意见。因刘某、刘某某的侵权行为导致隋某、王某的房屋受损,而隋某、王某已主张刘某、刘某某拆除地热,并恢复原状,恢复原状所达到的标准应是涉案楼板结构设计总说明中标准的标准,而上述各项义务的履行已有明确标准,且均应由刘某、刘某某承担,由此,隋某、王某如再主张对涉案楼板进行检测,对加固工程施工方案、加固工程总造价预算进行鉴定已无必要,为减轻各方当事人的诉累,本着经济合理、降低成本的原则,故对隋某、王某的该项申请不予准许。关于隋某、王某主张对修复后的房屋应经过质量监督部门验收合格,并出具验收报告,验收费用由刘某、刘某某承担的意见。认为,拥有相应资质的建筑维修单位对受损楼板进行修复后,即表明该维修项目具备验收条件,而无需再经质量监督部门验收并出具验收报告,且隋某、王某的该项主张事实上无法判决履行,故不予支持。

法院根据《中华人民共和国侵权责任法》第六条第一款、第十五条、第十九条、第二十一条,《中华人民共和国物权法》第七十条、第七十一条,《中华人民共和国民事诉讼法》第一百四十四条,参照《建设工程质量管理条例》第十五条,判决如下:①被告刘某、刘某某于本判决生效之日起15日内拆除位于沈阳市和平区胜利南街××号(新加坡城小区三期××号楼)××房屋内的地热。②被告刘某、刘某某于本判决生效之日起70日内将位于沈阳市和平区胜利南街××号××房屋与××房屋共用的受损楼板恢复原状(以该楼板结构设计总说明标注的标准进行恢复)。③被告刘某、刘某某于本判决生效之日起 15 日内赔付原告隋某、王某房屋租赁费 30 200 元。④被告刘某、刘某某于本判决生效之日起 15 日内赔付原告隋某、王某物业费 3071.79 元、电梯费 301.20 元。⑤被告刘某、刘某某于本判决生效之日起 15 日内赔付原告隋某、王某复印费 70 元。⑥驳回原告隋某、王某的其他诉讼请求。案件受理费 950 元,减半收取 475 元,由被告承担。

宣判后,被告刘某、刘某某不服一审判决,向辽宁省沈阳市中级人民法院提出上诉,二审查明的事实与原审法院认定的事实一致,做出了终审判决:驳回上诉,维持原判。

案例评析

国务院于 2000 年 1 月 30 日公布的《建设工程质量管理条例》第十五条第二款规定:"房屋建筑使用者在装修过程中,不得擅自变动房屋建筑主体和承重结构。"住房和城乡建设部于 2002 年 3 月 5 日以第 110 号令发布的《住宅室内装饰装修管理办法》第五条规定:"住宅室内装饰装修活动,禁止下列行为:(一)未经原设计单位或者具有相应资质等级的设计单位提出设计方案,变动建筑主体和承重结构;……本办法所称建筑主体,是指建筑实体的结构构造,包括屋盖、楼盖、梁、柱、支撑、墙体、连接接点和基础等。本办法所称承重结构,是指直接将本身自重与各种外加作用力系统地传递给基础地基的主要结构构件和其连接接点,包括承重墙体、立杆、柱、框架柱、支墩、楼板、梁、屋架、悬索等。"第六条规定:"装修人从事住宅室内装饰装修活动,未经批准,不得有下列行为:……(三)拆改供暖管道和设施;……第(三)项行为,应当经供暖管理单位批准;……"

本案中,隋某、王某与刘某、刘某某房屋之间的楼板属于共有部分,刘某、刘某某私自刨铲地面层,变动房屋承重结构,擅自改动室内采暖设施,致使隋某、王某的房屋受损,现隋某、王某要求刘某、刘某某拆除地热设施,恢复原状,赔偿原告相关损失,符合法律规定,予以支持。关于涉及的物业费、电梯费问题及原告提出的房屋租赁费等,因被告刘某、刘某某的侵权行为导致隋某、王某无法继续装修房屋并未入住,实际发生的物业费用及租房费损失,应由刘某、刘某某承担赔偿责任。

第六章

物业日常管理

一、胡某与开发商、物业管理公司损害赔偿纠纷案

原告：胡某

被告：开发商

被告：物业管理公司

案情介绍

胡女士看中了某处商品房的顶层，在一次性付清全部房款后顺利入住，同时向物业管理公司交纳了当年的物业管理费。入住后两个月雨季来临，几场大雨之后，胡女士发现天花板有水浸湿的现象，后来竟然发展到漏雨的地步，胡女士于是找到物业管理公司保修。物业管理公司派维修人员前去处理，维修人员经现场勘查后，告知胡女士楼顶渗水是由于房屋建筑存在质量问题，应由原施工单位（即开发商）来承担维修责任，物业公司没有维修义务。于是，物业管理公司通知了原施工单位，施工单位重新在楼顶上进行了防水处理。胡女士此时已经对现在的房屋有些反感，经过与开发商协商后准备换房，但是双方对漏雨造成损失的赔偿问题产生了争议。

胡女士认为自己购买了房屋是为了居住，现在因为漏雨无法居住，并且自己进行的装修也遭到破坏，她认为这是开发商和物业公司造成的，所以准备不再交纳第二年的物业管理费和供暖费。

开发商认为自己出售的房屋有质量问题是事实，也愿意赔偿胡女士部分经济损失，但是他们认为自己已经同意为胡女士调换房屋，自己和胡女士之间没有纠纷。

物业管理公司认为自己及时联系维修房屋,并且现在看来房屋存在质量问题也不是物业管理不到位,如果胡女士不交纳物业管理费他们无法接受,并且因为这个小区是采用小区外的供热厂的热力供热,统一供暖时间已到,如果胡女士不交纳供暖费,他们就要受到经济损失。

由于三方对于债权、债务没有任何异议,胡女士认为自己的行为属于法律所允许的抵消行为,但是又不是十分肯定自己的行为是否合法,于是三方一同找到律师咨询,最终在律师主持下达成书面协议,三方协商解决,由开发商向物业管理公司支付了胡女士下年度的物业管理费,胡女士不再向开发商要求赔偿,同时胡女士向物业管理公司支付本年度供暖费。

案例评析

物业维修是指物业自建成到报废为止的整个使用过程中,为了修复由于自然因素、人为因素对物业造成的损坏,维护和改善物业使用功能,延长物业使用年限而采取的各种养护维修活动。物业维修有狭义和广义之分。狭义的物业维修仅指对物业的养护和维修;广义的物业维修则包括对物业的养护、维修和改建。根据损坏程度的不同进行不同程度的养护维修,才能保证物业的正常使用和安全,延长其使用年限。物业维修是物业简单再生产在流通领域中的继续和价值的追加,维修不仅是物业服务公司为住户服务的重要内容,也是保护城市房产的基本途径。具体地说,物业维修包括物业服务公司对物业的日常保养,对破损物业的维修,以及对不同等级物业功能的恢复、改善、装修、装潢,同时结合着物业的维修加固,增强物业抗震能力。

物业服务企业受业主的委托开展相应的物业管理工作,而物业维修养护管理是物业管理中最重要的环节之一,对保障房屋的使用安全、控制和减缓房屋破损程度、延长房屋的使用年限、改善居住条件、保持和提高房屋的完好程度及物业的保值和升值具有重要的意义。为了加强物业维修养护工作的管理,国家先后出台了一系列相关法律法规,如《城市异产毗连房屋管理规定》(原建设部于2001年8月15日修正)、《城市危险房屋管理规定》(原建设部于2004年7月20日修正)、《房屋建筑工程质量保修办法》(原建设部于2000年6月30日公布)等,从而使我国城市物业维修养护工作走上了法制化的轨道。

本案中,胡女士不能直接向物业管理公司主张抵消。《中华人民共和国合同法》第九十九条所讲的抵消是指:"当事人互负到期债务,该债务的标的物种类、品质相同的,任何一方可以将自己的债务与对方的债务抵消,但依照法律规定或者按照合同性质不得抵消的除外。"

开发商、胡女士、物业公司三者存在债权、债务关系。

开发商与胡女士之间存在合同关系,因为房屋质量问题,开发商基于赔偿责任对胡女士负有债务;胡女士与物业管理公司之间存在合同关系,如果物业管理公司如约履行自己的义务,胡女士不交纳物业管理费,那么就是胡女士对物业管理公司负有债务;开发商与物业管理公司之间没有债权债务关系。胡女士开始主张抵消是不妥的,因为开发商对胡女士负债而胡女士却对物业管理公司负债,这两种债务虽然都是金钱债务,但是并不符合"当事人互负到期债务"的条件。

最终的解决方案的产生也是依据法律作出的,法律规定:债务人将合同的义务全部或者部分转移给第三人的,应当经债权人同意。在物业管理公司同意的情况下,胡女士可以将自己对物业管理公司所负有的交费义务转移给开发商,开发商在替胡女士向物业管理公司支付物业管理费后,开发商对胡女士的赔偿义务就履行完毕了。

二、上海某小区业主委员会与上海某房地产公司物业专项维修基金纠纷案

原告:上海某小区业主委员会
被告:上海某房地产公司

案情介绍

上海市浦东新区东建路228弄某小区由上海某房地产公司开发建造,该小区分二期开发,一期所开发的项目房屋坐落于上海市浦东新区东建路228弄1~10号,建筑面积31 074.26平方米。2000年11月,上海某房地产公司与上海某物业有限责任公司(现更名为上海某集团物业公司)签订某小区物业管理用房的协议,上海某房地产公司委托上海某集团物业公司对坐落于上海市浦东新区东建路228弄的某小区进行物业管理,并对相关的物业管理费用达成协议。上海某房地产公司并向业主发出某小区入户通知书,通知符合进户条件的业主办理房屋交付使用手续,入户通知书要求业主带好以下材料:①入户通知书;②购房合同;③购房发票;④购房人身份证;⑤物业维修金等物业管理相关费用。2008年12月5日,上海市浦东新区建设和交通委员会出具信访件回复,称:"……关于您反映的东建路228弄小区一期业主维修基金已于2001年由安民物业收取,但业委会成立后开立账户时发现个人维修基金为零,要求了解维修基金去向一事,经调查,上海某物业有限责任公司已不存在,建议小区业委会通过民事诉讼途径解决此事,同时我委也将尽力沟通相关部门帮助业委会协调此事。"

2009年9月16日,相关部门召集花木街道房办、东城五居委会、上海某小区业主委员会等对某小区一期维修基金事宜等进行协商,上海某房地产公司也派人参加。会议经各方讨论和协商,共同达成如下意见:①经双方约定,开发商针对能提供维修基金原始凭证的业主,先行解决维修基金问题,其余业主再行协商。②业委会负责提供一套维修基金凭证的复印件。③开发商于10月15日后对此进行回复。……因多次协调不成,2011年9月5日,上海某小区业主委员会经小区三分之二以上业主同意后提起本案诉讼,请求判令上海某房地产公司将某小区一期的房屋维修基金人民币(下同)1 174 944.65元存入上海某小区业主委员会专户银行,并支付该款项自2001年1月1日起至判决生效日的银行同期存款利息;上海某集团物业公司承担连带清偿责任。

庭审中,上海某房地产公司否认收取过业主的维修基金,也否认委托过上海某集团物业公司收取该钱款。

上海某集团物业公司则仅认可代收过部分上海某小区业主委员会能提供原始凭证的业主的维修基金,并称其代收行为仅是接受小区业主的委托,但对确认收取的钱款去向也无法明确说明。

法院认为

开发商对业主交纳的维修基金本有代收代交的义务,且根据上海某小区业主委员会提供的入户通知书及部分一期业主的付款凭据,可以确定上海某集团物业公司在业主办理入住手续时,已收取了一期业主交纳的维修基金。上海某房地产公司、上海某集团物业公司之间对此虽没有书面的合同,但基于该行为及上海某房地产公司、上海某集团物业公司之间的关系可以确定上海某集团物业公司是受上海某房地产公司委托代为收取该钱款,对于收取的业主交纳的维修基金,上海某房地产公司、上海某集团物业公司应在业委会成立后如数移交给上海某小区业主委员会。考虑到实际收款人为上海某集团物业公司,相应的移交责任应由上海某集团物业公司承担,但上海某房地产公司作为开发商应承担连带清偿责任。上海某小区业主委员会要求上海某房地产公司承担移交责任、上海某集团物业公司承担连带责任,法院不予支持。至于维修基金的具体金额,鉴于上海某房地产公司、上海某集团物业公司否认收取维修基金事实,对钱款去向也不置可否,故对上海某小区业主委员会主张的金额法院予以照准。至于利息,其理由正当,法院可予支持。

 案例评析

物业管理专项维修基金,是指根据法律规定建立的专门用于新商品房(包括经济适用住房)和公有住房出售后的共用部位、共用设施设备保修期满后的维修、更新和改造之用的专门款项。专项维修资金又称"房屋的养老金"。专项维修资金是根据国务院颁布的《物业管理条例》将以往"物业维修基金"统一更改后的名称。根据国务院《物业管理条例》，住宅物业、住宅小区的非住宅物业或者与单幢住宅楼结构相连的非住宅物业的业主，应当按照国家有关规定交纳专项维修资金。设立专项维修资金的目的是用于物业保修期满后物业共用部位、共用设施设备的维修和改造，是提高和保持房屋完好率、延长房屋的使用寿命、保障房屋安全、维护业主利益的得力措施。特别是当物业共用部位、共用设施设备安全出现突发情况时，能够为及时有效地组织抢修提供资金保障。

随着时间的推移，很多商品房保修期满后，房屋共用部位、设施设备的老化、损坏现象随时都会发生，这给住户的生活会带来很多的不便，临时收取费用进行维修极为被动和麻烦。通过建立物业专项维修基金制度，可使房屋共用部位、共用设施在保修期满后得到及时的维修和更新、改造，大大提高房屋的完好率，保障房屋正常使用和延长房屋的使用寿命。这解决了居民购房的后顾之忧，为业主提供舒适的生活环境的同时，物业还得到了保值增值；也可为居民安居乐业创造条件，促进了社会的安定稳定；还利于城市统一规划，美化市容市貌。举例来说，不少商品房发生卫生间排水设施堵塞，最先影响的是一楼业主的正常生活，如不及时处理，影响将继续扩大。这本来属于单元全体业主应共同承担的维修责任，但一楼业主很难召集单位全体业主筹集维修费用，容易引发矛盾。同样，屋面发生渗漏，也不仅是顶楼住户的事，还有如楼梯间、共用阳台、户外绿化，这些都要维修养护，如果有了这笔维修资金，就可以及时组织维修，为住户排忧解难。

概括起来说，通过把业主的专项维修资金归集起来，统筹运作，为房屋保修期满的维修提供资金保障，做到有备无患。有了这样一笔预存的资金，能够有效减少售后维修时开发商、物业管理企业和业主、住户之间的纠纷，化解矛盾，保护各方的利益，维护社会稳定。

本案系物业维修基金纠纷。根据有关规定，开发商和购房者均应交纳物业维修基金。在前期物业管理期间，开发商应将物业维修基金存入在金融机构设立的专门账户，任何人不得动用。业主委员会成立后，开发商应将物业维修基金移交给业主委员会。本案中，上海某房地产公司开发的某小区一期交付使用，委托上海某集团物业公司负责前期物业管理，在前期物业管理合同终止后，上海某集团物业公司未向上海某小区业主委员会移交业主交纳的物业维修基金。

依照相关法律规定，由国务院建设主管部门会同国务院财政部门负责全国住宅专项维修基金的指导和监督工作。县级以上地方人民政府建设(房地产)主管部门会同同级财政部门负责本行政区域内住宅专项维修基金的指导和监督工作。住宅专项维修资金管理实行专户存储、专款专用、所有权人决策、政府监督的原则。在小区业主委员会成立前，维修基金由物业所在地的区、县房地产管理部门代为监管，本息归业主所有，任何单位和个人不得使用。业主委员会成立后，应当与本市的商业银行签订委托协议，开立一个物业管理区域的维修基金账户，用于住宅共用部位、共用设施设备保修期满后的大修、更新、改造。开发商对业主缴纳的维修基金本有代收代交的义务，且根据上海某小区业主委员会提供的入户通知书及部分一期业主的付款凭据，可以确定上海某集团物业公司在业主办理入住手续时，已收取了一期业主交纳的维修基金。上海某房地产公司、上海某集团物业公司之间对此虽没有书面的合同，但基于该行为及上海某房地产公司、上海某集团物业公司之间的关系可以确定，上海某集团物业公司是受上海某房地产公司委托代为收取该钱款，对于收取的业主交纳的维修基金，上海某房地产公司、上海某集团物业公司应在业委会成立后如数移交给上海某小区业主委员会。考虑到实际收款人为上海某集团物业公司，相应的移交责任应由上海某集团物业公司承担，但上海某房地产公司作为开发商应承担连带清偿责任。

三、丁某诉上海某物业公司业主知情权纠纷案

原告：丁某

被告：上海某物业公司

案情介绍

原告丁某系上海市浦东新区××路××号××室房屋（以下简称系争房屋）的业主之一，享有该房屋的1/2产权。原告于1988年入住该小区。2014年夏，因小区卫生环境、虫害防治、绿化规划等问题原告多次向被告及居委会反映，相关部门亦采取了一些措施，对整个小区的绿化进行了大规模的修剪。起初，小区卫生确实小有改善，后服务质量再次下降。2015年年初，原告发现生活用水存在异味，再次向被告及居委会反映，并要求被告出具历年的专项维修资金数据及水质检测报告。2015年5月8日，被告、居委会的工作人员与原告沟通，但被告未提供相关数据报告，并认为如此的卫生环境和绿化规划是被允许发生的。因多次协调不成，2015年5月，原告丁某将上海某物业公司告上法庭。

原告丁某诉求

①要求被告提供上海市浦东新区××路小区的建筑总平面图、业主委员会工作档

案(业主大会、业主委员会会议记录,业主大会、业主委员会决定,业主大会议事规则,管理规约,物业服务合同,业主委员会选举及备案资料,专项维修资金筹集及使用账目,银行存储利息,可能用住宅专项维修资金购买国债的银行数据报告、增值收益等,住宅共用设施设备报废回收后的残值、残值率,发生列支的项目、费用和分摊情况,住宅专项维修资金结存的总额,业主及业主代表名册,业主的意见和建议并盖有相应的印章)。②要求被告退还原告已经交纳的1988年至目前为止的保洁费、保安费用(因被告拒绝提供发票,所以没有明确金额)及复利计息。③要求被告退还1996年3月至今已交纳的物业费及复利计息[因为不是原告本人交的,被告也没有提交发票,预计是人民币(以下币种同)60元一年]。④要求被告承担因事件处理而产生的一切费用,即额外通信费、交通费、伙食费、文印费、误工费以及该费用所产生的银行利息(按最高贷款利率4倍计算)等。

被告上海某物业公司辩称

被告是上海市浦东新区××路小区的物业管理公司。不同意原告的所有诉请。历年的相关数据都在建设银行,建行有专门的维修资金账户,是专款专用的,小区的业主委员会已于2008年成立,原告可以到小区的业主委员会查询维修资金的银行数据。业主委员会的成立,是由某街道业委会指导办和居委会共同指导筹办的,与作为物业公司的被告没有关系。关于保洁费、保安费、绿化收益、公共经营性收益,不予回复。被告已经开具了相关的发票,当时在居委会交接的,但原告拒绝领取,原告也没有足额交纳相关的费用。

法院经审理查明

原告系系争房屋的1/2按份共有产权人,被告系该房屋所在小区的物业管理公司。原告支付了系争房屋2010年1月—2011年12月的管理费108元,2013年1月—12月的保安费108元、保洁费72元、售后房管理费60元。以上事实,有原告提供的上海市房地产权证、保洁保安费账单(代收据)、管理费账单(代收据),以及庭审笔录等证据在案佐证。

法院认为

原告在其诉请①中要求作为物业管理公司的被告提供系争房屋所在小区的建筑总平面图,没有相应的法律依据,其诉请①中的其余诉请如有相应的法律依据,其诉讼对象应为小区的业主委员会,而非作为物业管理公司的被告。原告仅提供了其支付其诉请②、③所涉及的相关费用中的极小部分费用的证据,既未就其已支付其余相关费用提供相应的证据证明,也未就其主张的要求退还的事实及依据提供相应的证据,其相关诉请,缺乏事实及法律依据,应予驳回。原告就其诉请④,未提供任何证据证明,且本案并未支持原告的诉请①、②、③,对原告的该诉请应予驳回。综上,依据《最高人民法院关于适用中华人民共和国民事诉讼法的解释》第九十条的规定,判决驳回原告丁某的所有诉讼请求;案件受理费80元,减半收取计40元,由原告丁某负担。

案例评析

物业管理专项维修基金,是指根据法律规定建立的专门用于新商品房(包括经济适用住房)和公有住房出售后的共用部位、共用设施设备保修期满后的维修、更新和改造之用的专门款项。专项维修资金又称"房屋的养老金"。所谓住宅共用部位,是指根据法律、法规和房屋买卖合同,由单幢住宅内业主或者单幢住宅内业主及与之结构相连的非住宅业主共有的部位,一般包括:住宅的基础、承重墙体、柱、梁、楼板、屋顶以及户外的墙面、门厅、楼梯间、走廊通道等。所谓共用设施设备,是指根据法律、法规和房屋买卖合同,由住宅业主或者住宅业主及有关非住宅业主共有的附属设施设备,一般包括电梯、天线、照明、消防设施、绿地、道路、路灯、沟渠、池、井、非经营性车场车库、公益性文体设施和共用设施设备使用的房屋等。

为了避免物业专项维修基金流失或被挪用,国家规定由国务院建设主管部门会同国务院财政部门负责全国住宅专项维修基金的指导和监督工作。县级以上地方人民政府建设(房地产)主管部门会同同级财政部门负责本行政区域内住宅专项维修基金的指导和监督工作。住宅专项维修资金管理实行专户存储、专款专用、所有权人决策、政府监督的原则。在小区业主委员会成立前,维修基金由物业所在地的区、县房地产管理部门代为监管,本息归业主所有,任何单位和个人不得使用。业主委员会成立后,应当与本市的商业银行签订委托协议,开立一个物业管理区域的维修基金账户,用于住宅共用部位、共用设施设备保修期满后的大修、更新、改造。

本案中,小区业主与开发商间关于物业专项维修基金引发的这部分争议,小区有专门的维修资金账户,是专款专用的,业主可以到小区的业主委员会查询维修资金历年的银行数据。

此外,物业管理区域内按照规划建设的公共建筑和共用设施,是满足业主正常生产、生活所必需的,所以无论是业主大会、业主业委会、业主物业服务企业都不得擅自改变物业管理区域内按照规划建设的公共建筑和共用设施用途,因原规划设计不合理或实际需要存在改变用途的客观情况,为了防止对公共利益造成侵害并保证城市规划权威性,对确需改变公共建筑和共用设施用途的情况,必须依照法律程序进行,通过向规划部门申请,经规划部门批准后方可实施。共用设备牵涉到维修资金的使用,并需要三分之二以上业主同意。根据物权法第七十六条第六款的规定,改建、重建建筑物及其附属设施需经过三分之二以上业主同意。根据物权法第七十八条、第七十六条第二款的规定,业主大会规程第三条中关于业主大会会议召开规则的规定,第五条关于业委会选举、备案的规定,第六条关于专项维修基金的规定,住宅专项维修资金管理办法第二十七条、第二十八条、第二十九条、第三十条、第三十一条的规定,物权法第七十六条第五款的规定,物权法第七十三条、第七十四条的规定,被告应当提供原告诉请①中的所有材料。原告第二项诉请的依据是 1996 年国家计委和建设部《关于印发〈城市住宅小区物业管理服务收费暂行办法〉的通知》及 2004 年《物业服务收费管理办法》中关于保洁费、保安费等的规定。根据《物业服务收费管理办法》第十九条的规定,被告有重复收费的现象。原告第三项诉请的依据是原告没有和被告签订过物业服务合同,也不知道业委会有没有成立,原告入住小区二十多年,都不知道有没有开过业主大会,根据物权法第八十一条,原告认为不应该支付物业费。另外,关于银行利息、因本案额外支出的费用等的依据是存款有息原则,有过错一方承担费用。

四、陈某与常州某房地产有限公司商品房销售合同纠纷案

原告:陈某

被告:常州某房地产有限公司(以下简称某公司)

案情介绍

原告陈某诉称

2012 年 4 月 21 日,其与被告某公司签订《商品房买卖合同》,约定购买被告开发的坐落于常州市新北区 WH 城 1204 室商品房,合同总价 535 558 元,交付日期为 2013 年 12 月 31 日前。合同签订后,原告支付了全部房款,被告却至今未能交付房屋,原告多次催要未果,诉请判令:①确认其与被告之间的商品房买卖合同关系解除。②被告某公司立即归还购房款 535 558 元并支付利息 64 267 元(自 2012 年 4 月 21 日付清房款起暂计算至 2014 年 6 月 20 日,要求被告某公司支付至全部债务清偿之日止),合计599 825 元。③本案诉讼费及律师费由被告承担。

被告某公司辩称

双方签订商品房买卖合同后,被告依约在 2013 年 11 月 23 日通知陈某入住,陈某迟迟不前往办理入住手续,陈某所述和事实不符。现陈某无端要求解除合同系单方违约,我方同意解除合同但陈某要承担相应违约责任,即向被告支付物业管理费、电梯费等,并支付万分之一的违约金。

法院经审理查明

本案双方当事人于 2012 年 4 月 21 日签订《商品房买卖合同》,被告将其开发的坐落于常州市新北区 WH 城 1204 室商品房出售给陈某,房款总价 535 558 元,商品房交付日期为 2013 年 12 月 31 日前。合同第十二条约定了出卖人逾期交房的违约责任,其中第(2)项载明:逾期超过 90 日后,买受人有权解除合同,买受人解除合同的,出卖人应当自买受人解除合同通知到达之日起 30 天内退还全部已付款,并按买受人累计已付款的 2%支付违约金。双方签订合同后,原告向被告全额支付了上述房产的购房款。在房屋交接过程中,被告通知陈某交纳房屋维修基金,标准按每平方米 120 元计算。陈某认为上述标准不符合相关法律政策规定,遂拒绝交纳并至被告某公司处讨要说法,双方因该事项发生矛盾,导致至今未完成案涉房产的交接。2014 年 4 月 14 日,陈某书面发函给被告,要求被告于收函后 5 日内交付房产,否则解除合同并要求赔偿损失。因陈某至今未能领取所购房产,遂诉至法院。

法院认为

当事人应当按照约定全面履行自己的义务。出卖人应当按照约定的期限交付标的物。本案中,陈某、某公司订立的商品买卖合同真实有效,对双方具有法律约束力,双方须严格遵守约定。关于案涉房产的交付时间,双方约定为 2013 年 12 月 31 日前。关于房产未能交接的归责问题,陈某称其已主动前往被告售楼处办理交付,系被告拒绝导致房产未能交接。被告抗辩称系陈某不主动配合导致无法交接。根据双方举证及庭审陈述,陈某在被告向同小区业主集体通知交付后,确有前往被告售楼处的行为。而被告陈述:要求陈某作出书面道歉才交付房屋是事实……因为陈某闹事……我们对公共维修基金的收费是合理的,陈某行为是不合法的,所以我们要求她对自己的无理行为作出相应的认识。与此同时,陈某以快递方式发函给被告,要求被告公司限期交付房屋。

综上,从双方的举证情况看,陈某有效地证明了其要求交接房产的事实,而被告某公司在具备更高举证能力的前提下却未对陈某不配合交接房产的事由进行有效举证,同时也对其在房产交付问题上设置障碍的事实进行了自认。一审法院认为,被告某公司应当如期交付房屋,双方因公共维修基金而产生的纠纷系另一法律关系,不能对抗陈某因房屋买卖合同而享有的交付房屋请求权。综上,被告某公司在房屋未交付的问题上过错明显,陈某依据双方约定解除合同并无不当,法院对此予以支持。另外,被告某公司作为过错方应当依照约定承担违约责任。陈某主张的利息计算方式不符合法律规定,法院依法予以调整。根据双方合同约定,买受人解除合同的,出卖人应当自买受人解除合同通知到达之日起 30 天内退还全部已付款,并按买受人累计已付款的 2%支付违约金。现陈某有效证明其行使解除合同通知权为 2014 年 4 月 14 日发函,被告某公司 15 日签收,限期 5 日,即 2014 年 4 月 21 日起,某公司应在 30 日内退还陈某的购房款并承担该款 2%的违约金即 10 711.16 元。同时,从 2014 年 5 月 22 日起,因被告某公司未退还陈某的购房款,陈某因此产生的利息损失亦应当由被告进行赔偿。关于陈某主张的律师费,非必然产生的损失,法院对此不予支持。

据此,依照《中华人民共和国合同法》第六十四条、第一百三十八条之规定,法院作出如下判决:①解除本案中陈某、被告某公司之间《商品房买卖合同》。②被告某公司于判决生效之日起 10 日内向陈某退还购房款 535 558 元。③被告某公司于判决生效之日起十日内向陈某支付违约金 10 711.16 元并支付购房款 535 558 元按照银行同期贷款利率自 2014 年 5 月 22 日起计算至判决生效之日止的利息损失。④驳回陈某的其他诉讼请求。案件受理费 4899.5 元,由被告某公司负担。

宣判后,原、被告均不服一审判决,向江苏省常州市中级人民法院提出上诉,二审查明的事实与原审法院认定的事实一致,作出了终审判决,驳回上诉,维持原判。

 案例评析

导致本案发生的原因是被告某公司通知原告陈某收房后,其拒绝按照规定交纳房屋维修基金。该资金是指专项用于住宅共用部分、共用设施设备保修期满后的维修和更新、改造的资金。《住宅专项维修资金管理办法》第十二条规定,将首期住宅专项维修资金存入住宅专项维修资金账户。该办法第十三条规定,未按本办法规定交存首期住宅专项维修资金的,开发建设单位或者公有住房收房单位不得将房屋交付购买人。本案双方当事人在签订的商品房买卖合同附件中对于住宅专用维修资金作出约定,该约定并不违反法律规定。2013 年 11 月 23 日,被告某公司书面通知陈某收房,并要求其按照规定的标准交付住宅专用维修资金,该行为并无不当。但双方因该笔费用的标准发生争执,导致交房不能。对于房屋未能交付的结果,被告某公司此时并无过错。但是在其后,通过政府相关部门的协调,住宅专用维修资金调整为陈某能够接受的金额,陈某也用实际行动表示愿意接受房屋的交付,而被告某公司却提出附条件地交付房屋,缺乏法律依据,且在陈某书面发函主张收房时,被告未予理会。至此,被告某公司存在明显过错,依法应承担逾期交房的责任。

五、李某诉洛阳某物业公司物业管理纠纷案

原告：李某

被告：洛阳某物业公司

案情介绍

2005年1月16日13：50时，原告李某驾驶自己的豫C-501××号黑色桑塔纳轿车进入被告洛阳某物业公司第三生活区（原告在此生活区内居住），小区门卫发放了出入证，原告将车停放于小区幼儿园门口，14：45时原告发现车不见了，门卫称14：10时该黑色桑塔纳车闯岗东去，原告这才得知自己的车被盗，于是立即报警，区刑警队经过立案调查，至今仍未破案。

另查，洛阳某物业公司对进出各生活区的车辆实行登记制度，首先，为方便管理，对一些特殊车辆发放橘红色的特别通行证，持有该通行证的车辆进出生活区无须停车；对在生活区内居住居民的车辆，经过一定的审批手续，发放蓝色的通行证，持有该通行证的车辆，进入生活区必须停车，领取被告监制的铜质的出入证，出门时将该证交回。通行证的背面载明："凡进出的车辆必须服从管理，停车验证，领取出入证，出门交证放行。车辆应定点放好，锁好车门，丢失自负。"出入证的背面载明："进门领证，出门交回，凭证出入社区。此证随身携带，不要放在车内。"

另外，洛阳某物业公司是洛阳SH总厂下属的集体所有制企业，该公司实际管理着洛阳SH总厂第一、二、三、五生活区，未与任何人或企业签订任何物业管理协议。据中国SH集团公司中国SH(2001)财字109号文件规定了《关联交易协议》的签订以及应当包含的方面，具体列举了产品（含水、电、汽）互供协议、文教卫生和社区服务协议等9种关联交易协议，该文件第二条第四款载明：文教卫生、社区服务费用支付标准调整后，存续企业的收入将有所下降，为此要求各存续企业努力降本压费，加大管理力度，确保服务质量。中国SH集团公司财物计划部与中国SH股份有限公司财务部联合下发的中国SH财价(2002)2号文件对2002年上市公司负担的文教卫生及社区服务费做了规定，2002年应以在职职工人数一年7600元交纳。2004年，原告所在的单位洛阳SH金达实业公司向被告交纳了144 900元社区服务费。

法院认为

虽然原、被告并未签订任何书面的物业管理合同，但原告单位实际代替原告向被告交纳了相应的物业管理费，因此，本案原、被告之间形成了物业管理合同关系。被告

作为国家工商行政管理部门核准登记的物业公司,对辖区内居民的人身、财产安全负有注意、保护的义务。本案中,原告的车辆损失系因案外人的犯罪行为所致,被告门卫未有效控制车辆闯岗,在发现原告车辆闯岗后,未及时采取补救措施,及时报警,以至于错过了最佳的报警时机,导致车辆丢失无法追回的后果,被告在管理中存在过错,对原告车辆丢失应当承担与其过错相适应的赔偿责任。综合被告在本案中的过错程度,以被告承担 20％的责任为宜。根据有关规定计算,原告车辆在丢失时的价值应为 96 500 元。依照《中华人民共和国民事诉讼法》第一百二十八条、《中华人民共和国物业管理条例》第四十七条第一款、《中华人民共和国民法通则》第一百零六条第一款、第一百三十四条第一款第(七)项、参照《国家经济贸易委员会、国家发展计划委员会、公安部、国家环境保护总局作出的关于调整汽车报废标准若干问题的通知》第一条、《河南省涉案车辆价格评估鉴证操作规范》第四条第 1.3.3、1.7、1.8 项之规定,判决被告洛阳某物业公司于判决生效后二日内赔偿原告李某车辆损失 19 300 元。

 **案例评析**

物业治安管理,是指对物业小区的防盗、防劫、防凶杀以及防止其他一系列不确定危害因素发生的综合管理,是物业服务企业保证业主和使用人的财产不受损失、人身不受侵害以及维护所管项目公共秩序正常而采取的防盗、防破坏等一系列防范性治安管理活动。目的是预防各类治安案件和安全事故的发生,为业主和使用人提供一个安全、安心的居家、工作环境。它对于补充国家安全警力不足,满足人们更高层次的安全需求有其积极的意义。这项管理做得不好,直接涉及居民的"安居"问题。物业的治安管理可以委托专业公司管理,也可由物业服务企业设置专门部门及人员来实施安全管理业务。物业治安管理主要包括:出入口防范,巡逻防范,安防系统的建设、使用、维护和管理等工作。本案中的纠纷主要是承担物业管理服务的被告在物业治安管理的出入口防范部分出现漏洞,被告作为国家工商行政管理部门核准登记的物业公司,对辖区内居民的财产安全负有注意、保护的义务。本案中,被告门卫没有有效控制车辆闯岗,在发现原告车辆闯岗后,未及时采取补救措施,及时报警,导致车辆丢失,被告在管理中存在过错,对原告的车辆丢失应当承担与其过错相适应的赔偿责任。

六、徐太太与某物业管理公司侵权纠纷案

原告:徐太太

被告:某物业管理公司

案情介绍

犯罪分子经小区南面围墙未上锁的小铁门进入小区,翻入徐先生的住房,采取暴力手段致使徐先生死亡。罪犯已被判决死刑。此后,徐太太认为其所交的物业管理费中已包含了治安管理服务内容,以物业管理公司未尽到治安管理职责为由,将某物业管理公司告上法庭,要求赔偿丧葬费、误工费、抚恤金、精神损失费等共46万多元。经查,小区《公共契约》约定:物业管理公司负责对小区进行日常巡视,做好住宅区内安全防范、治安保卫、巡检、警戒等工作。又查,小区三大监控系统工程已经开工建设,但无竣工验收合格证明;之前小区住户曾对小区安全提出质疑,要求安装防盗门,遭拒;案发当晚,监控中心人员发现42号监控点有异常,随后到现场查看,因犯罪分子已翻墙入室,未能发现。因此原告要求被告赔偿丧葬费、误工费、抚恤金、精神损失费等共46万多元。被告则以工作已按规定完成为理由拒绝赔偿业主损失。

此案经法院二审判决,撤销(2001)宝民初字第5548号民事判决;被告某物业管理公司赔偿原告经济损失人民币40万元。

案例评析

首先应该明确业主所交的物业管理费中所含治安管理服务为公共区域的治安防范服务,而非业主家中的安全保障服务。因此,本案例中,物业管理公司是否应承担责任,应视具体情况。根据我国《物业管理条例》以及《中华人民共和国合同法》的有关规定,物业管理企业的义务及责任取决于物业服务合同的约定。在物业管理企业未能履行物业服务合同中约定的义务,导致业主人身、财产安全受到损害的情况下,应当依法承担相应的法律责任。一般来说,如果物业服务合同中包含了安全保障这一服务项目,如果该小区公共区域治安隐患多,物业管理人员不履行职责,而且又能证明这些因素与业主家中遇害有必然的因果关系,则根据《中华人民共和国民法通则》第一百零六条规定:"公民、法人违反合同或者不履行其他义务的,应当承担民事责任。"《物业管理条例》第三十六条规定:"物业管理企业应当按照物业服务合同的约定,提供相应的服务。物业管理企业未能履行物业服务合同的约定,导致业主人身、财产安全受到损害的,应当依法承担相应的法律责任。"根据以上规定,合同是追究违约责任最根本的依据。物业服务合同可以对业主人身财产安全的保护措施作出更为具体的约定,也可以对业主人身或财产受到不法侵害后而要求物业管理公司承担一定的赔偿责任做出约定。如果有这方面的约定,一旦出现合同中约定的情形,物业管理公司应该承担相应的违约责任。如果物业公司采取了多种防范措施,公共区域没有治安隐患,而物业管理企业也谨慎履行了合同义务(比如采取了出入登记、安全巡逻等措施),物业管理人员尽职尽责,无失职行为,业主也找不到物业公司的不当之处。则物业公司不应承担赔偿责任。徐太太需举证物业公司对小区进行日常巡视,做好住宅区内安全防范、治安保卫、巡检、警戒等工作有失职行为。

治安管理是物业管理最基本的内容。为了确保业主、住户的安全、规避不可预测风险,一方面物业管理公司应增加保安人员及保安巡逻次数,加大安全防范的力度。另一方面,物业管理公司最好购买公众责任险,将所应承担的赔偿责任的风险转嫁给保险公司。

七、李某诉小区物业管理公司物业管理纠纷案

原告:李某

被告:物业管理公司

案情介绍

2011年2月2日是除夕,23时许,住解放公园路某小区12楼的李某送走亲友,准备买点食品回家,突然接到小区物业打来电话:你家房屋失火了!李某赶紧回身上楼,物业人员已拨打火警电话,10分钟后消防车到达,消防员跑上楼,将水带接上该层消防栓,却没水。消防员只得下楼,从一楼接水灭火。50分钟后大火扑灭,但李某家的物品绝大部分烧毁,客厅顶部烧得露出钢筋,靠近阳台的墙体装饰物也被烧脱落。经勘查发现,失火原因为外来鞭炮。

为何消防栓无水?次日,物业公司人员回复消防询问:消防联动系统发生故障。因为消防栓无水延误了灭火时机,业主李某将物业公司告上法庭,认为物业公司管理不善致消防设施无法使用,贻误扑救火灾最佳时机,要求物业公司赔偿其因火灾造成的全部损失。

经调查,物业公司与李某所在小区业主委员会签订《物业管理委托合同》,约定物业公司应保持"消防设施设备完好,可随时启用,消防通道畅通"。李某提供被烧物品的部分发票共计8万余元;审理过程中,李某委托有资质的公司鉴定房屋损坏损失费用共15万余元。另查明,当年1月31日,物业公司曾向业主通知,明确小区燃放烟花爆竹时间、地点,当天还安排保安执勤。火灾发生后,物业公司向李某支付了1万元生活费。

法院认为

火灾系燃放烟花爆竹等外来火源引发,小区消防栓无法供水,致火情扩大,造成财产损失扩大,物业公司应对本次火灾造成原告财产损失承担赔偿责任,判物业公司赔偿李某 11.9 万余元。李某不服,向武汉市中级人民法院提起上诉,请求判令物业公司赔偿其全部财产损失 57.5 万余元。武汉市中级人民法院认为因物业公司管理不善,致火情扩大,与李某财产损失的扩大有直接因果关系,物业公司应承担主要责任,但李某未提交充足证据证实损失数额,所以终审判决物业公司赔偿李某经济损失 18.4 万余元。

案例评析

物业消防管理是指在日常管理中通过有效措施预防物业发生火灾,在火灾发生时采取应急措施以最大限度地减少火灾的损失。消防安全管理涉及物业辖区内的人身、财产安全,是物业管理公司各项管理中的重点工作,在物业管理中占有头等重要的地位。物业管理中最常见的意外事故就是火灾,给住户的生命财产带来最大危害的也是火灾。因此,搞好消防工作是物业安全使用和社会安定的重要保证。消防安全不仅关系到物业服务企业管理服务小区业主生命和财产的安全,而且还涉及社会的安定与经济的健康发展。居民住宅大量使用煤气、液化石油气、天然气,各种家用电器又大量进入居民家庭,电动车停放在疏散通道上违规充电等致灾因素大量存在,火灾成为现实生活中最常见、最突出、危害最大的一种灾害,给许多家庭带来了巨大的灾难,因此,做好消防安全工作是物业服务企业的重要职责。物业管理公司应按照规定配置消防设施和器材,设置消防安全标志,加强辖区内的消防巡查,做好火灾处置预案,做到防患未然。

本案中,火灾虽然是因为燃放烟花爆竹等外来火源引发的,但当火灾发生时小区的消防栓却无法供水,导致火情扩大,造成财产损失扩大,很明显是小区的物业管理公司及其工作人员对消防安全工作重视程度不够,物业管理人员对消防工作认识不清、重视不够,没有适时地对消防设施检测和维护,对消防设施故障损坏发现维修不及时,出现问题时导致不能及时施救,酿成大祸,因此,物业公司应该对本次火灾造成原告财产损失承担赔偿责任。

物业管理公司应将消防管理作为以后工作的重点,并注意抓好以下工作:一是要加强消防设备设施及消防器材的配置,使用先进的消防安全系统;二是要加强消防设备设施的维修保养,使这些设备设施始终处于良好的使用状态;三是要加强辖区内的消防巡查,重点检查易出现隐患的区域或部位,巡查消防设备设施是否齐全完好;四是要加强消防宣传,树立"群防群治"的意识,树立全民全员的消防安全意识;五是要做好火灾处置预案,定期组织学习消防演习,培训员工和用户的火灾应变处理能力,树立消防意识,促成小区的安全环境。

八、上海某物业管理有限公司诉小区业主沈某物业服务合同纠纷案

原告:上海某物业管理有限公司
被告:沈某

案情介绍

原告上海某物业管理有限公司诉称

被告系上海市浦东新区某路 HT 社区 26 号 201 室的业主,该房屋建筑面积为 105.48 平方米。原告根据与上海 GF 置业有限公司签订的《前期物业管理服务合同》,为 HT 社区提供物业管理服务,合同约定 HT 社区物业管理费每月每平方米人民币 1.80 元,该收费标准经浦东新区物价局核准,故被告每月应向原告支付物业管理费 189.86 元。原告依约全面履行了物业管理服务义务。被告自 2010 年 1 月至 12 月拒不支付物业管理费,在此期间,原告多次向被告催交无果。故原告诉至法院,请求法院依法判令:①被告支付 2010 年 1 月至 12 月物业管理费及运行费用 2278.37 元及滞纳金 1127.80 元。②诉讼费由被告承担。

被告沈某辩称

被告暂停交纳物业管理费的原因是原告对小区内有关违法搭建物的处理未尽职责。被告就楼下业主安装的防盗栅栏改变住宅外立面、外伸墙面,为攀爬进入被告住所提供了有利条件,严重影响被告人身财产安全一事,曾向原告反应并要求原告解决这一隐患,但未得到有效处理,致使行窃者于 2007 年 8 月 11 日及 2010 年 11 月 8 日先后两次利用该违章搭建物攀爬进入被告住所中行窃,造成巨大经济损失。盗窃案件的发生与原告在解决上述违法搭建物过程中未尽职责有关,故自 2010 年 1 月起被告暂缓交纳物业管理费并要求原告及时向有关行政管理部门报告,但最终未得到明确答复。故被告认为应当扣除物业服务费中原告未尽职责的综合管理服务、公共区域秩序维护服务、公共部位三项费用,计 936.66 元,愿意支付物业管理费 1341.71 元。对滞纳金认为没有合同约定,也未尽告知义务,故不认可。

原告上海某物业管理有限公司再称,被告楼下业主的防盗栅栏问题系真实存在,原告多次劝阻并要求其整改,也已经向有关部门报告,尽到了安全管理的义务。

法院经审理查明

被告系上海市浦东新区某路 HT 社区 26 号 201 室的业主,该房屋建筑面积为 105.48 平方米。原告根据与上海 GF 置业有限公司签订的《前期物业管理服务合同》,为 HT 社区提供物业管理服务,合同约定 HT 社区物业管理费每月每平方米 1.80 元,该收费标准经浦东新区物价局核准,故被告每月应向原告支付物业管理费 189.86 元。被告自 2010 年 1 月至 12 月未支付物业管理费,原告多次催讨未果,故于 2011 年 1 月 30 日诉至法院,要求判如所请。

上述事实,由房屋状况及产权人信息、《前期物业管理服务合同》、物业服务分等收费重新审核表、小区位置证明、物业管理费催交通知、被告提供的照片、致物业公司的函件等证据及原、被告当庭陈述在案佐证。

法院认为

公民、法人违反合同或者不履行其他义务的,应当承担民事责任。原告根据与上海某绿色置业有限公司签订的《前期物业管理服务合同》,为 HT 社区提供物业管理服务,该合同合法有效。被告作为业主,接受了原告提供的物业管理服务,应当按约支付相应的物业管理费。现原告要求被告支付欠交的物业管理费,于法不悖,本院予以支持。原告主张的滞纳金,因被告就楼下业主搭建防盗栅栏影响其住宅安全问题多次向原告反映,原告应积极配合被告解决该问题,但该问题未得到有效解决,致使被告因该原因住宅被盗受损,原告的管理服务存在瑕疵,因此,对于原告的滞纳金请求,本院不予支持。由于原告并不是防盗栅栏的使用人或所有人,被告要求拆除该防盗栅栏或请求赔偿因此造成的损害,应向相邻关系中的相对方另行主张自己的权利,原告做了相应的劝说、管理工作,被告损失的发生并非原告过错所致,原告拒付物业管理费无法律依据。依照《中华人民共和国合同法》第一百零七条之规定,判决如下:

(1) 被告沈某应于本判决生效之日起十日内支付原告上海某物业管理有限公司 2010 年 1 月至 12 月的物业管理费人民币 2278.37 元。

(2) 驳回原告上海某物业管理有限公司的其他诉讼请求。

案件受理费人民币 50 元,减半收取 25 元,由被告沈某负担。

九、合肥某物业管理有限公司诉刘某物业服务合同纠纷案

原告:合肥某物业管理有限公司(以下简称合肥某物业公司)
被告:刘某

第六章 物业日常管理

 **案情介绍**

原告合肥某物业公司诉称

合肥某物业公司受 SJ 阳光花园开发商合肥市某房屋开发股份有限公司委托，对该小区提供前期物业管理服务。2007 年 2 月 6 日，SJ 阳光花园业主委员会与原告就原告为 SJ 阳光花园小区提供物业服务签订了《物业服务合同》。该合同就原告对物业管理服务内容和质量、物业服务费用、违约责任等进行了约定。上述合同签订后，原告于 2007 年 2 月 25 日起对该小区提供物业服务且 SC 物业公司撤离该小区。同时，SC 物业公司将其针对欠费业主的债权依法转让给原告并进行了相应的告知。被告作为合肥市 SJ 阳光花园门面房 103 号房屋的业主，在原告提供物业服务期间，拖欠物业服务费共计 5079.00 元未能及时支付，依据《物业服务合同》之约定，被告应当承担逾期付款违约金。因原告多次以各种方式予以催要未果，为依法维护自己的合法权益，特请求人民法院判令：被告刘某支付拖欠的物业服务费 5079.00 元（按实际计费面积 70.395 平方米，自 2005 年 11 月 21 日至 2009 年 5 月 1 日，以及自 2009 年 12 月 30 日至 2010 年 7 月 24 日）并承担逾期付款违约金 3397.85 元（以 5079.00 元为基数，自 2010 年 7 月 25 日起按照日万分之五计算至 2014 年 3 月 24 日止，以后计算至款清日止），合计 8476.85 元。

被告刘某未提出答辩，也未在举证期限内提供证据。

法院经审理查明

合肥某物业公司受 SJ 阳光花园开发商合肥市某房屋开发股份有限公司委托，对 SJ 阳光花园住宅小区提供前期物业管理服务。在服务期间，2007 年 2 月 6 日，合肥 SJ 阳光花园业主委员会（甲方）与本案原告（乙方）就甲方选聘乙方对 SJ 阳光花园提供物业管理服务签订了一份《物业服务合同》，该合同对物业管理服务内容与质量、服务费用、物业的经营与管理、物业的承接验收、物业的使用与维护、专项维修基金、物业投资及违约责任等事项作了约定。

其中，服务内容包括：共用部位的维修、养护和管理；共用设施设备的运行、维修、养护和管理；共用部位和相关场地的清洁卫生，垃圾的收集、清运，雨、污水管道的疏通；公共绿化的养护和管理；车辆停放管理；公共秩序维护、安全防范等事项的协助管理等。服务费用约定为收费标准按低层住宅 0.59 元/（平方米·月），高层住宅 0.95 元/（平方米·月），商业物业 1.50 元/（平方米·月）；物业费用按半年交纳，业主或物业使用人应在每半年度前 15 天交纳物业管理费（合同第五条），未能按时足额交纳的，应按照每日千分之三支付违约金（合同第二十二条）；物业服务期限自 2007 年

2月25日至2010年2月24日。

上述《物业服务合同》签订后,合肥SC物业管理有限公司撤出SJ阳光花园小区,合肥某物业公司自2007年2月25日起对SJ阳光花园进行物业管理服务。此后在2007年4月2日,合肥SC物业管理有限公司与原告签订《协议书》,将其对部分业主拖欠物业费的债权(2003年1月至2007年2月23日期间的物业费及滞纳金)全部转让给原告,并于同年5月15日以《债权转让告知书》的形式予以公告。对此,业委会亦于2007年4月18日以《告知书》的形式进行公告。

另查明:刘某系SJ阳光花园门面房103号业主,建筑面积为110.83平方米,房屋性质属于商铺。自2005年11月21日至2009年5月1日,以及自2009年12月30日至2010年7月24日期间,刘某未交物业服务费用。2012年4月20日,原告对物业费未交纳登记表公示情况和邮寄的《催费函》进行了公证。

以上事实有《物业服务合同》、合肥市中级人民法院民事判决书、公证书以及当事人的陈述等证据材料在卷佐证,经庭审查证属实,本院予以确认。

法院认为

依据《物权法》和国务院《物业管理条例》的有关规定,业主委员会的决定对全体业主具有约束力。合肥某物业公司与合肥SJ阳光花园业主委员会签订的《物业服务合同》系双方真实意思表示,内容不违反法律、行政法规禁止性规定,应为合法有效,对包括被告刘某在内的全体业主具有约束力,被告刘某应当按照合同约定及时履行交纳物业服务费的义务。

在合同履行期间,原告合肥某物业公司依约为包括被告刘某在内的小区业主提供了物业服务,因此根据合同约定和法律的规定,原告有权向被告方收取物业管理服务等费用,且物业费正是用于保障物业共用部位、共用设施设备的日常运行维护、清洁卫生、绿化养护、公共秩序维护、物业服务人员工资等项目的开支,没有相应的物业费,客观上可能也会影响物业公司的服务水平和服务质量。而被告刘某作为业主,在接受和享有了原告提供的物业服务内容后,理应当负有按照合同约定及时履行交纳物业管理服务等费用的义务。刘某未向原告公司交纳自2005年11月21日至2009年5月1日,以及自2009年12月30日至2010年7月24日的物业服务费用,对此未提出任何事由予以抗辩,其拖欠物业服务费已经违反了双方合同的约定,原告现有权依照合同的约定要求其支付物业服务费。本案中,原告按照70.395平方米作为物业计费面积计算物业费,低于实际面积标准,对此本院予以准许,据此物业费为5079元。但是由于合肥某物业公司在2010年2月25日至7月24日在物业服务期间,小区存在环境卫生差、绿化损坏、公共设施设备损坏等现象,因此可以反映出原告在此期间的服务存在一定的瑕疵,且此事实在安徽省合肥市中级人民法院生效的民事判决书中已作认定,故本院酌情对该期间的物业费按原双方合同收费标准酌减20%,即被告可从物业费总额中扣除105.6元,故被告刘某还应交纳物业服务费计4973.4元。同时按照合同第七条的约定,物业费在每半年度前15天交纳,未按时足额交纳的,按照合同第二十二条约定理应按照每日千分之三支付违约金。本案中,被告刘某未予按约交付物业服务费用存在违约,因此应当承担支付违约金的责任,现原告主张自2010年7月25日起以被告拖欠的物业管理费为基数,按照日万分之五计算,是原告对自己权利的处分,对此符合法律规定,本院予以准许。据此被告应当以拖欠的物业费4973.4元为基数,自2010年7月25日按日万分之五计取违约金至本判决确定给付日止。

综上,据此依照《物权法》第七十八条第一款、《中华人民共和国合同法》第六十条第一款、第一百零七条、第一百零九条、第一百一十四条、《中华人民共和国民事诉讼法》第十三条、第六十四条第一款、第一百四十四条,《物业管理条例》第七条第(五)项、第十二条第四款、第四十二条第一款、第六十七条,《最高人民法院关于民事诉讼证据的若干规定》第二条之规定,法院判决如下。

(1)被告刘某于本判决生效之日起10日内支付原告合肥某物业管理有限公司物业服务费4973.4元以及违约金(违约金计取方式:以4973.4元为基数,自2010年7月25日按日万分之五计取至本判决确定给付日止)。

(2)驳回原告合肥某物业管理有限公司其他诉讼请求。

案件受理费50元减半收取为25元,由原告合肥某物业管理有限公司负担5元、被告刘某负担20元。

案例评析

物业管理服务费,又称物业管理费,是指物业服务企业按照物业服务合同的约定为物业使用人或所有人提供物业管理服务,对房屋及配套设施设备和相关场地进行维修、养护、管理,维护相关区域内的环境卫生和秩序而向业主或使用人收取的费用。

根据住房和城乡建设部《关于印发"物业服务收费管理办法"的通知》第十五条规定:"业主应当按照物业服务合同的约定按时足额交纳物业服务费用或者物业服务资金。业主违反物业服务合同约定逾期不交纳服务费用或者物业服务资金的,业主委员会应当督促其限期交纳;逾期仍不交纳的,物业管理企业可以依法追缴。"业主应当按时交纳物业服务费。

本案中,合肥某物业公司与合肥SJ阳光花园业主委员会签订的《物业服务合同》系双方真实意思表示,内容不违反法律、行政法规禁止性规定,应为合法有效,对包括被告刘某在内的全体业主具有约束力。在合同履行期间,原告合肥某物业公司依约为包括被告刘某在内的小区业主提供了物业服务,因此根据合同约定和法律的规定,原告有权向被告方收取物业管理服务等费用。而被告刘某作为业主,在接受和享有了原告提供的物业服务内容后,理应负有按照合同约定及时履行交纳物业管理服务等费用的义务。刘某拖欠物业服务费已经违反了双方合同的约定,原告现有权依照合同的约定要求其支付物业服务费。

十、安阳某物业管理有限责任公司诉赵某物业服务合同纠纷案

原告:安阳某物业管理有限责任公司(以下简称安阳某物业公司)

被告:赵某

 案情介绍

原告安阳某物业公司诉称

被告赵某是原告提供物业服务的安居四期小区业主,被告接受了原告提供的物业管理服务,却不按约交纳物业服务费,请求判令被告立即交纳2006年10月17日—2007年11月29日物业服务费405元及逾期交款违约金2430元;被告交纳2007年1月1日—11月29日生活垃圾处置费44元;诉讼费由被告承担。

被告赵某辩称

①双方签订的《前期物业管理服务协议》不符合法律规定,是无效的。原告没有按《物业管理条例》二十一条规定与建设单位签订前期物业管理合同,未经建设单位授权不具备与业主签订协议的主体资格,即使签订了也无法律约束力。②被告不欠物业费,原告应返还被告325.68元。2004年12月被告领钥匙时,预交了近两年的物业费500元,被告2005年8月12日购房,2005年11月9日入住,到2007年4月18日原告单方撕毁协议强行撤走,扣除预交的500元,尚欠被告21元。2004年12月领钥匙时,原告强收100元垃圾清运费属乱收费,应退还被告。未服务项目应退还被告,包括小区配电室、变压器、供电线路管理(属供电公司维护管理,与物业公司无关),上、下水管网管理,排水排污、化粪池维护管理(始终没服务),消防器材、设备维护管理(根本没服务),道路、公共设施设备维护管理(改为经营性停车场)。小区地下车库、道路停车位及广场上停车收益扣除管理费用后应归还业主。③计费时间算到2007年11月29日无道理,应算到2007年4月18日原告第一次未经业委会同意单方撕毁协议强行撤离为止。每月增加4元和100元垃圾清运费违反有关文件规定。④2007年4月18日原

告单方撕毁协议,被告参与小区混乱局面治理,请假一个多月。⑤原告给被告造成了精神伤害。请求依法确认原告与赵某于2004年12月5日签订的《前期物业管理服务协议》无效;反诉被告立即退还反诉原告的各种乱收费和未服务而已收取服务费的325元;赔偿反诉原告误工费损失1450元;立即停止对反诉原告的诬告,赔偿精神损失费5000元;驳回反诉被告的诉讼请求;诉讼费由反诉被告全部承担。

法院经审理查明

原告资质证书证明准予从事物业管理业务时间2003年7月11日,收费许可证有效日期自2005年3月21日至2007年6月底止,收费项目包括垃圾清运费。被告购买HJ花园5号楼3单元4层×号住房一套,2004年11月29日原告与安阳市某房地产开发有限责任公司签订《HJ花园前期物业管理委托合同》,2004年12月5日原告与被告签订《前期物业管理服务协议》,对双方权利义务、物业管理服务内容、质量、费用、房屋维修资金的管理与使用、保险、广告牌设置及权利、违约责任等作出具体约定。其中第四条物业管理费用部分约定:"一、物业管理费用按市物价局和政府主管部门核定的标准:住宅面积0.25元/(平方米·月);二、因业主原因空置房屋收费标准按50%收取……"协议签订当日,被告在《业主临时公约》上签字并一次性交物业费500元和垃圾清运费100元,此后未再交纳。被告辩称2005年11月9日正式入住小区。2006年3月30日安阳市房产管理局关于安阳市物业管理企业资质动态考核结果的通知安房(2006)61号原告资质等级三级、考核结果限期整改。被告提交2009年4月20日情况说明和告示证明原告2007年4月18日退出物业服务,2007年6月12日《今日安》报刊载HJ花园图片:小区垃圾遍地,臭味令人作呕。原告提交该小区2005年、2006年、2007年被市、省有关主管部门评定为优秀的证据,并提交2006年元月5日被告签名对原告服务满意业主意见调查回访表。原告另提交安阳市某区环境卫生管理处关于开征城市生活垃圾处理费的通知欲证明收取垃圾处理费的正当性。被告提交误工损失证明。

另查明:安阳市物价局和安阳市房地产管理局下发安价房(2000)127号通知空置房管理三级为3元/(月·户),由房屋所有权人交纳。

上述事实,有原告提交资质证书、收费许可证、协议、临时公约、材料,被告提交协议、文件、报纸、材料及双方当事人当庭陈述为证,经质证、认证,可以作为认定本案事实的依据。

法院认为

某花园管理处系原告非依法设立的分支机构,原告应承担其权利义务。《前期物业管理服务协议》系双方当事人真实意思表示,原、被告之间形成物业服务合同关系。

被告辩称2005年11月9日正式入住小区,原告没有相反证据,2004年12月5日至2005年11月9日应按空置房屋收费,收费标准应依据安价房(2000)127号通知,协议属格式条款,约定空置房收费标准与通知相抵触而无效,计11个月,应收费33元。原告提交收费许可证的有效日期自2005年3月21日起,鉴于原告已实际提供物业服务、且以双方协议作为依据,原告收取一定服务费用不违反法律、行政法规的强制性规定,需要强调的是这只是对物业公司劳务的一种等价交换,并非对在收费许可有效期外收费的认可,且该种交换应以相应的协议作为基础。被告辩称2007年4月18日原告退出小区物业服务,且提交情况说明和告示、报纸。原告没有相反证据,2005年11月9日被告已正式入住至2007年4月18日,计17个月,0.25元/(平方米·月)×119.07平方米×17月≈506元。原告没有证据证明2007年4月18日后继续提供协议约定的物业服务,请求该阶段物业费缺乏依据。综上,被告共需支付原告物业费539元,已支付500元,尚欠39元。原告请求被告支付生活垃圾处理费,由于收费项目已包括垃圾清理费,且原告提交通知不能证明原告有收取该费的权利,原告收取生活垃圾处置费没有依据。请求返还收取100元垃圾清运费,应予支持。折抵下欠39元物业费,需返还61元。依照《中华人民共和国民法通则》第四条、第一百一十一条之规定,判决如下。

(1)限被告赵某于本判决生效之日起10日内支付原告安阳市某物业管理有限责任公司物业费39元。

(2)限反诉被告安阳市某物业管理有限责任公司于本判决生效之日起10日内返还原告赵某垃圾清运费100元。

(3)驳回原告安阳市某物业管理有限责任公司其他诉讼请求。

(4)驳回反诉原告赵某其他诉讼请求。

案件受理费50元,反诉受理费25元,由原、被告各负担37.5元。

案例评析

《前期物业管理服务协议》系双方当事人真实意思表示,原、被告之间形成物业服务合同关系。在合同存续期间,双方应该按照合同中约定的内容享有权利、履行义务。物业服务公司提供物业服务,而业主应按时支付物业管理服务费。物业管理服务费,是指物业服务企业按照物业服务合同的约定对房屋及配套设施设备和相关场地进行维修、养护、管理,维护相关区域内的环境卫生和秩序而向业主或使用人收取的费用。本案中,原告已实际提供物业服务、且以双方协议作为依据,原告收取一定服务费用不违反法律、行政法规的强制性规定。因此,被告应该按照合同约定支付物业管理费。

被告辩称2007年4月18日原告退出小区物业服务,且提交情况说明和告示、报纸。原告没有证据证明2007年4月18日后继续提供协议约定的物业服务,请求该阶段物业费缺乏依据。所以,被告应支付从2005年11月9日被告正式入住至2007年4月18日,共计17个月506元的物业管理费。原告请求被告支付生活垃圾处理费,由于收费项目已包括垃圾清理费,且原告提交通知不能证明原告有收取该费的权利,原告收取生活垃圾处置费没有依据。

第七章

物业管理服务纠纷处理

一、上海 A 物业发展有限公司诉朱某物业服务合同纠纷案

原告：上海 A 物业发展有限公司

被告：朱某

案情介绍

原告上海 A 物业发展有限公司诉称

被告是上海市闵行区某路 88 弄（B 邸小区）×号别墅（以下简称×号别墅）业主，房屋建筑面积 403.25 平方米。原告系 B 邸小区物业服务公司，根据其与业委会签订的物业服务合同，双拼、联排、叠加别的物业服务费用收取标准为 1.20 元（平方米·月）。被告于 2008 年 3 月入住小区，但自 2009 年 7 月起拖欠物业服务费至今。原告认为，被告拖欠物业服务费的行为已构成违约，不仅损害了原告的合法权益，更损害了全体业主的合法权益，故起诉要求被告支付自 2009 年 7 月起至 2011 年 3 月止的物业服务费 10 161.90 元。

被告朱某辩称

对×号别墅的房屋面积、物业服务费的收费标准及欠缴期间均无异议。其自入住小区后直至 2009 年 7 月均按时交纳物业服务费。2009 年 7 月，由于小区排水管道的设计存在问题，造成下雨后别墅区进水，其家中财物因此受损且影响正常起居。业主交纳物业费是应该的，但物业管理部门应尽到物业管理的义务。2009 年 7 月别墅区进水后，其曾多次向物业及开发商反映情况，但一直未得到解决。其认为别墅区进水，纯

粹是由于排水管的质量及设计问题导致,进水的责任在于小区开发商及物业公司。2010年7月,在被告及其余业主的压力下,小区开发商出资10万元、再由维修基金出资20万元对小区的排水管道进行了改造。针对别墅区的进水问题,被告与其余业主已起诉了开发商及原告,案件的相关材料已递至法院立案庭。综上,被告认为原告管理不当,要求等别墅区的排水问题解决后再行支付物业服务费。

法院经审理查明

2009年5月31日,原告(作为乙方)与上海市闵行区B邸业主大会(作为甲方)签订《物业服务合同》一份,合同就B邸小区的物业管理服务事宜进行了约定。该合同约定:乙方按建筑面积向业主收取物业服务费,双拼、联排、叠加别墅的物业服务收费标准为1.20元/(平方米·月);合同期限自2009年6月1日至2010年5月31日止,经甲乙双方协商无异议的,该合同再延续一年至2011年5月31日止;合同还就双方的其他权利义务做了约定。

另查明:被告系上海市闵行区某路88弄×号房屋业主,该房屋建筑面积403.25平方米。自2009年7月起至2011年3月止,被告未向原告交纳物业服务费。

以上事实,原告提供的物业管理合同、房地产登记信息等证据及当事人的陈述均经庭审质证所证实。

法院认为

B邸业主大会与原告签订的《物业服务合同》对小区全体业主均具有约束力。原告作为被告所在小区的物业服务部门,在履行自己义务的同时,依法享有向业主收取物业服务费的权利。现原告主张按1.2元/(平方米·月)收取物业服务费符合合同的约定,故原告要求被告给付拖欠的物业服务费10 161.90元,于法有据,法院予以支持。至于被告以原告管理不当造成别墅区进水为由不支付物业服务费的辩称,因未提供相应证据予以证实,不予采信。此外,被告就别墅区的排水管道问题欲另案向小区开发商及物业公司提起诉讼,故本案中对原、被告争议的排水管道问题不作处理。综上,依照《中华人民共和国合同法》第一百零七条、第一百零九条之规定,法院判决如下:被告朱某于本判决生效之日起十日内给付原告上海A物业发展有限公司自2009年7月起至2011年3月止的物业服务费10 161.90元;案件受理费减半收取计27.02元,由被告朱某负担。

 案例评析

本案中,欠费业主以物业服务存在质量问题为理由,而拒绝交纳物业服务费用。这一案件也反映出目前普遍存在的一些业主欠费的心理。在司法实践中,欠费业主以物业管理服务有瑕疵为由拒付物业费,其做法不符合法律法规的规定,也难以得到法院的支持,其理由如下。

首先,根据我国相关法律的规定,物业服务合同是物业服务企业按照约定对同一物业管理区域之内的所有房屋及其配套设施设备和相关场地实施物业管理和服务,业主按约定支付物业服务费的合同。

其次,业主拒绝交纳全部物业服务费的行为,是错误行使了双方合同履行过程中的抗辩权。双务合同履行中的抗辩权是指在符合法律规定的条件下,合同当事人一方对抗对方当事人的履行请求权,暂时拒绝履行其债务的权利,包括同时履行抗辩权、先履行抗辩权和不安抗辩权。但这些抗辩权的行使,只是在一定期间内中止履行合同,并不消灭合同的履行效力。根据《中华人民共和国合同法》第六十八条的规定,并结合物业管理服务合同关系分析,通常是由业主先交纳物业服务费,物业公司后提供服务的情况,即先履行债务的当事人有确切证据,证明后履行债务的当事人有丧失或者有可能丧失履行债务能力的情形时,可中止履行自己的债务。但实际上,物业公司提供的服务即使存在瑕疵,也达不到《中华人民共和国合同法》第六十八条"有丧失或者有可能丧失履行债务能力"的要求。因此,如果没有充分的理由,欠费业主拒绝交纳全部物业费的理由将不能成立,业主反而因其未交纳物业费,面临要向物业公司承担违约责任的可能。

此外,物业公司是接受开发商或全体业主的委托对小区进行管理的,物业费也是用于整个小区设施设备的维护保养、小区正常秩序维护所必需的费用,个别业主拒交物业费的行为,不仅损害了物业公司的利益,实际上也是对其他正常交费业主利益的损害,不利于小区整体管理。因此,在《物业管理服务合同》合法有效的前提下,业主以服务瑕疵为由拒绝交纳全部物业费的主张将难以得到法院的支持。

综上所述,法院认为物业公司在履行《物业管理服务合同》中不构成根本性违约,原告作为被告所在小区的物业服务部门,在履行自己义务的同时,依法享有向业主收取物业服务费的权利。

二、詹某诉南京某物业公司物业服务合同纠纷案

原告:詹某

被告:南京某物业管理有限公司(以下简称南京某物业公司)

 案情介绍

原告詹某诉称

原告系南京市江宁区 MY 小区的业主,被告南京某物业公司系该小区的物业管理公司。原告交纳了南京某物业公司 2011 年度全年的物业管理费和车位费。2011 年 6 月 11 日 15 时许,因南京某物业公司疏于管理,导致外来车辆长时间占用原告车位,引发原告与外来驾驶员产生纠纷,致其本人受伤,车辆被损坏。原告认为由于南京某物业公司管理不善,处理事态不作为,造成其受伤。现要求判令:南京某物业公司向其本人赔礼道歉,并在小区门口张贴道歉信;双倍赔偿其 2011 年全年的物业管理费及车位费计 3548 元;赔偿其精神损失费 1500 元。

被告南京某物业公司辩称

被告公司在该小区每天巡逻不少于四次,已尽到了服务义务。原告詹某与他人发生纠纷,与其公司无关,且纠纷发生时,被告公司职员也做了协调沟通工作。詹某受伤后,致害人受到拘留等法律制裁,也已经赔偿了其各项损失,故詹某主张的要求双倍赔偿物业费、车位费及精神损失补偿无法律依据,请求依法驳回詹某的诉讼请求。

法院经审理查明

原告詹某系南京市江宁区 MY 小区业主,被告南京某物业公司系该小区的物业管理公司。2011 年 2 月 27 日,詹某向南京某物业公司交纳了 2011 年度全年的物业费 814 元。同年 6 月 3 日,詹某交纳了 2011 年 6 月 1 日至 12 月 31 日的车位费 560 元。同年 6 月 11 日 15 时许,案外人张某驾车进入该小区,占用了詹某的车位。詹某开车回来发现后,把车停在张某(某外市领导的驾驶员)车辆前面,堵住了张某的车。15 时 40 分许,南京某物业公司的保安找到詹某要求詹某移车。詹某到停车处后,违停车辆的张某与詹某争执并用刀将詹某划致轻微伤害。后经公安部门处理,张某被行政拘留,并赔偿詹某损失 28 850 元。2011 年 12 月,詹某认为南京某物业公司未尽到管理责任,遂向法院提起诉讼。

法院认为

物业服务企业不适当履行服务合同的约定或者法律法规规定以及相关行业规范确定的维修、养护、管理等义务,业主有权要求物业服务企业承担违约责任。本案中,被告南京某物业公司未能尽到适当的管理服务义务,致他人车辆占用了原告詹某的车位并与之发生纠纷,造成詹某受伤,南京某物业公司存在服务管理之不当。但詹某受伤系案外人侵权所致,与南京某物业公司的管理不当并无直接的因果关系,故詹某主张的要求南京某物业公司赔礼道歉并赔偿精神损失的请求,不予支持。因詹某的受伤

系案外人占用其车位所致,詹某交纳的物业费系其接受南京某物业公司其他物业服务应交纳的费用,故詹某主张要求双倍返还物业费的请求,不予支持。詹某的受伤系他人直接侵权所致,且直接侵权人也已经赔偿了詹某的损失,故詹某主张双倍返还车位费的请求,亦不予支持。因南京某物业公司对车位的管理有失,故酌定由南京某物业公司减收詹某一个月的车位费,计80元。据此,依照《中华人民共和国民法通则》第一百零六条第一款、《最高人民法院关于审理物业服务纠纷案件具体应用法律若干问题的解释》第三条第一款之规定,南京市江宁区人民法院于2012年6月7日作出(2012)江宁民初字第265号民事判决。

(1)被告南京某物业公司于判决发生法律效力之日起十日内返还原告詹某车位泊位费80元。

(2)驳回原告詹某的其他诉讼请求。如果未按判决指定的期间履行给付金钱的义务,应当依照《中华人民共和国民事诉讼法》第二百二十九条之规定,加倍支付迟延履行期间的债务利息。

原告詹某不服一审判决,向南京市中级人民法院提起上诉,请求撤销原判、改判支持一审的诉讼请求。南京市中级人民法院经过二审审理,确认一审查明的事实。后经法院主持调解,双方当事人自愿达成如下协议:南京某物业公司给付詹某补偿款1000元。

 案例评析

物业服务企业不履行或者不适当履行物业服务合同约定的义务,导致第三人侵权使业主受到损害,第三人虽已赔偿业主损失,物业服务企业仍应当向业主承担违约责任。此种违约责任可根据权利义务对等的原则,参照物业服务企业不履行或不适当履行义务的情形,以其收取物业费用一部或全部酌情从重承担,以实现有效规制并保障业主安宁的目标。

本案中,原告与被告在2006年12月20日签订了前期物业管理服务协议,其中约定被告物业管理公司要确保小区公共秩序,公用设施设备24小时处于受控状态,对车辆的进入实行验证制度,车辆需按规定线路行驶,进场后需按指定位置停放,巡逻保安负责疏通和维护小区内交通秩序,车辆分类停放,无乱停乱放现象,还约定了所设的监控中心、门岗、道口岗、巡逻岗24小时值班等。原告应按《南京市物业收费管理实施办法》交纳车位有偿服务费用,每年为960元。

原告于2011年2月27日交清了2011年全年的物业管理费及车位费。但在2011年6月11日下午3点左右,被告没有实施外来车辆登记制度,导致外来车辆长时间占用原告私人车位且通知物业管理后也找不到对方,最终导致原告与占用车位的人发生纠纷,造成原告车辆、财产、身体、精神等方面受到损害。根据合同约定,被告没有按协议内容对外来车辆进行登记、管理,未能尽到适当的管理服务义务,致他人车辆占用了原告詹某的车位并与之发生纠纷,造成詹某受伤,南京某物业公司存在服务管理之不当。但詹某受伤系案外人侵权所致,与南京某物业公司的管理不当并无直接的因果关系,同时,原告詹某交纳的物业费系其接受南京某物业公司其他物业服务应交纳的费用,与原告詹某受伤无直接关系。因南京某物业公司对车位的管理有失,故酌定由南京某物业公司减收詹某一个月的车位费。

三、周某不服北京市朝阳区某局前期物业管理备案行为案

原告:周某
被告:北京市朝阳区某局

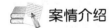案情介绍

原告周某诉称

TS园二期是作为TS园危改小区二期项目由北京市朝阳区CJ开发公司从2003年到2005年负责开发的。2004年TS园二期入住时,由于已经有了前期开发商指定为TS园一期提供物业服务的北京市HA物业有限公司,所以TS园二期入住仍然是由该物业公司提供物业服务。虽然2006年朝阳区CJ开发公司将TS园危改小区二期项目中未完成开发的公园5号三期项目60%的产权转让给北京朝阳WK房地产开发有限公司,但是,TS园一期、二期、三期各期的建设用地规划许可证均为(93)市规地字108号。TS园的三期工程是一个整体物业管理区域,这一点从来没有发生过变更。2008年朝阳区某局不顾TS园一期、二期已有前期物业公司以及TS园一期、二期、三期是一个整体物业管理区域这个前提,依然批准北京WK物业服务有限公司作为公园5号三期前期物业的备案,造成了TS园小区无法形成整体的物业管理区域。《物业管理条例》第三十四条规定:"一个物业管理区域只能由一家物业公司进行管理。"根据《物业管理条例》这一规定,分期开发的物业,前期建成部分已确定物业服务企业的,后期建成部分应当由同一物业服务企业提供物业服务。遂原告诉至法院,请求法院依法撤销北京市朝阳区某局作出的物业备案行政许可。

被告北京市朝阳区某局辩称

根据朝20080××号《北京市物业管理招投标备案表》,项目名称为DT居项目,招标单位为北京市朝阳WK房地产开发有限公司,被告于2008年6月26日对招标前备

案文件进行备案,于 2008 年 7 月 15 日对招标后备案文件进行备案。被告认为:①原告居住在朝阳区 T3 园 9 号楼,既非该备案行为的行政相对人,又非该项目的业主,被诉行政行为与原告之间没有法律上的利害关系,其不具有《最高人民法院关于执行〈中华人民共和国行政诉讼法〉若干问题的解释》第十二条、第十三条规定的行政诉讼主体资格,原告的起诉不符合《中华人民共和国行政诉讼法》第四十一条规定的起诉条件。②被诉行政行为系被告对 DT 居项目前期物业管理的备案行为。被告的备案行为对公民、法人或者其他组织的权利义务不产生实际影响,根据《最高人民法院关于执行〈中华人民共和国行政诉讼法〉若干问题的解释》第一条的规定,原告对被告备案行为提起的诉讼,不属于人民法院行政诉讼的受案范围。③原告于 2009 年 8 月 18 日写信访材料时即已知该备案行为,且 2010 年信访复查、复核机关均告知其对该具体行政行为应通过行政复议、行政诉讼等法定途径解决,原告知道诉权后仍未依法提起行政诉讼,其起诉已超过法定期限。④招标单位北京市朝阳 WK 房地产开发有限公司向被告申请对 DT 居项目前期物业管理进行招投标备案,文件齐全,被告对 DT 居项目前期物业管理的备案行为符合法律规定。原告引用《物业管理条例》第四章"物业管理服务"一章中第三十四条"一个物业管理区域由一个物业服务企业实施物业管理"的规定,不是针对前期物业管理的特别规定。综上,被告请求法院在查明事实的基础上,依法裁判。

法院经审理查明

根据朝 20080××号《北京市物业管理招投标备案表》记载,招标项目名称为 DT 居项目,招标单位为北京市朝阳 WK 房地产开发有限公司。被告于 2008 年 6 月 26 日对招标前相关文件进行备案,文件包括招标人资格证明文件、招标公告或投标邀标书、招标文件及其他材料等。被告另于 2008 年 7 月 15 日对招标后相关文件进行备案,文件包括评标报告、中标企业投标文件、与中标企业签订的(前期)物业服务合同正本及其他材料等,文件显示中标企业为北京 WK 物业服务有限公司。另查,原告周某系朝阳区 TS 园 9 号楼房屋所有权人,其自述为 TS 园小区二期业主,为 TS 园小区一期、二期提供物业服务的是北京市 HA 物业有限公司。

法院认为

依照《中华人民共和国行政诉讼法》及相关司法解释的规定,请求事项属于人民法院行政审判权限范围,是公民、法人或其他组织向法院提起行政诉讼应具备的法定条件之一。本案中,被诉行为系被告对前期物业管理招投标情况进行的备案。《物业管理条例》第二十一条规定:"在业主、业主大会选聘物业服务企业之前,建设单位选聘物业服务企业的,应当签订书面的前期物业服务合同。"该条例第二十四条规定:"国家提倡建设单位按照房地产开发与物业管理相分离的原则,通过招投标的方式选聘具有相应资质的物业服务企业。"原建设部《关于印发〈前期物业管理招标投标管理暂行办法〉的通知》(建住房〔2003〕130号)第七条规定:"本办法所称招标人是指依法进行前期物业管理招标的物业建设单位。前期物业管理招标由招标人依法组织实施。"该办法第十一条及第三十七条规定:"招标人应当在发布招标公告或者发出投标邀请书的10日前以及自确定中标人之日起15日内,向物业项目所在地的县级以上人民政府房地产行政主管部门备案。"依据上述规定,物业管理招投标监管部门备案的内容是招标人对前期物业管理进行招投标的情况,该备案行为不具备许可或审核的性质,亦不具备划分物业管理区域的功能。本案中,被告依据招标人提交的材料对DT居项目前期物业管理进行备案,并未对作为本市朝阳区TS园9号楼业主的原告的权利义务产生实际影响,故该行为不具有可诉性,原告的起诉不符合法定起诉条件,法院应予驳回。

综上,依据《中华人民共和国行政诉讼法》第四十一条第(四)项、《最高人民法院关于执行〈中华人民共和国行政诉讼法〉若干问题的解释》第四十四条第一款第(一)项之规定,裁定如下:驳回原告周某的起诉;案件受理费50元,于本裁定生效之日起15日内退还原告周某。

一审判决后,原告周某不服,向北京市第二中级人民法院提出上诉,要求改判。北京市第二中级人民法院进行了终审宣判:确认一审法院认定的事实和证据,驳回上诉,维持一审裁定。

案例评析

本案中,被诉行为系北京市朝阳区某局对前期物业管理招投标情况进行的备案。《物业管理条例》第二十一条规定:"在业主、业主大会选聘物业服务企业之前,建设单位选聘物业服务企业的,应当签订书面的前期物业服务合同。"该条例第二十四条规定:"国家提倡建设单位按照房地产开发与物业管理相分离的原则,通过招投标的方式选聘具有相应资质的物业服务企业。"原建设部《关于印发〈前期物业管理招标投标管理暂行办法〉的通知》(建住房〔2003〕130号)第七条规定:"本办法所称招标人是指依法进行前期物业管理招标的物业建设单位。前期物业管理招标由招标人依法组织实施。"按照国际惯例和相关法律法规的要求,应明确招标投标的相关程序和时间安排,确保招标投标活动顺利实施。如组成评标委员会的专家必须从政府专家库中抽取;招标人应当在发布招标公告或者发出投标邀请书的10日前以及自确定中标人之日起15日内,招标人在发布招标公告或投标邀请书的10日内必须提交与招标项目和招标活动有关的资料,向项目所在地的县级以上地方人民政府房地产行政主管部门备案等。依据上述规定,房地产行政主管部门备案的内容是招标人对前期物业管理进行招投标的情况,该备案行为不具备许可或审核的性质,亦不具备划分物业管理区域的功能。

四、林某等业主诉汕头市某局行政纠纷案

原告:林某等业主
被告:汕头市某局

案情介绍

1997年年底,林先生等住户陆续向汕头市JA房地产开发总公司(以下简称JA总公司)购买了位于JT庄西区49栋商住楼的住房。开始,住户们均按时向该公司交纳相关的管理费,但自2001年7月起,林先生等住户便开始拖欠物业管理费。住户们"赖账"的理由是:JA总公司是JT庄西区49栋的建设单位,但该楼竣工后,附属配套设施没有配套完善,如住户已被收取的水电扩容等配套费被挪用,至今使用的仍是基建用电,多次导致居民家中的电器被烧毁,设于小区出入口处的基建变压器还威胁到住户的人身及财产安全;此外,JA总公司也没有取得物业管理的正式资质。因此,住户们认为他们和该公司之间并不存在物业管理服务委托合同关系,而前期的物业管理费依法也应由建设单位承担。

对于林先生等住户的"欠账"行为,JA总公司于2003年4月向法院递交了诉状,状告林先生等住户长期拒不付还相关的物业管理费,侵害了该公司的合法权益,要求法院判令业主还款。

半年多后,龙湖区法院作出了一审判决。法院认为JA总公司于2000年经政府职能部门批准取得房地产物业管理机构临时资质,并于2002年11月经物价部门批准取得对该栋楼房的物业管理收费许可证,对该小区进行物业管理,林先生等住户购房入住后按《商品房预售契约》约定应服从物业管理公司管理,所以自JA总公司取得收费许可证之日起,原、被告双方之间的物业管理权利义务关系应认定合法有效。法院判决林先生等住户应付还JA总公司的物业管理费用。

一审判决后,林先生等住户不服,于是依法提出了上诉,请求汕头市中级人民法院重审。同时,住户认为汕头市某局核发给JA总公司的《物业管理企业临时资质证书》的行政行为存在过错,此过错行为不仅引发了"东家"与"管家"的纷争,而且还直接导致了法院据此作出判决。于是,觉得委屈的"东家"们又于2003年1月具状将汕头市

某局告上了法庭。

就在林先生等住户准备与行政职能部门打"民告官"官司的时候,诉讼过程中却出现了波折:法院裁定他们不具备诉讼主体资格而驳回起诉。原来,龙湖区法院受理了这宗"民告官"案件后,即进行了开庭审理,并于2004年4月8日作出了一审裁定。

法院认为林先生等住户不是汕头市某局核发粤物管字第040001××号《物业管理企业临时资质证书》行政行为的行政相对人,与该具体行政行为也没有法律上的利害关系,不具备对该局提起行政诉讼的主体资格。也即是说核发物业管理资质证的行为并不直接导致JA总公司向林先生等住户收取物业管理费的必然结果,因此,法院依法驳回了林先生等住户的起诉。

林先生等人不服向汕头市中级人民法院提起上诉。市中院受理该上诉案件进行调查后认为,依照《最高人民法院关于执行〈中华人民共和国行政诉讼法〉若干问题的解释》第十二条关于"与具体行政行为有法律上利害关系的公民、法人或者其他组织对该行为不服的,可以依法提起行政诉讼"的规定,行政诉讼中的起诉人,不以行政行为所针对的直接对象为限,只要该行政行为对相关人的权利义务产生实际影响,行政行为的相关人就具有原告资格,可以提起行政诉讼。当汕头市某局核发给JA总公司《物业管理企业临时资质证书》后,JA总公司利益的取得已对林先生等住户的利益产生了影响。所以林先生等住户有资格起诉汕头市某局。于是,2004年7月8日,汕头市中院作出了终审裁定,撤销龙湖区法院的一审裁定,指令其对此"民告官"行政官司进行审理。

龙湖区法院受理林先生等住户状告汕头市某局的行政官司后,公开开庭审理此案。

法院认为

JA总公司自2000年1月11日已获得汕头市某局核发的物业管理机构四级《资质证书》,实际从事林先生等住户所在住宅片区的物业管理业务,并于2002年通过了我市某局的物业管理机构资质年审,因此JA总公司已不是新设立的物业管理公司,汕头市某局却于2003年1月核发给JA总公司《临时资质证书》,该证书核定意见为"物业管理资质四级,有效期至2006年12月30日"。此行为违反了2000年1月1日起施行的建住房[1999]261号《物业管理企业资质管理试行办法》第四条"新设立的物业管理企业应按有关规定到当地县级以上人民政府物业管理行政主管部门申领《临时资质证书》。物业管理企业在领取《临时资质证书》后,方可从事物业管理业务。《临时资质证书》有效期为一年"的规定,属适用法律、法规错误。因此法院于今年1月4日进行了初审判决,依法确认了汕头市某局于2003年1月27日核发给市JA总公司粤物管证字第040001××号《物业管理企业临时资质证书》违法。

 案例评析

行政诉讼是指个人、法人或其他组织认为国家机关作出的具体行政行为侵犯其合法权益而向法院提起的诉讼。

本案中,小区住户认为汕头市某局核发给JA总公司的《物业管理企业临时资质证书》的行政行为存在过错,于是将汕头市某局告上了法庭。一开始,法院以"林先生等住户不是汕头市某局核发粤物管字第040001××号《物业管理企业临时资质证书》行政行为的行政相对人,与该具体行政行为也没有法律上的利害关系,不具备对该局提起行政诉讼的主体资格"为理由裁定驳回起诉。依照《最高人民法院关于执行〈中华人民共和国行政诉讼法〉若干问题的解释》第十二条关于"与具体行政行为有法律上利害关系的公民、法人或者其他组织对该行为不服的,可以依法提起行政诉讼"的规定,行政诉讼中的起诉人,不以行政行为所针对的直接对象为限,只要该行政行为对相关人的权利义务产生实际影响,行政行为的相关人就具有原告资格,可以提起行政诉讼。当汕头市某局核发给JA总公司《物业管理企业临时资质证书》后,JA总公司利益的取得已对林先生等住户的利益产生了影响。所以林先生等住户有资格起诉汕头市某局。

此外,JA总公司自2000年1月11日已实际从事林先生等住户所在住宅片区的物业管理业务,已不是新设立的物业管理公司,因此,被告核发给JA总公司《临时资质证书》的行为违反了2000年1月1日起施行的建住房[1999]261号《物业管理企业资质管理试行办法》第四条"新设立的物业管理企业应按有关规定到当地县级以上人民政府物业管理行政主管部门申领《临时资质证书》。物业管理企业在领取《临时资质证书》后,方可从事物业管理业务。《临时资质证书》有效期为一年"的规定,属适用法律、法规错误。

此起官司折射出公民法律意识和维权意识的成熟与提高。

第八章

物业管理法律责任

一、蔡某诉上海某物业有限公司物业服务合同纠纷案

原告：蔡某

被告：上海某物业有限公司

 **案情介绍**

原告蔡某诉称

被告为 JG 花园二期小区临时物业，根据其与 JG 花园二期业主委员会签订的《物业服务合同》，于 2013 年 6 月 20 日至 9 月 19 日期间对小区提供临时物业管理服务。2013 年 6 月 20 日，原告发现其停在 JG 花园二期小区民防地下车库内的牌号为沪 L2××××和沪 B5××××两台私家车共 8 个轮胎被人恶意破坏。原告当场报警，警方到现场勘查后发现，民防地下车库进出口监控探头均已损坏，无法调取事发期间监控录像，事后警方出具了接报回执单。此后，上海市公安局松江分局正式对此案件立案并进行刑事调查，至今未果。原告分别于 2013 年 6 月 21 日和 22 日对两台车辆的轮胎进行更换，发生费用合计人民币（以下币种同）10 197 元。原告认为，根据《物业服务合同》的约定及《物业管理条例》的规定，被告负有对小区内公共区域履行安全保障的义务，但被告未能尽到合理的安全保障义务，在发生安全事故时未能协助提供救助工作，在管理上存在漏洞，应当对原告的损失承担赔偿责任。故起诉要求：判令被告上海某物业公司赔偿原告经济损失 10 197 元。

被告上海某物业公司辩称

不同意原告的诉讼请求。理由：①2013年6月21日被告正式入驻JG花园二期小区提供物业服务，被告收取物业费的起始时间也是2013年6月21日，并自此对小区各项设施进行常规维护。被告对6月20日发生的原告车辆损坏事件并不知情，不须承担责任。②原告车辆损坏事件已经由公安机关刑事立案侦查，相关刑事责任应由犯罪嫌疑人承担。综上，请求驳回原告诉请。

法院经审理查明

被告系上海市松江区JG花园二期小区的物业服务单位，原告为该小区业主。2013年6月15日，被告与上海市松江区JG花园二期业主委员会签订《物业服务合同》，为JG花园二期小区提供临时物业服务，服务期限自2013年6月20日起至2013年9月19日止。合同第二条约定：被告为本物业管理区域的业主、物业使用人提供物业共用部位的维护、物业共用设施设备的日常运行和维护等。2013年6月20日中午，原告发现其停在JG花园二期小区民防地下车库内牌号为沪L2××××和沪B5××××两台私家车共8个轮胎被人为扎坏。原告于当天下午5时许报警，上海市公安局松江分局泗泾派出所出警，并于2013年10月22日以车胎被扎案予以刑事立案，现案件尚在刑事侦查过程中。原告分别于2013年6月21日和6月22日对两台车辆的轮胎进行更换，发生费用合计为10 197元。

另查明，事发区域内安装有监控录像，事发时已经失效。

以上事实，由《物业服务合同》、上海市房地产权证、物业费交纳发票、上海市公安局案件接报回执单、上海市公安局松江分局立案告知书、车辆行驶证、维修费发票及当事人的陈述等证据证实。

法院认为

我国《物业管理条例》规定，物业服务企业承接物业时，应当对物业共用部位、共用设施设备进行查验。物业服务企业应当按照物业服务合同的约定，提供相应的服务。物业服务企业未能履行物业服务合同的约定，导致业主人身、财产安全受到损害的，应当依法承担相应的法律责任。本案中，被告与原告所在小区的业主委员会签订了物业服务合同并为该小区提供物业服务。原告交纳了物业费，被告应当按照物业服务合同的约定为业主提供物业共用部位的维护，确保物业共用设施设备的日常运行和维护等。由于该小区的监控器损坏，物业公司未能及时维修或采取其他相应的防范措施，致使原告的车辆轮胎被人为毁坏，嗣后公安机关无法追溯事发当时的监控录像。被告未尽到必要的小区安防义务，应当对原告的损失承担相应的民事责任。尽管本案事发在被告承接物业当天，但被告作为接手的物业服务企业，按照《物业管理条例》规定,其在承接物业时,应当对物业共用部位、共用设施设备进行查验,如有损坏,应当采取相应措施予以弥补,故原告车辆损坏事件虽然已经由公安机关刑事立案侦查,但不能免除被告的过错责任。综上,因被告未尽合理安防义务,存在过错,应对原告的财产损失承担相应的赔偿责任,法院酌情确定被告承担 30% 的赔偿责任。原告为此发生实际损失合计为 10 197 元,并提供了相应的证据,法院予以确认。

依照《中华人民共和国侵权责任法》第六条第一款、参照国务院《物业管理条例》第二十八条、第三十六条的规定,判决如下。

(1) 被告上海某物业有限公司于本判决生效之日起十日内赔偿原告蔡某车辆损失费 3059 元。如果未按本判决指定的期间履行给付金钱义务,应当依照《中华人民共和国民事诉讼法》第二百五十三条之规定,加倍支付迟延履行期间的债务利息。

(2) 案件受理费 55 元,减半收取计 27.50 元,由原告蔡某负担 17.50 元,被告上海某物业有限公司负担 10 元。

案例评析

保安是物业管理的基本职能之一,是物业管理公司提供物业公共服务的重要内容之一。《物业管理条例》第二条规定:"本条例所称物业管理,是指业主通过选聘物业管理企业,由业主和物业管理企业按照物业服务合同约定,对房屋及配套的设施设备和相关场地进行维修、养护、管理,维护相关区域内的环境卫生和秩序的活动。"该案例第四十七条规定:"物业管理企业应当协助做好物业管理区域内的安全防范工作。发生安全事故时,物业管理企业在采取应急措施的同时,应当及时向有关行政管理部门报告,协助做好救助工作。物业管理企业雇请保安人员的,应当遵守国家有关规定。保安人员在维护物业管理区域内的公共秩序时,应当履行职责,不得侵害公民的合法权益。"物业服务企业承接物业时,应当对物业共用部位、共用设施设备进行查验。物业服务企业应当按照《物业服务合同》的约定,提供相应的服务。物业服务企业未能履行《物业服务合同》的约定,导致业主人身、财产安全受到损害的,应当依法承担相应的法律责任。

本案中,被告与原告所在小区的业主委员会签订了《物业服务合同》并为该小区提供物业服务。原告交纳了物业费,被告应当按照《物业服务合同》的约定为业主提供物业共用部位的维护,确保物业共用设施设备的日常运行和维护等。由于该小区的监控器损坏,物业公司未能及时维修或采取其他相应的防范措施,致使原告的车辆轮胎被人为毁坏,嗣后公安机关无法追溯事发当时的监控录像。被告未尽到必要的小区安防义务,应当对原告的损失承担相应的民事责任。

二、胡某诉黄某、上海某物业管理有限公司财产损害赔偿纠纷案

原告：胡某

被告：黄某

被告：上海某物业管理有限公司（以下简称上海某物业公司）

案情介绍

原告胡某诉称

被告黄某系原告楼上邻居，2015年8月份，原告发现家里卫生间漏水，造成原告家中吊柜损坏。为此原告多次向居委会和上海某物业公司反映，上海某物业公司上门查看后认为是下水管老化漏水，但是修理要拆除被告黄某家中的浴缸，居委会也联系过被告黄某，被告黄某认为漏水不是其责任，不配合修理，因此问题至今没有解决，原告只能用盆接水，现原告诉至法院，要求判令：①要求判令两被告修复漏水管道，恢复原状。②要求判令两被告赔偿经济损失500元。审理中，原告撤回了第二项诉请。

被告黄某辩称

不同意原告的诉请。本案系是公共管道漏水，与我方没有关系，我方不承担责任。上海某物业公司如果修复管道，我也愿意配合，但上海某物业公司需要拆除浴缸，如果对浴缸造成损坏，上海某物业公司需要赔偿，而且修复的费用、工期，上海某物业公司都需要和我协商，并拿出具体修复方案，我才能配合修理，而且我家的浴缸也是付费请物业公司来安装的。

被告上海某物业公司辩称

确实发生公共管道漏水的事实，经我方检修，是被告黄某家中浴缸下水管老化漏水，我方也愿意维修，但是需要被告黄某的配合，被告黄某应该主动将浴缸拆除，以便物业公司修理。因为按照房屋原本的设计，卫生间内是没有浴缸的。

法院经审理查明

原告系上海市杨浦区某村×××号111～112室房屋产权人，将房屋出租。被告黄某系上海市杨浦区某村×××号211～212室房屋产权人。被告上海某物业公司系小区物业管理单位。2014年8月中旬，原告家中房客发现卫生间漏水。2015年8月24日，上海某物业公司上门查看后，确认系被告黄某家中浴缸下水管老化漏水，该管道系公共管道。上海某物业公司出具修理方案认为需要被告黄某拆除浴缸，被告黄某不

予配合，故至今未能修复管道，漏水仍持续。现原告诉至本院，作如上诉请。

法院认为

不动产的相邻权利人应当按照有利生产、方便生活、团结互助、公平合理的原则，正确处理相邻关系。物业管理单位应对公用部位及时进行维修养护，系争房屋漏水系因下水管老化所致，而该下水管属于公共水管，其养护责任应当属于上海某物业公司的管理职责范围，被告上海某物业公司对此亦予以认可并同意修理漏水管道，法院予以确认。且漏水属于紧急事件，放任发生会造成相关财产损失，被告黄某作为相邻权利人应该即时为被告上海某物业公司的修理行为提供配合，尽快修复漏水，避免损失的扩大，如被告上海某物业公司在修理过程中造成其财产损害，待实际发生后，被告黄某可另行协商解决。据此，依照《中华人民共和国物权法》第八十四条、《中华人民共和国侵权责任法》第六条、《物业管理条例》第五十六条之规定，判决如下。

（1）被告上海某物业公司应于本判决生效之日起十日内修复上海市杨浦区某村×××号211~212室内浴室下水管漏水问题，被告黄某对此应予以配合。

（2）本案受理费人民币50元，减半收取人民币25元，由被告上海某物业公司负担。

 案例评析

本案中，因为被告之一黄某家中浴缸下水管老化漏水造成公共管道漏水，从而导致原告胡某家里卫生间漏水，造成其财产损失。上海某物业公司经查看后得出结论：如果要修理公共下水管就必须要拆除被告黄某家中的浴缸，而被告黄某认为漏水不是其责任，不配合修理，导致出现三方矛盾。

依据民法中相邻关系的有关规定（《中华人民共和国民法通则》第八十三条）：不动产的相邻各方，应当按照有利生产、方便生活、团结互助、公平合理的精神，正确处理截水、排水、通行、通风、采光等方面的相邻关系。给相邻方造成妨碍或者损失的，应当停止侵害、排除妨碍、赔偿损失。《物业管理条例》第五十六条规定："物业存在安全隐患，危及公共利益及他人合法权益时，责任人应当及时维修养护，有关业主应当给予配合。责任人不履行维修养护，有关业主应当给予配合。责任人不履行维修养护义务的，经业主大会同意，可以由物业管理企业维修养护，费用由责任人承担。"因此，对于享有所有权的自用部位/专有部分进行维修养护是业主应尽的责任义务，如天花板漏水的维修责任应由所属楼上、楼下业主共同承担。物业管理企业可以接受任一方委托代为维修，但实施前应征得另一方业主的同意，未经业主同意对其自用部位/专有部分擅自维修，属侵权行为，应负一般侵权的民事责任。

本案中，上海某物业公司应采取的正确做法是：当接到楼下业主报修时先进行翔实记录并对现场及损失情况进行拍照取证,同时现场勘查确定漏水原因及责任方(物业公司或相关业主),如属物业公司责任范围,应尽快组织实施维修,避免损失扩大;如属相关业主的维修责任,应及时告知相关业主并提供力所能及的帮助、支持。

在物业公司实施或受托实施维修养护遇到相关业主不予配合时,应视情况区别对待,对于可能引发生命、财产重大损失的紧急情况,可启用紧急避险措施,即在公安部门或居委会、业委会等第三方见证的情况下,可以在未取得相关业主同意的情形下先行维修,然后按相关法定程序对相关方的损失进行追偿;对于非紧急情况,应先征得相关业主同意后进行维修,以免侵权情况发生。如经反复协调、沟通,相关业主仍不同意维修,可通过司法程序解决,但要注意诉讼主体应是遭受损害一方或物业公司(物业公司责任范围的维修养护)作为原告,侵权人作为被告。一旦进入司法程序,物业公司应做好配合工作,从规避自身风险角度,尽可能留存过程证据,尤其是在由于沟通协调不利导致维修延迟致使损失扩大方面。

三、业主委员会诉物业管理公司等物业管理纠纷案

原告:业主委员会
被告:物业管理公司

案情介绍

某家园首批业主入住起至 2008 年 7 月 31 日期间,物业管理公司是小区的前期物业服务企业。在上述物业管理期间,物业管理公司收取了物业服务费,出租了小区中归全体业主所有的公共空间,收取了租金等费用。业主委员会成立后,依法选聘了新的物业服务企业。在新老物业移交前后,业主委员会多次要求物业管理公司公布有关账目、返还公共收益,但均被物业管理公司拒绝。后来,业主委员会将物业管理公司诉至法院。

业主委员会诉称

根据有关法律、法规规定,物业公司应当接受业主的监督,定期公布物业管理的费用收支账目,经营出租属于全体业主所有的公共空间,应当事先公示且要获得全体业主同意,并按照全体业主同意的方式使用出租收益。考虑到物业管理公司近年来经营的实际情况,现请求人民法院判令物业管理公司将其 2000 年至 2008 年 7 月 31 日期间利用小区公共区域进行出租经营的收支情况予以公布。

物业管理公司辩称

根据相关法律规定,业主委员会是业主大会的执行机构,是有限的诉讼主体。原

告业主委员会没有经过业主大会授权,不能提起本案的诉讼。物业管理公司没有义务公布前期物业服务经营管理账目,没有移交和公布管理期间与管理服务相关的收支账目的义务。在为小区提供前期物业服务期间,由于业主不交纳物业费,物业管理公司在为小区提供物业服务期间经营出现困难。由于前期物业服务合同期限未满,物业服务企业不得擅自提前撤管。物业管理公司不得不出租了部分物业服务用房,将收益用于弥补物业费的亏损。另外,承租人没有全部交纳租金,而物业管理公司为出租物业服务用房的门厅前期投资进行了装修,还发生了中介费用。另租金中还包含物业费、水费、电费、税金,以及其他用于物业维修和更新的费用,至今物业管理公司还是亏损的。所以请求人民法院驳回业主委员会的诉讼请求。

法院判决

物业管理公司于判决生效之日起10日内向业主委员会提供2000年至2008年7月31日期间将小区公共区域进行出租经营的收支账目以供查阅。

案例评析

本案的焦点主要集中在以下几个问题:一是业主委员会诉讼主体资格的问题;二是物业管理公司利用公共空间出租经营的收支账目公开的问题。

关于业主委员会是否具备诉讼主体资格的问题

《中华人民共和国民事诉讼法》第四十九条规定:"公民、法人和其他组织可以作为民事诉讼的当事人。"《最高人民法院关于适用〈中华人民共和国民事诉讼法〉若干问题的意见》第四十条规定:"《民事诉讼法》第四十九条规定的其他组织是指合法成立、有一定的组织机构和财产、但又不具备法人资格的组织,包括:

(一)依法登记领取营业执照的私营独资企业、合伙组织;

(二)依法登记领取营业执照的合伙型联营企业;

(三)依法登记领取我国营业执照的中外合作经营企业、外资企业;

(四)经民政部门核准登记领取社会团体登记证的社会团体;

(五)法人依法设立并领取营业执照的分支机构;

(六)中国人民银行、各专业银行设在各地的分支机构;

(七)中国人民保险公司设在各地的分支机构;

(八)经核准登记领取营业执照的乡镇、街道、村办企业;

(九)符合本条规定条件的其他组织。"

根据相关法律法规,业主委员会是依法成立的,并且具有一定的组织机构和财产,完全具备"其他组织"的条件,将业主委员会作为适格民事诉讼主体符合法律的规定。

正因为业主委员会具有独立的诉讼主体资格,所以《物权法》和最高人民法院的司法解释也作了相应的规定。《物权法》第七十八条第二款规定:"业主大会或者业主委员会作出的决定侵害业主合法权益的,受侵害的业主可以请求人民法院予以撤销。"这也就是说,业主完全可以将业主委员会作为被告诉至法院请求人民法院依法撤销业主委员会作出的决定。《物权法》第八十三条规定:"业主大会和业主委员会对任意弃置垃圾、排放污染物或噪声、违反规定饲养动物、违章搭建、侵占通道、拒付物业费等损害他人合法权益的行为,有权依照法律、法规以及管理规约,要求行为人停止侵害、消除危险、排除妨碍、赔偿损失。"这里显然是指在物业管理区域内及业主范围内因出现任意弃置垃圾、排放污染物或噪声等行为,为了维护全体业主的共同利益,业主委员会同样有权行使诉权。2003年9月10日,最高人民法院对安徽省高级人民法院《关于金湖新村业主委员会是否具备民事诉讼主体资格的请示报告》作出了批复。批复认为,根据《中华人民共和国民事诉讼法》第四十九条、《最高人民法院关于适用〈中华人民共和国民事诉讼法〉若干问题的意见》第四十条的规定,金湖新村业主委员会符合"其他组织"条件,对房地产开发单位未向业主委员会移交住宅区规划图等资料,未提供配套公共设施、公用设施专项费、公共部位维护及物业管理用房、商业用房的,可以自己的名义提起诉讼。那么,是否所有的业主委员会在诉讼中均是适格的主体呢?这要看具体情况商定。业主委员会是具有独立的诉讼主体资格的,只是说应当认可其具备一般的诉讼主体资格,但是,对于在具体的个案中业主委员会是否是适格的主体则应从以下几个方面来审查判断,也就是说业主委员会只有具备相应的条件才是适格的诉讼主体:①业主委员会的成立是否符合法定程序。业主委员会应当依法成立,须经业主大会选举产生,并经房地产行政主管部门备案登记。②业主委员会提起诉讼是否经过业主大会的授权。为防止业主委员会滥用职权,业主委员会每一次提起诉讼都必须经业主大会决议,以便在程序上确保业主委员会提起诉讼是广大业主的真实意思表示。③是否在物业管理纠纷范畴内。业主委员会不得超出职责范围提起诉讼。④是否涉及全体业主的公共利益。

具体到本案来说,法院确认了业主委员会的诉讼主体资格,并判决业主委员会胜诉。其实仔细分析,从案中所反映出来的事实及证据可以发现业主委员会提起本次诉讼是没有经过业主大会授权的。也就是说,在这个具体的案件中,业主委员会的诉讼主体资格是有问题的,而本案中物业管理公司的抗辩理由是应该为法院采纳的。

关于物业管理公司利用公共空间出租经营的收支账目公开的问题

物业管理公司承认将部分公共区域对外出租。由于全体业主是公共区域的产权人,物业管理公司在没有得到全体业主同意的情况下擅自出租公共区域,业主委员会有权依法代表全体业主要求物业管理公司将相关收支情况予以公布。另外,在物业管理公司签订的管理规约中也规定"产权人有权监督物业管理的收费情况,并要求业主委员会和物业服务企业按照规定的期限公布物业管理服务费用收支账目,物业服务企业有义务听取产权人、使用人的意见和建议,接受产权人及业主委员会的监督",故物业管理公司关于其没有义务公布租赁业务收支情况的抗辩意见,没有法律依据。

四、陈某某职务侵占案

公诉机关:绍兴市某区人民检察院
被告人:陈某某

案情介绍

公诉机关绍兴市某区人民检察院指控

2014年上半年至2015年6月,被告人陈某某在担任绍兴市某物业管理有限公司驻绍兴市FX大厦物业经理期间,利用负责向业主或租户收取物业费、能耗费、装修押金等费用的职务便利,将姜某、苑某等多名业主或租户上交的各项费用非法占为己有,金额合计713 082.34元。

法院查明

案发后,被告人陈某某在未归还公司钱款的情况下,离开绍兴并更换联系方式,且未告知公司其去向及联系方式。被告人陈某某被抓获后如实供述了以上事实。

上述事实,被告人陈某某在开庭审理过程中亦无异议,且有企业法人营业执照、组织机构代码证、工资发放登记表、工资明细表、网银交易查询明细、会议纪要、物业管理有限公司所属各物业管理处经理岗位职责、费用收取清单、收款收据、暂收条、收条、凭据、领款收据、中国农业银行银行卡交易明细单、FX大厦2016年度收费状况分析表、绍兴市某区人民检察院出具的电话记录详单、绍兴市某物业管理有限公司出具的情况说明、在逃人员登记及撤销单、原绍兴市某公安局民警出具的抓获经过及情况说明,姜某、苑某等多名业主或租户的证言,通话监控视频等证据证实,足以认定。

法院认为

被告人陈某某身为公司工作人员,利用职务上的便利,将本单位财物非法占为己有,数额较大,其行为已构成职务侵占罪。公诉机关指控的罪名成立,予以支持。被告人陈某某在归案后能如实供述自己的罪行,依法予以从轻处罚;又能自愿认罪,酌情予以从轻处罚。被告人陈某某的犯罪行为造成被害单位损失,依法应予退赔。综上,依照《中华人民共和国刑法》第二百七十一条第一款、第六十七条第三款及第六十四条之规定,判决如下。

(1) 被告人陈某某犯职务侵占罪,判处有期徒刑 2 年零 10 个月。

(2) 被告人陈某某退赔给绍兴市某物业管理有限公司人民币 713 082.34 元。

案例评析

本案是典型的职务侵占案,被告人陈某某在担任某物业管理有限公司驻绍兴市 FX 大厦物业经理期间,利用负责向业主或租户收取物业费、能耗费、装修押金等费用的职务便利,将姜某、苑某等多名业主或租户上交的各项费用非法占为己有,构成了刑事犯罪行为,须依法追究其刑事责任。

刑事责任是指行为人违反了《中华人民共和国刑法》的规定,实施犯罪行为所应承担的法律责任,由国家司法机关依法给予行为人以相应的刑事制裁。根据《中华人民共和国刑法》的规定,承担刑事责任的方式主要是刑事处罚,包括主刑和附加刑。主刑包括管制、拘役、有期徒刑、无期徒刑和死刑。附加刑包括罚金、没收财产、剥夺政治权利和驱逐出境。《中华人民共和国刑法》第二百七十一条规定,职务侵占罪是指公司、企业或者其他单位的人员,利用职务上的便利,将本单位财物非法占为己有,数额较大的行为。本罪的犯罪客体是公司、企业或者其他单位的财产所有权。此处所称"公司",是指按照《中华人民共和国公司法》规定设立的非国有的有限责任公司和股份有限公司,而"财产"是指公司的共有财产。物业管理公司是经国家行政主管机关批准合法成立的,且对物业费、能耗费、装修押金等费用有筹集、使用和管理的职责,符合《中华人民共和国刑法》中规定的"其他单位";在本案中,业主所交纳的物业费、能耗费、装修押金等费用属于物业管理公司的共有财产;本罪在客观方面表现为利用职务上的便利,侵占本单位财物,数额较大的行为。被告人陈某某在担任绍兴市某物业管理有限公司驻绍兴市 FX 大厦物业经理期间,利用负责向业主或租户收取物业费、能耗费、装修押金等费用的职务便利,将姜某、苑某等多名业主或租户上交的各项费用非法占为己有,可以确认为利用职务之便,其行为构成职务侵占罪。

五、卢某职务侵占案

公诉机关:上海市某区人民检察院

被告人:卢某

 **案情介绍**

HG小区是个新建的住宅小区,共有居民约3000户。1997年3月,小区居民为了有效地管理小区的物业,并充分地体现业主的意愿,根据住宅管理的有关规定,成立了HG房屋业主管理委员会(以下简称业委会)。本小区居民卢某经业主代表大会推选,担任业委会执行秘书。同时,居民们根据有关规定,筹集交纳了小区房屋修缮奖金200万元,交给新成立的业委会,具体保管及使用事务则由业委会秘书卢某负责。同年7月,业委会讨论决定,鉴于小区新建,修缮业务将在数年后才会发生,因此,将200万元房屋修缮费通过储蓄手段争取升值。于是,作为执行者的卢某托朋友顾某、崔某,与中国ZC创业投资公司上海办事处(以下简称ZC公司)某部门经理楼某联系,欲将200万元房屋修缮基金存入该公司,ZC公司则许诺给予22%的存款年利率。卢某得悉ZC公司开出的利息条件后,即瞒着业委会向顾某、崔某表示,业委会要11%的年息,另11%的利息款由卢某、顾某、崔某三人经过密谋策划,最后商定:为了能够将那11%的年息款瞒天过海地私分,由顾某开办的上海ZH实业有限公司与ZC公司签订所谓的咨询中介合同,ZC公司则以支付咨询费的方式将11%的年息款(约44万元),在HG业委会将200万元存入ZC公司的同时,直接支付给顾某。事后,卢某在44万元赃款中分得25万元,余款被顾某、崔某分占。卢某最后经一审、二审判决,以职务侵占罪被依法判处有期徒刑6年。

 案例评析

本案是典型的物业工作人员挪用物业专项维修基金的案例。挪用住宅专项维修基金的,依照《物业管理条例》第六十三条和《住宅专项维修资金管理办法》第三十七条规定:"由县级以上地方人民政府房产主管部门或者同级人民政府财政主管部门依法追回挪用的住宅专项维修基金,没收违法所得,处挪用金额两倍以下的罚款;物业服务企业挪用住宅专项维修基金情节严重的,由颁发资质证书的部门吊销资质证书;构成犯罪的,依法追究直接负责的主管人员和其他直接责任人员的刑事责任。"

住宅小区业主管理委员会是一种新出现的组织形式,房屋维修基金的管理和使用又是一个新的课题,所以在法律适用上,存在以下争议问题:

(1) 业主管理委员会是否适用《中华人民共和国刑法》第二百七十一条规定,是否符合"其他单位"的性质?

(2) 卢某的犯罪行为是否利用其职务之便?

(3) 被卢某侵占的资金虽然是由HG小区出资的,但是否符合《中华人民共和国刑法》上规定的公共财产？

（4）ZH公司与ZC公司签订的咨询中介合同是否合法有效？

根据我国的有关法律，分析如下。

（1）业主管理委员会系经国家行政主管机关批准合法成立的自治管理组织，且对物业维修基金有筹集、使用和管理的职责，符合《中华人民共和国刑法》中规定的"其他单位"。

（2）卢某联系和经手将200万元房屋维修基金存入ZC公司，是根据业委会的决定，并以其执行秘书的身份而实施的一项特定的职务行为，可以确认为利用职务之便。

（3）房屋维修基金的所有权属业主们所有，业委会负责对房屋维修基金的集中管理和使用，根据《中华人民共和国刑法》第九十一条第二款的规定，视为公共财产。住房和城乡建设部、财政部《住宅共用部位共用设施设备维修基金管理办法》第五条规定："售房单位代为收取的维修基金属全体业主共同所有"；该办法第七条规定："维修基金闲置时，对可用于购买国债或者用于法律、法规规定的其他范围外，严禁挪作他用"；该办法第十八条规定："维修基金代管单位违反本办法规定，挪用维修基金或者造成维修基金损失的，由当地财政部门和房地产行政主管部门按规定进行处理。情节严重的，应追究直接责任人员和领导人员的行政责任。"本案中的维修基金系由居民筹集交纳，从法律上讲，属全体居民共同共用，卢某侵占维修基金的行为造成了维修基金的损失。

（4）ZH公司与ZC公司签订的咨询中介合同是虚构的形式，是犯罪嫌疑人为了非法占有房屋维修基金的利息款而恶意串通采取的犯罪形式。原《中华人民共和国经济合同法》第七条和现行的《中华人民共和国合同法》第五十二条均规定"以合法形式掩盖非法的目的"的合同无效。该咨询中介合同应视为无效合同。

鉴于以上理由，卢某的行为完全符合《中华人民共和国刑法》关于职务侵占罪的犯罪构成要件。

六、方某与重庆市永川区某局行政裁定书案

原告：方某

被告：重庆市永川区某局

第三人：内江某房地产开发集团有限公司

第八章 物业管理法律责任

案情介绍

原告方某诉称

①几年来，被告不依法履行监督管理职责，偏袒物业服务企业，导致物业服务企业管理不到位、混乱、服务质量差、乱砍伐树木，四十余户业主破坏绿化开门建坝，开发商擅自改变规划建设的公共建筑和共用设施用途，业主财产被盗，业主被"物老大"殴打，"物老大"强制阻拦广大业主罢免业主委员会成员等。JY小区违法行为被告一直不予查处，逃避责任，被告应当依照《物业管理条例实施细则》第五十八条、第六十六条之规定依法查处。②2014年4月25日，JY小区在被告处备案的物业管理用房的面积、位置和使用条件不符合法律法规规定，违背《业主公约》和《重庆市物业管理条例》及商品房买卖合同的约定。被告与开发商、JY小区业主委员会共同侵害业主利益，哄骗业主，损害物业管理用房，发现问题不予查处。综上所述，被告严重侵害JY小区广大业主的利益，原告为维护业主合法权益，特向法院起诉，要求履行法定职责，明确JY小区物业管理用房的位置、面积和使用条件。

被告重庆市永川区某局辩称

（1）原告不具备主体资格。根据《物业管理条例》第三十八条、第八条的规定，物业管理用房的所有权依法属于业主。业主大会代表和维护全体业主在物业管理活动中的合法权益，原告不能以自己的名义提起诉讼。

（2）被告非本案适格的被告。被告没有确定物业管理用房面积、位置、用途的法定职责。根据《重庆市物业管理条例》第四十三条"物业服务用房包括物业服务企业用房和业主委员会用房，应当由建设单位按照不低于房屋总建筑面积千分之三的比例且不少于五十平方米的标准在物业管理区域内无偿配置。物业服务用房应当为地面以上的独立成套装修房屋，具备水、电使用功能；没有配置电梯的物业，物业服务用房所在楼层不得高于四层。市和区、县（自治县）规划行政主管部门应当在审批建设工程规划许可证时，按前两款的规定明确物业服务用房的位置和面积。建设单位申请房屋预售许可证时应当提交物业管理用房的位置、面积等相关资料，房地产行政主管部门在核发房屋预售许可证时，应当注明物业服务用房位置。建设单位在销售商品房时，应当公布物业服务用房的位置和面积"之规定，物业管理用房的面积大小由建设单位确定，法律法规只是规定物业管理用房位置和面积要求，未要求由行政部门强制确定大小。物业管理用房的用途已明确规定为物业管理活动，即业主通过选聘物业服务企业，由业主和物业服务企业按照物业服务合同约定，对房屋及配套的设施设备和相关场地进行维修、养护、管理，维护物业管理区域内的环境卫生和相关秩序活动。区规划局为明确物业管理用房位置和面积的行政机关。

（3）物业管理用房备案表是过程性文件，不属于行政诉讼受案范围。规划行政主管部门在审批建设工程规划许可证时，明确物业服务用房的位置和面积，被告根据建设单位申请房屋预售许可时应当提交物业管理用房的位置、面积等相关资料进行备案，此过程对原告的实际权利义务不产生影响，不属于行政诉讼受案范围。综上所述，请求法院依法驳回原告的起诉或诉讼请求。

第三人内江某房地产开发集团有限公司述称

①原告不是本案适格原告。本案被告没有向原告作出任何具体行政行为，原告不是行政相对人，因此，原告不是本案适格原告。②被告对原告的具体行政行为事实清楚、程序合法，请法院依法裁定驳回原告的起诉或判决驳回原告的诉讼请求。

法院认为

根据《物业管理条例》第三十八条、第八条规定："物业管理用房的所有权依法属于业主……""业主大会应当代表和维护物业管理区域内全体业主在物业管理活动中的合法权益"以及《重庆市物业管理条例》第二十一条"业主委员会是业主大会的执行机构……"之规定，本案中，原告方某起诉要求被告明确其所在小区物业管理用房的位置、面积和使用条件，而物业管理用房的所有权依法属于该小区全体业主所有，业主大会代表和维护全体业主在物业管理活动中的合法权益，业主委员会是业主大会的执行机构。因此，原告方某不能以自己的名义提起诉讼，应由业主委员会代表该小区内的全体业主来维护业主的合法权益，故原告方某不具备诉讼主体资格。据此，依照《最高人民法院关于适用〈中华人民共和国行政诉讼法〉若干问题的解释》第三条第一款第（十）项之规定，裁定如下：驳回原告方某的起诉；本案不收取案件受理费。

案例评析

行政诉讼是指个人、法人或其他组织认为国家机关作出的具体行政行为侵犯其合法权益而向法院提起的诉讼。行政诉讼针对的必须是行政机关做出的具体行政行为，而这一具体行政行为侵犯了行政诉讼原告（行政管理中的相对方，即公民、法人或者其他组织）的合法权益；因此，行政诉讼原告是指对行政主体具体行政行为不服，依照行政诉讼法的规定，以自己的名义向人民法院起诉的公民、法人和其他组织。所以说，行政诉讼原告大多是行政管理中的行政相对方。本案中，小区住户起诉要求被告明确其所在小区物业管理用房的位置、面积和使用条件，而物业管理用房的所有权依法属于该小区全体业主所有，业主大会代表和维护全体业主在物业管理活动中的合法权益，业主委员会是业主大会的执行机构。因此，原告方某不能以自己的名义提起诉讼，应由业主委员会代表该小区内的全体业主来维护业主的合法权益,故原告方某不具备原告的行政诉讼主体资格。因此,依照《最高人民法院关于适用〈中华人民共和国行政诉讼法〉若干问题的解释》法院裁定驳回了原告方某的起诉。

七、胡某诉上海市闵行区某局要求履行法定职责案

原告:胡某
被告:上海市闵行区某局(以下简称闵行某局)
第三人:上海市闵行区某小区业主委员会

案情介绍

原告胡某诉称

其于 2014 年 5 月 29 日、6 月 1 日,向被告投诉并提供相应证据,证实《审计报告》所依据的证据系虚假伪造的材料,涉嫌舞弊、做假账等,要求被告履行监督管理职责,处理《审计报告》的附件 2《小区公共收益资金收支明细表》及其相关联会计账表等有关资料违反物业管理法律法规的事宜,但被告未能依法履行职责,故起诉,要求被告履行监督管理业委会工作的法定职责,依法撤销东会财(2014)817 号《审计报告》的附件 2《小区公共收益资金收支明细表》。

被告闵行某局辩称

2014 年 4 月 15 日,原告所在 SJ 阳光园二期小区换届成立新一届业委会,在换届改选过程中对上一届的维修资金账目情况进行了专项审计。该审计的委托人为业主大会,审计单位为某会计事务所,审计费用由建设银行承担。因出具《审计报告》是民事行为,被告并非审计单位的上级主管机关,无权对其审计工作进行指导、监督和管理,亦无权对审计的内容真实性、合法性和合理性进行评判,更无权撤销该审计报告或其中的某一项内容。对于物业公司是否提供假账,被告无侦查管理职能。在该审计报告未被确认违法之前,被告无权作出撤销或其他任何决定。为此,被告收到原告的投诉举报后,依法答复了原告。综上,请求驳回原告的诉请。

第三人上海市闵行区某小区业主委员会未到庭陈述。

法院经审理查明

原告胡某所在小区业主委员会因换届改选,委托审计单位对业主大会 2007 年 7 月 1 日至 2012 年 6 月 30 日业主委员会的维修资金收支情况和小区公共收益资金收支情况进行审计。2014 年 4 月 24 日,上海某会计师事务所有限公司出具东会财

(2014)817号《审计报告》,该报告同时附有《小区公共收益资金收支明细表》等。2014年5月29日、5月30日原告两次至被告闵行某局信访,认为前述《审计报告》所依据的《收支明细表》存在虚假等情况,故要求被告对此作出处理。2014年7月25日,被告作出书面答复,认为审计申请系由小区业主大会委托,审计单位系由建设银行市分行统一采购招投标确定,不存在被告指定的情形,小区业主如果对《审计报告》有异议,可以由业主大会决定另聘请审计单位重新审计,而原告反映的审计中物业公司提供虚假账目的问题,因被告对账目无侦查管理职能,建议根据《中华人民共和国会计法》的规定向相关部门反映,或者根据相关规定,如业主对物业服务企业履行合同情况有疑问可向业委会提出,由其代表业主与物业服务企业核对账目等。

另查明:原告胡某因对其所在小区专项维修基金账目、公共收益的使用情况等存在异议,曾多次向被告投诉举报并向法院提起诉讼。

以上事实,由原告提供的《审计报告》《群众来访登记表》、被告提供的《信访告知书》及邮寄凭证等证据以及当事人的庭审陈述所证明。

法院认为

《物业管理条例》第十九条第二款规定:"业主大会、业主委员会作出的决定违反法律、法规的,物业所在地的区、县人民政府房地产行政主管部门或者街道办事处、乡镇人民政府,应当责令限期改正或者撤销其决定,并通告全体业主。"本案中,原告持有异议的《审计报告》系其所在小区业主委员会根据《上海市住宅物业管理规定》第六十条第二款"业主委员会任期届满前,应当在换届改选小组的指导下委托有资质的中介机构对专项维修资金、公共收益的使用情况以及业主委员会工作经费进行财务审计"的规定,委托相关审计单位所制作,并不适用上述法律规定,小区业主如对《审计报告》有异议,可依法通过相应途径申请复核、重新审计等。因被告并非审计单位的主管机关,亦无相关法律规定明确其具有对审计结论的真实性、合法性等进行评判并撤销的行政职责,故原告要求被告撤销本案所涉《审计报告》的请求与法无据,法院不予采纳。至于原告认为《审计报告》所附《小区公共收益资金收支明细表》存在虚假等情况,其实质系对小区专项维修资金、公共收益资金等收支情况的账目真实性持有异议,依法可向小区业主委员会提出予以处理。被告接受原告投诉举报后,向原告作出书面答复,并无不当。综上,依照《中华人民共和国行政诉讼法》第六十九条、最高人民法院《关于执行〈中华人民共和国行政诉讼法〉若干问题的解释》第四十九条第三款,法院判决如下:驳回原告胡某的诉讼请求;案件受理费人民币50元,由原告负担。

 **案例评析**

根据《物业管理条例》第十九条第二款之规定,物业所在地的区、县人民政府房地产行政主管部门或者街道办事处、乡镇人民政府对所管辖区域内小区的业主大会、业主委员会具有监管职能,如果业主大会、业主委员会作出的决定违反法律、法规的,他们有权利其责令限期改正或者撤销决定,并有义务通告给全体业主。

本案中,原告胡某所在小区业主委员会因换届改选,委托审计单位对业主委员会的维修资金收支情况和小区公共收益资金收支情况进行审计。原告认为会计师事务所出具的关于小区公共收益资金收支明细,并对其所在小区专项维修基金账目、公共收益的使用情况等存在异议,曾多次要求被告对此作出处理。但都被被告以对账目无侦查管理职能为理由拒绝了,于是,原告便向法院提起行政诉讼,要求被告履行监督管理业委会工作的法定职责,依法撤销东会财(2014)817号《审计报告》的附件2《小区公共收益资金收支明细表》。

本案中,原告持有异议的《审计报告》系其所在小区业主委员会根据《上海市住宅物业管理规定》第六十条第二款"业主委员会任期届满前,应当在换届改选小组的指导下委托有资质的中介机构对专项维修资金、公共收益的使用情况以及业主委员会工作经费进行财务审计"的规定,委托相关审计单位所制作,业主如对《审计报告》有异议,可依法通过相应途径申请复核、重新审计等。因被告并非审计单位的主管机关,亦无相关法律规定明确其具有对审计结论的真实性、合法性等进行评判并撤销的行政职责,故原告要求被告撤销本案所涉《审计报告》的请求与法无据。因此,法院最终判决驳回了原告胡某的诉讼请求。

附录

《中华人民共和国物权法》节选

第六章 业主的建筑物区分所有权

第七十条 业主对建筑物内的住宅、经营性用房等专有部分享有所有权,对专有部分以外的共有部分享有共有和共同管理的权利。

第七十一条 业主对其建筑物专有部分享有占有、使用、收益和处分的权利。业主行使权利不得危及建筑物的安全,不得损害其他业主的合法权益。

第七十二条 业主对建筑物专有部分以外的共有部分,享有权利,承担义务;不得以放弃权利不履行义务。

业主转让建筑物内的住宅、经营性用房,其对共有部分享有的共有和共同管理的权利一并转让。

第七十三条 建筑区划内的道路,属于业主共有,但属于城镇公共道路的除外。建筑区划内的绿地,属于业主共有,但属于城镇公共绿地或者明示属于个人的除外。建筑区划内的其他公共场所、公用设施和物业服务用房,属于业主共有。

第七十四条 建筑区划内,规划用于停放汽车的车位、车库应当首先满足业主的需要。

建筑区划内,规划用于停放汽车的车位、车库的归属,由当事人通过出售、附赠或者出租等方式约定。

占用业主共有的道路或者其他场地用于停放汽车的车位,属于业主共有。

第七十五条　业主可以设立业主大会,选举业主委员会。

地方人民政府有关部门应当对设立业主大会和选举业主委员会给予指导和协助。

第七十六条　下列事项由业主共同决定:

(一)制定和修改业主大会议事规则;

(二)制定和修改建筑物及其附属设施的管理规约;

(三)选举业主委员会或者更换业主委员会成员;

(四)选聘和解聘物业服务企业或者其他管理人;

(五)筹集和使用建筑物及其附属设施的维修资金;

(六)改建、重建建筑物及附属设施;

(七)有关共有和共同管理权利的其他重大事项。

决定前款第五项和第六项规定的事项,应当经专有部分占建筑物总面积三分之二以上的业主且占总人数三分之二以上的业主同意。决定前款其他事项,应当经专有部分占建筑物总面积过半数的业主且占总人数过半数的业主同意。

第七十七条　业主不得违反法律、法规以及管理规约,将住宅改变为经营性用房。业主将住宅改变为经营性用房的,除遵守法律、法规以及管理规约外,应当经有利害关系的业主同意。

第七十八条　业主大会或者业主委员会的决定,对业主具有约束力。

业主大会或者业主委员会作出的决定侵害业主合法权益的,受侵害的业主可以请求人民法院予以撤销。

第七十九条　建筑物及其附属设施的维修资金,属于业主共有。经业主共同决定,可以用于电梯、水箱等共有部分的维修。维修资金的筹集、使用情况应当公布。

第八十条　建筑物及其附属设施的费用分摊、收益分配等事项,有约定的,按照约定;没有约定或者约定不明确的,按照业主专有部分占建筑物总面积的比例确定。

第八十一条　业主可以自行管理建筑物及其附属设施,也可以委托物业服务企业或者其他管理人管理。

对建设单位聘请的物业服务企业或者其他管理人,业主有权依法更换。

第八十二条　物业服务企业或者其他管理人根据业主的委托管理建筑区划内的建筑物及其附属设施,并接受业主的监督。

第八十三条　业主应当遵守法律、法规以及管理规约。

业主大会和业主委员会,对任意弃置垃圾、排放污染物或者噪声、违反规定饲养动物、违章搭建、侵占通道、拒付物业费等损害他人合法权益的行为,有权依照法律、法规

以及管理规约,要求行为人停止侵害、消除危险、排除妨害、赔偿损失。业主对侵害自己合法权益的行为,可以依法向人民法院提起诉讼。

第七章 相邻关系

第八十四条 不动产的相邻权利人应当按照有利生产、方便生活、团结互助、公平合理的原则,正确处理相邻关系。

第八十五条 法律、法规对处理相邻关系有规定的,依照其规定;法律、法规没有规定的,可以按照当地习惯。

第八十六条 不动产权利人应当为相邻权利人用水、排水提供必要的便利。

对自然流水的利用,应当在不动产的相邻权利人之间合理分配。对自然流水的排放,应当尊重自然流向。

第八十七条 不动产权利人对相邻权利人因通行等必须利用其土地的,应当提供必要的便利。

第八十八条 不动产权利人因建造、修缮建筑物以及铺设电线、电缆、水管、暖气和燃气管线等必须利用相邻土地、建筑物的,该土地、建筑物的权利人应当提供必要的便利。

第八十九条 建造建筑物,不得违反国家有关工程建设标准,妨碍相邻建筑物的通风、采光和日照。

第九十条 不动产权利人不得违反国家规定弃置固体废物,排放大气污染物、水污染物、噪声、光、电磁波辐射等有害物质。

第九十一条 不动产权利人挖掘土地、建造建筑物、铺设管线以及安装设备等,不得危及相邻不动产的安全。

第九十二条 不动产权利人因用水、排水、通行、铺设管线等利用相邻不动产的,应当尽量避免对相邻的不动产权利人造成损害;造成损害的,应当给予赔偿。

《物业管理条例》

(2003年6月8日中华人民共和国国务院令第379号公布 根据2007年8月26日《国务院关于修改〈物业管理条例〉的决定》修订 根据2016年2月6日发布的国务院令第666号《国务院关于修改部分行政法规的决定》修改)

第一章 总 则

第一条 为了规范物业管理活动,维护业主和物业服务企业的合法权益,改善人民群众的生活和工作环境,制定本条例。

第二条 本条例所称物业管理,是指业主通过选聘物业服务企业,由业主和物业服务企业按照物业服务合同约定,对房屋及配套的设施设备和相关场地进行维修、养护、管理,维护物业管理区域内的环境卫生和相关秩序的活动。

第三条 国家提倡业主通过公开、公平、公正的市场竞争机制选择物业服务企业。

第四条 国家鼓励采用新技术、新方法,依靠科技进步提高物业管理和服务水平。

第五条 国务院建设行政主管部门负责全国物业管理活动的监督管理工作。

县级以上地方人民政府房地产行政主管部门负责本行政区域内物业管理活动的监督管理工作。

第二章 业主及业主大会

第六条 房屋的所有权人为业主。

业主在物业管理活动中,享有下列权利:

(一)按照物业服务合同的约定,接受物业服务企业提供的服务;

(二)提议召开业主大会会议,并就物业管理的有关事项提出建议;

(三)提出制定和修改管理规约、业主大会议事规则的建议;

(四)参加业主大会会议,行使投票权;

(五)选举业主委员会成员,并享有被选举权;

(六)监督业主委员会的工作;

(七)监督物业服务企业履行物业服务合同;

(八)对物业共用部位、共用设施设备和相关场地使用情况享有知情权和监督权;

(九)监督物业共用部位、共用设施设备专项维修资金(以下简称专项维修资金)的管理和使用;

(十)法律、法规规定的其他权利。

第七条 业主在物业管理活动中,履行下列义务:

(一)遵守管理规约、业主大会议事规则;

(二)遵守物业管理区域内物业共用部位和共用设施设备的使用、公共秩序和环境卫生的维护等方面的规章制度;

(三)执行业主大会的决定和业主大会授权业主委员会作出的决定;

(四)按照国家有关规定交纳专项维修资金;

(五)按时交纳物业服务费用;

(六)法律、法规规定的其他义务。

第八条 物业管理区域内全体业主组成业主大会。

业主大会应当代表和维护物业管理区域内全体业主在物业管理活动中的合法权益。

第九条 一个物业管理区域成立一个业主大会。

物业管理区域的划分应当考虑物业的共用设施设备、建筑物规模、社区建设等因素。具体办法由省、自治区、直辖市制定。

第十条 同一个物业管理区域内的业主,应当在物业所在地的区、县人民政府房地产行政主管部门或者街道办事处、乡镇人民政府的指导下成立业主大会,并选举产生业主委员会。但是,只有一个业主的,或者业主人数较少且经全体业主一致同意,决定不成立业主大会的,由业主共同履行业主大会、业主委员会职责。

第十一条 下列事项由业主共同决定:

(一)制定和修改业主大会议事规则;

(二)制定和修改管理规约;

(三)选举业主委员会或者更换业主委员会成员;

(四)选聘和解聘物业服务企业;

(五)筹集和使用专项维修资金;

(六)改建、重建建筑物及其附属设施;

(七)有关共有和共同管理权利的其他重大事项。

第十二条 业主大会会议可以采用集体讨论的形式,也可以采用书面征求意见的形式;但是,应当有物业管理区域内专有部分占建筑物总面积过半数的业主且占总人数过半数的业主参加。

业主可以委托代理人参加业主大会会议。

业主大会决定本条例第十一条第(五)项和第(六)项规定的事项,应当经专有部分占建筑物总面积2/3以上的业主且占总人数2/3以上的业主同意;决定本条例第十一条规定的其他事项,应当经专有部分占建筑物总面积过半数的业主且占总人数过半数的业主同意。

业主大会或者业主委员会的决定,对业主具有约束力。

业主大会或者业主委员会作出的决定侵害业主合法权益的,受侵害的业主可以请求人民法院予以撤销。

第十三条 业主大会会议分为定期会议和临时会议。

业主大会定期会议应当按照业主大会议事规则的规定召开。经20%以上的业主提议,业主委员会应当组织召开业主大会临时会议。

第十四条 召开业主大会会议,应当于会议召开15日以前通知全体业主。

住宅小区的业主大会会议,应当同时告知相关的居民委员会。

业主委员会应当做好业主大会会议记录。

第十五条　业主委员会执行业主大会的决定事项,履行下列职责:

(一)召集业主大会会议,报告物业管理的实施情况;

(二)代表业主与业主大会选聘的物业服务企业签订物业服务合同;

(三)及时了解业主、物业使用人的意见和建议,监督和协助物业服务企业履行物业服务合同;

(四)监督管理规约的实施;

(五)业主大会赋予的其他职责。

第十六条　业主委员会应当自选举产生之日起 30 日内,向物业所在地的区、县人民政府房地产行政主管部门和街道办事处、乡镇人民政府备案。

业主委员会委员应当由热心公益事业、责任心强、具有一定组织能力的业主担任。

业主委员会主任、副主任在业主委员会成员中推选产生。

第十七条　管理规约应当对有关物业的使用、维护、管理,业主的共同利益,业主应当履行的义务,违反管理规约应当承担的责任等事项依法作出约定。

管理规约应当尊重社会公德,不得违反法律、法规或者损害社会公共利益。

管理规约对全体业主具有约束力。

第十八条　业主大会议事规则应当就业主大会的议事方式、表决程序、业主委员会的组成和成员任期等事项作出约定。

第十九条　业主大会、业主委员会应当依法履行职责,不得作出与物业管理无关的决定,不得从事与物业管理无关的活动。

业主大会、业主委员会作出的决定违反法律、法规的,物业所在地的区、县人民政府房地产行政主管部门或者街道办事处、乡镇人民政府,应当责令限期改正或者撤销其决定,并通告全体业主。

第二十条　业主大会、业主委员会应当配合公安机关,与居民委员会相互协作,共同做好维护物业管理区域内的社会治安等相关工作。

在物业管理区域内,业主大会、业主委员会应当积极配合相关居民委员会依法履行自治管理职责,支持居民委员会开展工作,并接受其指导和监督。

住宅小区的业主大会、业主委员会作出的决定,应当告知相关的居民委员会,并认真听取居民委员会的建议。

第三章　前期物业管理

第二十一条　在业主、业主大会选聘物业服务企业之前,建设单位选聘物业服企业的,应当签订书面的前期物业服务合同。

第二十二条　建设单位应当在销售物业之前,制定临时管理规约,对有关物业的使用、维护、管理,业主的共同利益,业主应当履行的义务,违反临时管理规约应当承担的责任等事项依法作出约定。

建设单位制定的临时管理规约,不得侵害物业买受人的合法权益。

第二十三条　建设单位应当在物业销售前将临时管理规约向物业买受人明示,并予以说明。

物业买受人在与建设单位签订物业买卖合同时,应当对遵守临时管理规约予以书面承诺。

第二十四条　国家提倡建设单位按照房地产开发与物业管理相分离的原则,通过招投标的方式选聘具有相应资质的物业服务企业。

住宅物业的建设单位,应当通过招投标的方式选聘具有相应资质的物业服务企业;投标人少于3个或者住宅规模较小的,经物业所在地的区、县人民政府房地产行政主管部门批准,可以采用协议方式选聘具有相应资质的物业服务企业。

第二十五条　建设单位与物业买受人签订的买卖合同应当包含前期物业服务合同约定的内容。

第二十六条　前期物业服务合同可以约定期限;但是,期限未满、业主委员会与物业服务企业签订的物业服务合同生效的,前期物业服务合同终止。

第二十七条　业主依法享有的物业共用部位、共用设施设备的所有权或者使用权,建设单位不得擅自处分。

第二十八条　物业服务企业承接物业时,应当对物业共用部位、共用设施设备进行查验。

第二十九条　在办理物业承接验收手续时,建设单位应当向物业服务企业移交下列资料:

(一)竣工总平面图,单体建筑、结构、设备竣工图,配套设施、地下管网工程竣工图等竣工验收资料;

(二)设施设备的安装、使用和维护保养等技术资料;

(三)物业质量保修文件和物业使用说明文件;

(四)物业管理所必需的其他资料。

物业服务企业应当在前期物业服务合同终止时将上述资料移交给业主委员会。

第三十条　建设单位应当按照规定在物业管理区域内配置必要的物业管理用房。

第三十一条　建设单位应当按照国家规定的保修期限和保修范围,承担物业的保修责任。

第四章　物业管理服务

第三十二条　从事物业管理活动的企业应当具有独立的法人资格。

国家对从事物业管理活动的企业实行资质管理制度。具体办法由国务院建设行政主管部门制定。

第三十三条　从事物业管理的人员应当按照国家有关规定,取得职业资格证书。(本条已被删去)

第三十四条　一个物业管理区域由一个物业服务企业实施物业管理。

第三十五条　业主委员会应当与业主大会选聘的物业服务企业订立书面的物业服务合同。

物业服务合同应当对物业管理事项、服务质量、服务费用、双方的权利义务、专项维修资金的管理与使用、物业管理用房、合同期限、违约责任等内容进行约定。

第三十六条　物业服务企业应当按照物业服务合同的约定,提供相应的服务。

物业服务企业未能履行物业服务合同的约定,导致业主人身、财产安全受到损害的,应当依法承担相应的法律责任。

第三十七条　物业服务企业承接物业时,应当与业主委员会办理物业验收手续。

业主委员会应当向物业服务企业移交本条例第二十九条第一款规定的资料。

第三十八条　物业管理用房的所有权依法属于业主。未经业主大会同意,物业服务企业不得改变物业管理用房的用途。

第三十九条　物业服务合同终止时,物业服务企业应当将物业管理用房和本条例第二十九条第一款规定的资料交还给业主委员会。

物业服务合同终止时,业主大会选聘了新的物业服务企业的,物业服务企业之间应当做好交接工作。

第四十条　物业服务企业可以将物业管理区域内的专项服务业务委托给专业性服务企业,但不得将该区域内的全部物业管理一并委托给他人。

第四十一条　物业服务收费应当遵循合理、公开以及费用与服务水平相适应的原则,区别不同物业的性质和特点,由业主和物业服务企业按照国务院价格主管部门会同国务院建设行政主管部门制定的物业服务收费办法,在物业服务合同中约定。

第四十二条　业主应当根据物业服务合同的约定交纳物业服务费用。业主与物业使用人约定由物业使用人交纳物业服务费用的,从其约定,业主负连带交纳责任。

已竣工但尚未出售或者尚未交给物业买受人的物业,物业服务费用由建设单位交纳。

第四十三条　县级以上人民政府价格主管部门会同同级房地产行政主管部门,应当加强对物业服务收费的监督。

第四十四条　物业服务企业可以根据业主的委托提供物业服务合同约定以外的服务项目,服务报酬由双方约定。

第四十五条　物业管理区域内,供水、供电、供气、供热、通信、有线电视等单位应当向最终用户收取有关费用。

物业服务企业接受委托代收前款费用的,不得向业主收取手续费等额外费用。

第四十六条　对物业管理区域内违反有关治安、环保、物业装饰装修和使用等方面法律、法规规定的行为,物业服务企业应当制止,并及时向有关行政管理部门报告。

有关行政管理部门在接到物业服务企业的报告后,应当依法对违法行为予以制止或者依法处理。

第四十七条　物业服务企业应当协助做好物业管理区域内的安全防范工作。发生安全事故时,物业服务企业在采取应急措施的同时,应当及时向有关行政管理部门报告,协助做好救助工作。

物业服务企业雇请保安人员的,应当遵守国家有关规定。保安人员在维护物业管理区域内的公共秩序时,应当履行职责,不得侵害公民的合法权益。

第四十八条　物业使用人在物业管理活动中的权利义务由业主和物业使用人约定,但不得违反法律、法规和管理规约的有关规定。

物业使用人违反本条例和管理规约的规定,有关业主应当承担连带责任。

第四十九条　县级以上地方人民政府房地产行政主管部门应当及时处理业主、业主委员会、物业使用人和物业服务企业在物业管理活动中的投诉。

第五章　物业的使用与维护

第五十条　物业管理区域内按照规划建设的公共建筑和共用设施,不得改变用途。

业主依法确需改变公共建筑和共用设施用途的,应当在依法办理有关手续后告知物业服务企业;物业服务企业确需改变公共建筑和共用设施用途的,应当提请业主大会讨论决定同意后,由业主依法办理有关手续。

第五十一条　业主、物业服务企业不得擅自占用、挖掘物业管理区域内的道路、场地,损害业主的共同利益。

因维修物业或者公共利益,业主确需临时占用、挖掘道路、场地的,应当征得业主委员会和物业服务企业的同意;物业服务企业确需临时占用、挖掘道路、场地的,应当征得业主委员会的同意。

业主、物业服务企业应当将临时占用、挖掘的道路、场地,在约定期限内恢复原状。

第五十二条 供水、供电、供气、供热、通信、有线电视等单位,应当依法承担物业管理区域内相关管线和设施设备维修、养护的责任。

前款规定的单位因维修、养护等需要,临时占用、挖掘道路、场地的,应当及时恢复原状。

第五十三条 业主需要装饰装修房屋的,应当事先告知物业服务企业。

物业服务企业应当将房屋装饰装修中的禁止行为和注意事项告知业主。

第五十四条 住宅物业、住宅小区内的非住宅物业或者与单幢住宅楼结构相连的非住宅物业的业主,应当按照国家有关规定交纳专项维修资金。

专项维修资金属于业主所有,专用于物业保修期满后物业共用部位、共用设施设备的维修和更新、改造,不得挪作他用。

专项维修资金收取、使用、管理的办法由国务院建设行政主管部门会同国务院财政部门制定。

第五十五条 利用物业共用部位、共用设施设备进行经营的,应当在征得相关业主、业主大会、物业服务企业的同意后,按照规定办理有关手续。业主所得收益应当主要用于补充专项维修资金,也可以按照业主大会的决定使用。

第五十六条 物业存在安全隐患,危及公共利益及他人合法权益时,责任人应当及时维修养护,有关业主应当给予配合。

责任人不履行维修养护义务的,经业主大会同意,可以由物业服务企业维修养护,费用由责任人承担。

第六章 法律责任

第五十七条 违反本条例的规定,住宅物业的建设单位未通过招投标的方式选聘物业服务企业或者未经批准,擅自采用协议方式选聘物业服务企业的,由县级以上地方人民政府房地产行政主管部门责令限期改正,给予警告,可以并处10万元以下的罚款。

第五十八条 违反本条例的规定,建设单位擅自处分属于业主的物业共用部位、共用设施设备的所有权或者使用权的,由县级以上地方人民政府房地产行政主管部门处5万元以上20万元以下的罚款;给业主造成损失的,依法承担赔偿责任。

第五十九条 违反本条例的规定,不移交有关资料的,由县级以上地方人民政府房地产行政主管部门责令限期改正;逾期仍不移交有关资料的,对建设单位、物业服务企业予以通报,处1万元以上10万元以下的罚款。

第六十条 违反本条例的规定,未取得资质证书从事物业管理的,由县级以上地方人民政府房地产行政主管部门没收违法所得,并处5万元以上20万元以下的罚款;给业主造成损失的,依法承担赔偿责任。

以欺骗手段取得资质证书的,依照本条第一款规定处罚,并由颁发资质证书的部门吊销资质证书。

第六十一条 违反本条例的规定,物业服务企业聘用未取得物业管理职业资格证书的人员从事物业管理活动的,由县级以上地方人民政府房地产行政主管部门责令停止违法行为,处5万元以上20万元以下的罚款;给业主造成损失的,依法承担赔偿责任。(本条已被删去)

第六十二条 违反本条例的规定,物业服务企业将一个物业管理区域内的全部物业管理一并委托给他人的,由县级以上地方人民政府房地产行政主管部门责令限期改正,处委托合同价款30%以上50%以下的罚款;情节严重的,由颁发资质证书的部门吊销资质证书。委托所得收益,用于物业管理区域内物业共用部位、共用设施设备的维修、养护,剩余部分按照业主大会的决定使用;给业主造成损失的,依法承担赔偿责任。

第六十三条 违反本条例的规定,挪用专项维修资金的,由县级以上地方人民政府房地产行政主管部门追回挪用的专项维修资金,给予警告,没收违法所得,可以并处挪用数额2倍以下的罚款;物业服务企业挪用专项维修资金,情节严重的,并由颁发资质证书的部门吊销资质证书;构成犯罪的,依法追究直接负责的主管人员和其他直接责任人员的刑事责任。

第六十四条 违反本条例的规定,建设单位在物业管理区域内不按照规定配置必要的物业管理用房的,由县级以上地方人民政府房地产行政主管部门责令限期改正,给予警告,没收违法所得,并处10万元以上50万元以下的罚款。

第六十五条 违反本条例的规定,未经业主大会同意,物业服务企业擅自改变物业管理用房的用途的,由县级以上地方人民政府房地产行政主管部门责令限期改正,给予警告,并处1万元以上10万元以下的罚款;有收益的,所得收益用于物业管理区域内物业共用部位、共用设施设备的维修、养护,剩余部分按照业主大会的决定使用。

第六十六条 违反本条例的规定,有下列行为之一的,由县级以上地方人民政府房地产行政主管部门责令限期改正,给予警告,并按照本条第二款的规定处以罚款;所得收益,用于物业管理区域内物业共用部位、共用设施设备的维修、养护,剩余部分按照业主大会的决定使用:

(一)擅自改变物业管理区域内按照规划建设的公共建筑和共用设施用途的;

(二)擅自占用、挖掘物业管理区域内道路、场地,损害业主共同利益的;

（三）擅自利用物业共用部位、共用设施设备进行经营的。

个人有前款规定行为之一的，处 1000 元以上 1 万元以下的罚款；单位有前款规定行为之一的，处 5 万元以上 20 万元以下的罚款。

第六十七条　违反物业服务合同约定，业主逾期不交纳物业服务费用的，业主委员会应当督促其限期交纳；逾期仍不交纳的，物业服务企业可以向人民法院起诉。

第六十八条　业主以业主大会或者业主委员会的名义，从事违反法律、法规的活动，构成犯罪的，依法追究刑事责任；尚不构成犯罪的，依法给予治安管理处罚。

第六十九条　违反本条例的规定，国务院建设行政主管部门、县级以上地方人民政府房地产行政主管部门或者其他有关行政管理部门的工作人员利用职务上的便利，收受他人财物或者其他好处，不依法履行监督管理职责，或者发现违法行为不予查处，构成犯罪的，依法追究刑事责任；尚不构成犯罪的，依法给予行政处分。

第七章　附　　则

第七十条　本条例自 2003 年 9 月 1 日起施行。

《最高人民法院关于审理建筑物区分所有权纠纷案件具体应用法律若干问题的解释》

（法释〔2009〕7 号）

为正确审理建筑物区分所有权纠纷案件，依法保护当事人的合法权益，根据《中华人民共和国物权法》等法律的规定，结合民事审判实践，制定本解释。

第一条　依法登记取得或者根据物权法第二章第三节规定取得建筑物专有部分所有权的人，应当认定为物权法第六章所称的业主。

基于与建设单位之间的商品房买卖民事法律行为，已经合法占有建筑物专有部分，但尚未依法办理所有权登记的人，可以认定为物权法第六章所称的业主。

第二条　建筑区划内符合下列条件的房屋，以及车位、摊位等特定空间，应当认定为物权法第六章所称的专有部分：

（一）具有构造上的独立性，能够明确区分；

（二）具有利用上的独立性，可以排他使用；

（三）能够登记成为特定业主所有权的客体。

规划上专属于特定房屋，且建设单位销售时已经根据规划列入该特定房屋买卖合同中的露台等，应当认定为物权法第六章所称专有部分的组成部分。

本条第一款所称房屋,包括整栋建筑物。

第二条 除法律、行政法规规定的共有部分外,建筑区划内的以下部分,也应当认定为物权法第六章所称的共有部分:

(一)建筑物的基础、承重结构、外墙、屋顶等基本结构部分,通道、楼梯、大堂等公共通行部分,消防、公共照明等附属设施、设备,避难层、设备层或者设备间等结构部分;

(二)其他不属于业主专有部分,也不属于市政公用部分或者其他权利人所有的场所及设施等。

建筑区划内的土地,依法由业主共同享有建设用地使用权,但属于业主专有的整栋建筑物的规划占地或者城镇公共道路、绿地占地除外。

第四条 业主基于对住宅、经营性用房等专有部分特定使用功能的合理需要,无偿利用屋顶以及与其专有部分相对应的外墙面等共有部分的,不应认定为侵权。但违反法律、法规、管理规约,损害他人合法权益的除外。

第五条 建设单位按照配置比例将车位、车库,以出售、附赠或者出租等方式处分给业主的,应当认定其行为符合物权法第七十四条第一款有关"应当首先满足业主的需要"的规定。

前款所称配置比例是指规划确定的建筑区划内规划用于停放汽车的车位、车库与房屋套数的比例。

第六条 建筑区划内在规划用于停放汽车的车位之外,占用业主共有道路或者其他场地增设的车位,应当认定为物权法第七十四条第三款所称的车位。

第七条 改变共有部分的用途、利用共有部分从事经营性活动、处分共有部分,以及业主大会依法决定或者管理规约依法确定应由业主共同决定的事项,应当认定为物权法第七十六条第一款第(七)项规定的有关共有和共同管理权利的"其他重大事项"。

第八条 物权法第七十六条第二款和第八十条规定的专有部分面积和建筑物总面积,可以按照下列方法认定:

(一)专有部分面积,按照不动产登记簿记载的面积计算;尚未进行物权登记的,暂按测绘机构的实测面积计算;尚未进行实测的,暂按房屋买卖合同记载的面积计算。

(二)建筑物总面积,按照前项的统计总和计算。

第九条 物权法第七十六条第二款规定的业主人数和总人数,可以按照下列方法认定:

(一)业主人数,按照专有部分的数量计算,一个专有部分按一人计算。但建设单位尚未出售和虽已出售但尚未交付的部分,以及同一买受人拥有一个以上专有部分的,按一人计算。

(二)总人数,按照前项的统计总和计算。

第十条　业主将住宅改变为经营性用房,未按照物权法第七十七条的规定经有利害关系的业主同意,有利害关系的业主请求排除妨害、消除危险、恢复原状或者赔偿损失的,人民法院应予支持。

将住宅改变为经营性用房的业主以多数有利害关系的业主同意其行为进行抗辩的,人民法院不予支持。

第十一条　业主将住宅改变为经营性用房,本栋建筑物内的其他业主,应当认定为物权法第七十七条所称"有利害关系的业主"。建筑区划内,本栋建筑物之外的业主,主张与自己有利害关系的,应证明其房屋价值、生活质量受到或者可能受到不利影响。

第十二条　业主以业主大会或者业主委员会作出的决定侵害其合法权益或者违反了法律规定的程序为由,依据物权法第七十八条第二款的规定请求人民法院撤销该决定的,应当在知道或者应当知道业主大会或者业主委员会作出决定之日起一年内行使。

第十三条　业主请求公布、查阅下列应当向业主公开的情况和资料的,人民法院应予支持:

(一)建筑物及其附属设施的维修资金的筹集、使用情况;

(二)管理规约、业主大会议事规则,以及业主大会或者业主委员会的决定及会议记录;

(三)物业服务合同、共有部分的使用和收益情况;

(四)建筑区划内规划用于停放汽车的车位、车库的处分情况;

(五)其他应当向业主公开的情况和资料。

第十四条　建设单位或者其他行为人擅自占用、处分业主共有部分、改变其使用功能或者进行经营性活动,权利人请求排除妨害、恢复原状、确认处分行为无效或者赔偿损失的,人民法院应予支持。

属于前款所称擅自进行经营性活动的情形,权利人请求行为人将扣除合理成本之后的收益用于补充专项维修资金或者业主共同决定的其他用途的,人民法院应予支持。行为人对成本的支出及其合理性承担举证责任。

第十五条　业主或者其他行为人违反法律、法规、国家相关强制性标准、管理规约,或者违反业主大会、业主委员会依法作出的决定,实施下列行为的,可以认定为物权法第八十三条第二款所称的其他"损害他人合法权益的行为":

（一）损害房屋承重结构，损害或者违章使用电力、燃气、消防设施，在建筑物内放置危险、放射性物品等危及建筑物安全或者妨碍建筑物正常使用；

（二）违反规定破坏、改变建筑物外墙面的形状、颜色等损害建筑物外观；

（三）违反规定进行房屋装饰装修；

（四）违章加建、改建，侵占、挖掘公共通道、道路、场地或者其他共有部分。

第十六条　建筑物区分所有权纠纷涉及专有部分的承租人、借用人等物业使用人的，参照本解释处理。

专有部分的承租人、借用人等物业使用人，根据法律、法规、管理规约、业主大会或者业主委员会依法作出的决定，以及其与业主的约定，享有相应权利，承担相应义务。

第十七条　本解释所称建设单位，包括包销期满，按照包销合同约定的包销价格购买尚未销售的物业后，以自己名义对外销售的包销人。

第十八条　人民法院审理建筑物区分所有权案件中，涉及有关物权归属争议的，应当以法律、行政法规为依据。

第十九条　本解释自2009年10月1日起施行。

因物权法施行后实施的行为引起的建筑物区分所有权纠纷案件，适用本解释。

本解释施行前已经终审，本解释施行后当事人申请再审或者按照审判监督程序决定再审的案件，不适用本解释。

《最高人民法院关于审理物业服务纠纷案件具体应用法律若干问题的解释》

（法释[2009]8号）

为正确审理物业服务纠纷案件，依法保护当事人的合法权益，根据《中华人民共和国民法通则》《中华人民共和国物权法》《中华人民共和国合同法》等法律规定，结合民事审判实践，制定本解释。

第一条　建设单位依法与物业服务企业签订的前期物业服务合同，以及业主委员会与业主大会依法选聘的物业服务企业签订的物业服务合同，对业主具有约束力。业主以其并非合同当事人为由提出抗辩的，人民法院不予支持。

第二条　符合下列情形之一，业主委员会或者业主请求确认合同或者合同相关条款无效的，人民法院应予支持：

（一）物业服务企业将物业服务区域内的全部物业服务业务一并委托他人而签订

的委托合同；

（二）物业服务合同中免除物业服务企业责任、加重业主委员会或者业主责任、排除业主委员会或者业主主要权利的条款。

前款所称物业服务合同包括前期物业服务合同。

第三条　物业服务企业不履行或者不完全履行物业服务合同约定的或者法律、法规规定以及相关行业规范确定的维修、养护、管理和维护义务，业主请求物业服务企业承担继续履行、采取补救措施或者赔偿损失等违约责任的，人民法院应予支持。

物业服务企业公开作出的服务承诺及制定的服务细则，应当认定为物业服务合同的组成部分。

第四条　业主违反物业服务合同或者法律、法规、管理规约，实施妨害物业服务与管理的行为，物业服务企业请求业主承担恢复原状、停止侵害、排除妨害等相应民事责任的，人民法院应予支持。

第五条　物业服务企业违反物业服务合同约定或者法律、法规、部门规章规定，擅自扩大收费范围、提高收费标准或者重复收费，业主以违规收费为由提出抗辩的，人民法院应予支持。

业主请求物业服务企业退还其已收取的违规费用的，人民法院应予支持。

第六条　经书面催交，业主无正当理由拒绝交纳或者在催告的合理期限内仍未交纳物业费，物业服务企业请求业主支付物业费的，人民法院应予支持。物业服务企业已经按照合同约定以及相关规定提供服务，业主仅以未享受或者无需接受相关物业服务为抗辩理由的，人民法院不予支持。

第七条　业主与物业的承租人、借用人或者其他物业使用人约定由物业使用人交纳物业费，物业服务企业请求业主承担连带责任的，人民法院应予支持。

第八条　业主大会按照物权法第七十六条规定的程序作出解聘物业服务企业的决定后，业主委员会请求解除物业服务合同的，人民法院应予支持。

物业服务企业向业主委员会提出物业费主张的，人民法院应当告知其向拖欠物业费的业主另行主张权利。

第九条　物业服务合同的权利义务终止后，业主请求物业服务企业退还已经预收，但尚未提供物业服务期间的物业费的，人民法院应予支持。

物业服务企业请求业主支付拖欠的物业费的，按照本解释第六条规定处理。

第十条　物业服务合同的权利义务终止后，业主委员会请求物业服务企业退出物业服务区域、移交物业服务用房和相关设施，以及物业服务所必需的相关资料和由其代管的专项维修资金的，人民法院应予支持。

物业服务企业拒绝退出、移交,并以存在事实上的物业服务关系为由,请求业主支付物业服务合同权利义务终止后的物业费的,人民法院不予支持。

第十一条 本解释涉及物业服务企业的规定,适用于物权法第七十六条、第八十一条、第八十二条所称其他管理人。

第十二条 因物业的承租人、借用人或者其他物业使用人实施违反物业服务合同,以及法律、法规或者管理规约的行为引起的物业服务纠纷,人民法院应当参照本解释关于业主的规定处理。

第十三条 本解释自2009年10月1日起施行。

《业主大会和业主委员会指导规则》

第一章 总 则

第一条 为了规范业主大会和业主委员会的活动,维护业主的合法权益,根据《中华人民共和国物权法》《物业管理条例》等法律法规的规定,制定本规则。

第二条 业主大会由物业管理区域内的全体业主组成,代表和维护物业管理区域内全体业主在物业管理活动中的合法权利,履行相应的义务。

第三条 业主委员会由业主大会依法选举产生,履行业主大会赋予的职责,执行业主大会决定的事项,接受业主的监督。

第四条 业主大会或者业主委员会的决定,对业主具有约束力。

业主大会和业主委员会应当依法履行职责,不得作出与物业管理无关的决定,不得从事与物业管理无关的活动。

第五条 业主大会和业主委员会,对业主损害他人合法权益和业主共同利益的行为,有权依照法律、法规以及管理规约,要求停止侵害、消除危险、排除妨害、赔偿损失。

第六条 物业所在地的区、县房地产行政主管部门和街道办事处、乡镇人民政府负责对设立业主大会和选举业主委员会给予指导和协助,负责对业主大会和业主委员会的日常活动进行指导和监督。

第二章 业 主 大 会

第七条 业主大会根据物业管理区域的划分成立,一个物业管理区域成立一个业主大会。

只有一个业主的,或者业主人数较少且经全体业主同意,不成立业主大会的,由业主共同履行业主大会、业主委员会职责。

第八条　物业管理区域内,已交付的专有部分面积超过建筑物总面积50%时,建设单位应当按照物业所在地的区、县房地产行政主管部门或者街道办事处、乡镇人民政府的要求,及时报送下列筹备首次业主大会会议所需的文件资料:

(一)物业管理区域证明;

(二)房屋及建筑物面积清册;

(三)业主名册;

(四)建筑规划总平面图;

(五)交付使用共用设施设备的证明;

(六)物业服务用房配置证明;

(七)其他有关的文件资料。

第九条　符合成立业主大会条件的,区、县房地产行政主管部门或者街道办事处、乡镇人民政府应当在收到业主提出筹备业主大会书面申请后60日内,负责组织、指导成立首次业主大会会议筹备组。

第十条　首次业主大会会议筹备组由业主代表、建设单位代表、街道办事处、乡镇人民政府代表和居民委员会代表组成。筹备组成员人数应为单数,其中业主代表人数不低于筹备组总人数的一半,筹备组组长由街道办事处、乡镇人民政府代表担任。

第十一条　筹备组中业主代表的产生,由街道办事处、乡镇人民政府或者居民委员会组织业主推荐。

筹备组应当将成员名单以书面形式在物业管理区域内公告。业主对筹备组成员有异议的,由街道办事处、乡镇人民政府协调解决。

建设单位和物业服务企业应当配合协助筹备组开展工作。

第十二条　筹备组应当做好以下筹备工作:

(一)确认并公示业主身份、业主人数以及所拥有的专有部分面积;

(二)确定首次业主大会会议召开的时间、地点、形式和内容;

(三)草拟管理规约、业主大会议事规则;

(四)依法确定首次业主大会会议表决规则;

(五)制定业主委员会委员候选人产生办法,确定业主委员会委员候选人名单;

(六)制定业主委员会选举办法;

(七)完成召开首次业主大会会议的其他准备工作。

前款内容应当在首次业主大会会议召开15日前以书面形式在物业管理区域内公告。业主对公告内容有异议的,筹备组应当记录并作出答复。

第十三条　依法登记取得或者根据物权法第二章第三节规定取得建筑物专有部分所有权的人,应当认定为业主。

基于房屋买卖等民事法律行为,已经合法占有建筑物专有部分,但尚未依法办理所有权登记的人,可以认定为业主。

业主的投票权数由专有部分面积和业主人数确定。

第十四条　业主委员会委员候选人由业主推荐或者自荐。筹备组应当核查参选人的资格,根据物业规模、物权份额、委员的代表性和广泛性等因素,确定业主委员会委员候选人名单。

第十五条　筹备组应当自组成之日起90日内完成筹备工作,组织召开首次业主大会会议。

业主大会自首次业主大会会议表决通过管理规约、业主大会议事规则,并选举产生业主委员会之日起成立。

第十六条　划分为一个物业管理区域的分期开发的建设项目,先期开发部分符合条件的,可以成立业主大会,选举产生业主委员会。首次业主大会会议应当根据分期开发的物业面积和进度等因素,在业主大会议事规则中明确增补业主委员会委员的办法。

第十七条　业主大会决定以下事项:

(一)制定和修改业主大会议事规则;

(二)制定和修改管理规约;

(三)选举业主委员会或者更换业主委员会委员;

(四)制定物业服务内容、标准以及物业服务收费方案;

(五)选聘和解聘物业服务企业;

(六)筹集和使用专项维修资金;

(七)改建、重建建筑物及其附属设施;

(八)改变共有部分的用途;

(九)利用共有部分进行经营以及所得收益的分配与使用;

(十)法律法规或者管理规约确定应由业主共同决定的事项。

第十八条　管理规约应当对下列主要事项作出规定:

(一)物业的使用、维护、管理;

(二)专项维修资金的筹集、管理和使用;

(三)物业共用部分的经营与收益分配;

(四)业主共同利益的维护;

（五）业主共同管理权的行使；

（六）业主应尽的义务；

（七）违反管理规约应当承担的责任。

第十九条 业主大会议事规则应当对下列主要事项作出规定：

（一）业主大会名称及相应的物业管理区域；

（二）业主委员会的职责；

（三）业主委员会议事规则；

（四）业主大会会议召开的形式、时间和议事方式；

（五）业主投票权数的确定方法；

（六）业主代表的产生方式；

（七）业主大会会议的表决程序；

（八）业主委员会委员的资格、人数和任期等；

（九）业主委员会换届程序、补选办法等；

（十）业主大会、业主委员会工作经费的筹集、使用和管理；

（十一）业主大会、业主委员会印章的使用和管理。

第二十条 业主拒付物业服务费，不缴存专项维修资金以及实施其他损害业主共同权益行为的，业主大会可以在管理规约和业主大会议事规则中对其共同管理权的行使予以限制。

第二十一条 业主大会会议分为定期会议和临时会议。

业主大会定期会议应当按照业主大会议事规则的规定由业主委员会组织召开。

有下列情况之一的，业主委员会应当及时组织召开业主大会临时会议：

（一）经专有部分占建筑物总面积20%以上且占总人数20%以上业主提议的；

（二）发生重大事故或者紧急事件需要及时处理的；

（三）业主大会议事规则或者管理规约规定的其他情况。

第二十二条 业主大会会议可以采用集体讨论的形式，也可以采用书面征求意见的形式；但应当有物业管理区域内专有部分占建筑物总面积过半数的业主且占总人数过半数的业主参加。

采用书面征求意见形式的，应当将征求意见书送交每一位业主；无法送达的，应当在物业管理区域内公告。凡需投票表决的，表决意见应由业主本人签名。

第二十三条 业主大会确定业主投票权数，可以按照下列方法认定专有部分面积和建筑物总面积：

（一）专有部分面积按照不动产登记簿记载的面积计算；尚未进行登记的，暂按测绘机构的实测面积计算；尚未进行实测的，暂按房屋买卖合同记载的面积计算；

（二）建筑物总面积，按照前项的统计总和计算。

第二十四条 业主大会确定业主投票权数，可以按照下列方法认定业主人数和总人数：

（一）业主人数，按照专有部分的数量计算，一个专有部分按一人计算。但建设单位尚未出售和虽已出售但尚未交付的部分，以及同一买受人拥有一个以上专有部分的，按一人计算；

（二）总人数，按照前项的统计总和计算。

第二十五条 业主大会应当在业主大会议事规则中约定车位、摊位等特定空间是否计入用于确定业主投票权数的专有部分面积。

一个专有部分有两个以上所有权人的，应当推选一人行使表决权，但共有人所代表的业主人数为一人。

业主为无民事行为能力人或者限制民事行为能力人的，由其法定监护人行使投票权。

第二十六条 业主因故不能参加业主大会会议的，可以书面委托代理人参加业主大会会议。

未参与表决的业主，其投票权数是否可以计入已表决的多数票，由管理规约或者业主大会议事规则规定。

第二十七条 物业管理区域内业主人数较多的，可以幢、单元、楼层为单位，推选一名业主代表参加业主大会会议，推选及表决办法应当在业主大会议事规则中规定。

第二十八条 业主可以书面委托的形式，约定由其推选的业主代表在一定期限内代其行使共同管理权，具体委托内容、期限、权限和程序由业主大会议事规则规定。

第二十九条 业主大会会议决定筹集和使用专项维修资金以及改造、重建建筑物及其附属设施的，应当经专有部分占建筑物总面积三分之二以上的业主且占总人数三分之二以上的业主同意；决定本规则第十七条规定的其他共有和共同管理权利事项的，应当经专有部分占建筑物总面积过半数且占总人数过半数的业主同意。

第三十条 业主大会会议应当由业主委员会作出书面记录并存档。

业主大会的决定应当以书面形式在物业管理区域内及时公告。

第三章 业主委员会

第三十一条 业主委员会由业主大会会议选举产生，由 5 至 11 人单数组成。业主委员会委员应当是物业管理区域内的业主，并符合下列条件：

（一）具有完全民事行为能力；

（二）遵守国家有关法律、法规；

（三）遵守业主大会议事规则、管理规约，模范履行业主义务；

（四）热心公益事业，责任心强，公正廉洁；

（五）具有一定的组织能力；

（六）具备必要的工作时间。

第三十二条 业主委员会委员实行任期制，每届任期不超过5年，可连选连任，业主委员会委员具有同等表决权。

业主委员会应当自选举之日起7日内召开首次会议，推选业主委员会主任和副主任。

第三十三条 业主委员会应当自选举产生之日起30日内，持下列文件向物业所在地的区、县房地产行政主管部门和街道办事处、乡镇人民政府办理备案手续：

（一）业主大会成立和业主委员会选举的情况；

（二）管理规约；

（三）业主大会议事规则；

（四）业主大会决定的其他重大事项。

第三十四条 业主委员会办理备案手续后，可持备案证明向公安机关申请刻制业主大会印章和业主委员会印章。

业主委员会任期内，备案内容发生变更的，业主委员会应当自变更之日起30日内将变更内容书面报告备案部门。

第三十五条 业主委员会履行以下职责：

（一）执行业主大会的决定和决议；

（二）召集业主大会会议，报告物业管理实施情况；

（三）与业主大会选聘的物业服务企业签订物业服务合同；

（四）及时了解业主、物业使用人的意见和建议，监督和协助物业服务企业履行物业服务合同；

（五）监督管理规约的实施；

（六）督促业主交纳物业服务费及其他相关费用；

（七）组织和监督专项维修资金的筹集和使用；

（八）调解业主之间因物业使用、维护和管理产生的纠纷；

（九）业主大会赋予的其他职责。

第三十六条 业主委员会应当向业主公布下列情况和资料：

（一）管理规约、业主大会议事规则；

（二）业主大会和业主委员会的决定；

（三）物业服务合同；

（四）专项维修资金的筹集、使用情况；

（五）物业共有部分的使用和收益情况；

（六）占用业主共有的道路或者其他场地用于停放汽车车位的处分情况；

（七）业主大会和业主委员会工作经费的收支情况；

（八）其他应当向业主公开的情况和资料。

第三十七条　业主委员会应当按照业主大会议事规则的规定及业主大会的决定召开会议。经三分之一以上业主委员会委员的提议，应当在7日内召开业主委员会会议。

第三十八条　业主委员会会议由主任召集和主持，主任因故不能履行职责，可以委托副主任召集。

业主委员会会议应有过半数的委员出席，作出的决定必须经全体委员半数以上同意。

业主委员会委员不能委托代理人参加会议。

第三十九条　业主委员会应当于会议召开7日前，在物业管理区域内公告业主委员会会议的内容和议程，听取业主的意见和建议。

业主委员会会议应当制作书面记录并存档，业主委员会会议作出的决定，应当有参会委员的签字确认，并自作出决定之日起3日内在物业管理区域内公告。

第四十条　业主委员会应当建立工作档案，工作档案包括以下主要内容：

（一）业主大会、业主委员会的会议记录；

（二）业主大会、业主委员会的决定；

（三）业主大会议事规则、管理规约和物业服务合同；

（四）业主委员会选举及备案资料；

（五）专项维修资金筹集及使用账目；

（六）业主及业主代表的名册；

（七）业主的意见和建议。

第四十一条　业主委员会应当建立印章管理规定，并指定专人保管印章。

使用业主大会印章，应当根据业主大会议事规则的规定或者业主大会会议的决定；使用业主委员会印章，应当根据业主委员会会议的决定。

第四十二条　业主大会、业主委员会工作经费由全体业主承担。工作经费可以由业主分摊，也可以从物业共有部分经营所得收益中列支。工作经费的收支情况，应当定期在物业管理区域内公告，接受业主监督。

工作经费筹集、管理和使用的具体办法由业主大会决定。

第四十三条　有下列情况之一的，业主委员会委员资格自行终止：

（一）因物业转让、灭失等原因不再是业主的；

（二）丧失民事行为能力的；

（三）依法被限制人身自由的；

（四）法律、法规以及管理规约规定的其他情形。

第四十四条　业主委员会委员有下列情况之一的，由业主委员会三分之一以上委员或者持有20%以上投票权数的业主提议，业主大会或者业主委员会根据业主大会的授权，可以决定是否终止其委员资格：

（一）以书面方式提出辞职请求的；

（二）不履行委员职责的；

（三）利用委员资格谋取私利的；

（四）拒不履行业主义务的；

（五）侵害他人合法权益的；

（六）因其他原因不宜担任业主委员会委员的。

第四十五条　业主委员会委员资格终止的，应当自终止之日起3日内将其保管的档案资料、印章及其他属于全体业主所有的财物移交业主委员会。

第四十六条　业主委员会任期内，委员出现空缺时，应当及时补足。业主委员会委员候补办法由业主大会决定或者在业主大会议事规则中规定。业主委员会委员人数不足总数的二分之一时，应当召开业主大会临时会议，重新选举业主委员会。

第四十七条　业主委员会任期届满前3个月，应当组织召开业主大会会议，进行换届选举，并报告物业所在地的区、县房地产行政主管部门和街道办事处、乡镇人民政府。

第四十八条　业主委员会应当自任期届满之日起10日内，将其保管的档案资料、印章及其他属于业主大会所有的财物移交新一届业主委员会。

第四章　指导和监督

第四十九条　物业所在地的区、县房地产行政主管部门和街道办事处、乡镇人民政府应当积极开展物业管理政策法规的宣传和教育活动，及时处理业主、业主委员会在物业管理活动中的投诉。

第五十条　已交付使用的专有部分面积超过建筑物总面积50%，建设单位未按要求报送筹备首次业主大会会议相关文件资料的,物业所在地的区、县房地产行政主管部门或者街道办事处、乡镇人民政府有权责令建设单位限期改正。

第五十一条　业主委员会未按业主大会议事规则的规定组织召开业主大会定期会议,或者发生应当召开业主大会临时会议的情况,业主委员会不履行组织召开会议职责的,物业所在地的区、县房地产行政主管部门或者街道办事处、乡镇人民政府可以责令业主委员会限期召开;逾期仍不召开的,可以由物业所在地的居民委员会在街道办事处、乡镇人民政府的指导和监督下组织召开。

第五十二条　按照业主大会议事规则的规定或者三分之一以上委员提议,应当召开业主委员会会议的,业主委员会主任、副主任无正当理由不召集业主委员会会议的,物业所在地的区、县房地产行政主管部门或者街道办事处、乡镇人民政府可以指定业主委员会其他委员召集业主委员会会议。

第五十三条　召开业主大会会议,物业所在地的区、县房地产行政主管部门和街道办事处、乡镇人民政府应当给予指导和协助。

第五十四条　召开业主委员会会议,应当告知相关的居民委员会,并听取居民委员会的建议。

在物业管理区域内,业主大会、业主委员会应当积极配合相关居民委员会依法履行自治管理职责,支持居民委员会开展工作,并接受其指导和监督。

第五十五条　违反业主大会议事规则或者未经业主大会会议和业主委员会会议的决定,擅自使用业主大会印章、业主委员会印章的,物业所在地的街道办事处、乡镇人民政府应当责令限期改正,并通告全体业主;造成经济损失或者不良影响的,应当依法追究责任人的法律责任。

第五十六条　业主委员会委员资格终止,拒不移交所保管的档案资料、印章及其他属于全体业主所有的财物的,其他业主委员会委员可以请求物业所在地的公安机关协助移交。

业主委员会任期届满后,拒不移交所保管的档案资料、印章及其他属于全体业主所有的财物的,新一届业主委员会可以请求物业所在地的公安机关协助移交。

第五十七条　业主委员会在规定时间内不组织换届选举的,物业所在地的区、县房地产行政主管部门或者街道办事处、乡镇人民政府应当责令其限期组织换届选举;逾期仍不组织的,可以由物业所在地的居民委员会在街道办事处、乡镇人民政府的指导和监督下,组织换届选举工作。

第五十八条　因客观原因未能选举产生业主委员会或者业主委员会委员人数不足总数的二分之一的,新一届业主委员会产生之前,可以由物业所在地的居民委员会在街道办事处、乡镇人民政府的指导和监督下,代行业主委员会的职责。

第五十九条　业主大会、业主委员会作出的决定违反法律法规的,物业所在地的区、县房地产行政主管部门和街道办事处、乡镇人民政府应当责令限期改正或者撤销其决定,并通告全体业主。

第六十条　业主不得擅自以业主大会或者业主委员会的名义从事活动。业主以业主大会或者业主委员会的名义,从事违反法律、法规的活动,构成犯罪的,依法追究刑事责任;尚不构成犯罪的,依法给予治安管理处罚。

第六十一条　物业管理区域内,可以召开物业管理联席会议。物业管理联席会议由街道办事处、乡镇人民政府负责召集,由区、县房地产行政主管部门、公安派出所、居民委员会、业主委员会和物业服务企业等方面的代表参加,共同协调解决物业管理中遇到的问题。

第五章　附　　则

第六十二条　业主自行管理或者委托其他管理人管理物业,成立业主大会,选举业主委员会的,可参照执行本规则。

第六十三条　物业所在地的区、县房地产行政主管部门与街道办事处、乡镇人民政府在指导、监督业主大会和业主委员会工作中的具体职责分工,按各省、自治区、直辖市人民政府有关规定执行。

第六十四条　本规则自2010年1月1日起施行。《业主大会规程》(建住房[2003]131号)同时废止。

《前期物业管理招标投标管理暂行办法》

第一章　总　　则

第一条　为了规范前期物业管理招标投标活动,保护招标投标当事人的合法权益,促进物业管理市场的公平竞争,制定本办法。

第二条　前期物业管理,是指在业主、业主大会选聘物业管理企业之前,由建设单位选聘物业管理企业实施的物业管理。

建设单位通过招投标的方式选聘具有相应资质的物业管理企业和行政主管部门对物业管理招投标活动实施监督管理,适用本办法。

第三条　住宅及同一物业管理区域内非住宅的建设单位,应当通过招投标的方式选聘具有相应资质的物业管理企业；投标人少于3个或者住宅规模较小的，经物业所在地的区、县人民政府房地产行政主管部门批准，可以采用协议方式选聘具有相应资质的物业管理企业。

国家提倡其他物业的建设单位通过招投标的方式，选聘具有相应资质的物业管理企业。

第四条　前期物业管理招标投标应当遵循公开、公平、公正和诚实信用的原则。

第五条　国务院建设行政主管部门负责全国物业管理招标投标活动的监督管理。

省、自治区人民政府建设行政主管部门负责本行政区域内物业管理招标投标活动的监督管理。

直辖市、市、县人民政府房地产行政主管部门负责本行政区域内物业管理招标投标活动的监督管理。

第六条　任何单位和个人不得违反法律、行政法规规定，限制或者排斥具备投标资格的物业管理企业参加投标，不得以任何方式非法干涉物业管理招标投标活动。

第二章　招　　标

第七条　本办法所称招标人是指依法进行前期物业管理招标的物业建设单位。

前期物业管理招标由招标人依法组织实施。招标人不得以不合理条件限制或者排斥潜在投标人，不得对潜在投标人实行歧视待遇，不得对潜在投标人提出与招标物业管理项目实际要求不符的过高的资格等要求。

第八条　前期物业管理招标分为公开招标和邀请招标。

招标人采取公开招标方式的，应当在公共媒介上发布招标公告，并同时在中国住宅与房地产信息网和中国物业管理协会网上发布免费招标公告。

招标公告应当载明招标人的名称和地址，招标项目的基本情况以及获取招标文件的办法等事项。

招标人采取邀请招标方式的，应当向3个以上物业管理企业发出投标邀请书，投标邀请书应当包含前款规定的事项。

第九条　招标人可以委托招标代理机构办理招标事宜；有能力组织和实施招标活动的，也可以自行组织实施招标活动。

物业管理招标代理机构应当在招标人委托的范围内办理招标事宜，并遵守本办法对招标人的有关规定。

第十条　招标人应当根据物业管理项目的特点和需要，在招标前完成招标文件的编制。

招标文件应包括以下内容：

（一）招标人及招标项目简介，包括招标人名称、地址、联系方式、项目基本情况、物业管理用房的配备情况等；

（二）物业管理服务内容及要求，包括服务内容、服务标准等；

（三）对投标人及投标书的要求，包括投标人的资格、投标书的格式、主要内容等；

（四）评标标准和评标方法；

（五）招标活动方案，包括招标组织机构、开标时间及地点等；

（六）物业服务合同的签订说明；

（七）其他事项的说明及法律法规规定的其他内容。

第十一条　招标人应当在发布招标公告或者发出投标邀请书的 10 日前，提交以下材料报物业项目所在地的县级以上地方人民政府房地产行政主管部门备案：

（一）与物业管理有关的物业项目开发建设的政府批件；

（二）招标公告或者招标邀请书；

（三）招标文件；

（四）法律、法规规定的其他材料。

房地产行政主管部门发现招标有违反法律、法规规定的，应当及时责令招标人改正。

第十二条　公开招标的招标人可以根据招标文件的规定，对投标申请人进行资格预审。

实行投标资格预审的物业管理项目，招标人应当在招标公告或者投标邀请书中载明资格预审的条件和获取资格预审文件的办法。

资格预审文件一般应当包括资格预审申请书格式、申请人须知，以及需要投标申请人提供的企业资格文件、业绩、技术装备、财务状况和拟派出的项目负责人与主要管理人员的简历、业绩等证明材料。

第十三条　经资格预审后，公开招标的招标人应当向资格预审合格的投标申请人发出资格预审合格通知书，告知获取招标文件的时间、地点和方法，并同时向资格不合格的投标申请人告知资格预审结果。

在资格预审合格的投标申请人过多时，可以由招标人从中选择不少于 5 家资格预审合格的投标申请人。

第十四条　招标人应当确定投标人编制投标文件所需要的合理时间。公开招标的物业管理项目，自招标文件发出之日起至投标人提交投标文件截止之日止，最短不得少于 20 日。

第十五条　招标人对已发出的招标文件进行必要的澄清或者修改的，应当在招标文件要求提交投标文件截止时间至少 15 日前,以书面形式通知所有的招标文件收受人。该澄清或者修改的内容为招标文件的组成部分。

第十六条　招标人根据物业管理项目的具体情况,可以组织潜在的投标申请人踏勘物业项目现场,并提供隐蔽工程图纸等详细资料。对投标申请人提出的疑问应当予以澄清并以书面形式发送给所有的招标文件收受人。

第十七条　招标人不得向他人透露已获取招标文件的潜在投标人的名称、数量以及可能影响公平竞争的有关招标投标的其他情况。

招标人设有标底的,标底必须保密。

第十八条　在确定中标人前,招标人不得与投标人就投标价格、投标方案等实质内容进行谈判。

第十九条　通过招标投标方式选择物业管理企业的,招标人应当按照以下规定时限完成物业管理招标投标工作:

(一) 新建现售商品房项目应当在现售前 30 日完成;

(二) 预售商品房项目应当在取得《商品房预售许可证》之前完成;

(三) 非出售的新建物业项目应当在交付使用前 90 日完成。

第三章　投　　标

第二十条　本办法所称投标人是指响应前期物业管理招标、参与投标竞争的物业管理企业。

投标人应当具有相应的物业管理企业资质和招标文件要求的其他条件。

第二十一条　投标人对招标文件有疑问需要澄清的,应当以书面形式向招标人提出。

第二十二条　投标人应当按照招标文件的内容和要求编制投标文件,投标文件应当对招标文件提出的实质性要求和条件作出响应。

投标文件应当包括以下内容:

(一) 投标函;

(二) 投标报价;

(三) 物业管理方案;

(四) 招标文件要求提供的其他材料。

第二十三条　投标人应当在招标文件要求提交投标文件的截止时间前,将投标文件密封送达投标地点。招标人收到投标文件后,应当向投标人出具标明签收人和签收时间的凭证,并妥善保存投标文件。在开标前,任何单位和个人均不得开启投标文件。在招标文件要求提交投标文件的截止时间后送达的投标文件,为无效的投标文件,招标人应当拒收。

第二十四条　投标人在招标文件要求提交投标文件的截止时间前,可以补充、修改或者撤回已提交的投标文件,并书面通知招标人。补充、修改的内容为投标文件的组成部分,并应当按照本办法第二十三条的规定送达、签收和保管。在招标文件要求提交投标文件的截止时间后送达的补充或者修改的内容无效。

第二十五条　投标人不得以他人名义投标或者以其他方式弄虚作假,骗取中标。

投标人不得相互串通投标,不得排挤其他投标人的公平竞争,不得损害招标人或者其他投标人的合法权益。

投标人不得与招标人串通投标,损害国家利益、社会公共利益或者他人的合法权益。

禁止投标人以向招标人或者评标委员会成员行贿等不正当手段谋取中标。

第四章　开标、评标和中标

第二十六条　开标应当在招标文件确定的提交投标文件截止时间的同一时间公开进行;开标地点应当为招标文件中预先确定的地点。

第二十七条　开标由招标人主持,邀请所有投标人参加。开标应当按照下列规定进行:

由投标人或者其推选的代表检查投标文件的密封情况,也可以由招标人委托的公证机构进行检查并公证。经确认无误后,由工作人员当众拆封,宣读投标人名称、投标价格和投标文件的其他主要内容。

招标人在招标文件要求提交投标文件的截止时间前收到的所有投标文件,开标时都应当当众予以拆封。

开标过程应当记录,并由招标人存档备查。

第二十八条　评标由招标人依法组建的评标委员会负责。

评标委员会由招标人代表和物业管理方面的专家组成,成员为5人以上单数,其中招标人代表以外的物业管理方面的专家不得少于成员总数的三分之二。

评标委员会的专家成员,应当由招标人从房地产行政主管部门建立的专家名册中采取随机抽取的方式确定。

与投标人有利害关系的人不得进入相关项目的评标委员会。

第二十九条　房地产行政主管部门应当建立评标的专家名册。省、自治区、直辖市人民政府房地产行政主管部门可以将专家数量少的城市的专家名册予以合并或者实行专家名册计算机联网。

房地产行政主管部门应当对进入专家名册的专家进行有关法律和业务培训,对其评标能力、廉洁公正等进行综合考评,及时取消不称职或者违法违规人员的评标专家资格。被取消评标专家资格的人员,不得再参加任何评标活动。

第三十条　评标委员会成员应当认真、公正、诚实、廉洁地履行职责。

评标委员会成员不得与任何投标人或者与招标结果有利害关系的人进行私下接触,不得收受投标人、中介人、其他利害关系人的财物或者其他好处。

评标委员会成员和与评标活动有关的工作人员不得透露对投标文件的评审和比较、中标候选人的推荐情况以及与评标有关的其他情况。

前款所称与评标活动有关的工作人员,是指评标委员会成员以外的因参与评标监督工作或者事务性工作而知悉有关评标情况的所有人员。

第三十一条　评标委员会可以用书面形式要求投标人对投标文件中含义不明确的内容作必要的澄清或者说明。投标人应当采用书面形式进行澄清或者说明,其澄清或者说明不得超出投标文件的范围或者改变投标文件的实质性内容。

第三十二条　在评标过程中召开现场答辩会的,应当事先在招标文件中说明,并注明所占的评分比重。

评标委员会应当按照招标文件的评标要求,根据标书评分、现场答辩等情况进行综合评标。

除了现场答辩部分外,评标应当在保密的情况下进行。

第三十三条　评标委员会应当按照招标文件确定的评标标准和方法,对投标文件进行评审和比较,并对评标结果签字确认。

第三十四条　评标委员会经评审,认为所有投标文件都不符合招标文件要求的,可以否决所有投标。

依法必须进行招标的物业管理项目的所有投标被否决的,招标人应当重新招标。

第三十五条　评标委员会完成评标后,应当向招标人提出书面评标报告,阐明评标委员会对各投标文件的评审和比较意见,并按照招标文件规定的评标标准和评标方法,推荐不超过3名有排序的合格的中标候选人。

招标人应当按照中标候选人的排序确定中标人。当确定中标的中标候选人放弃中标或者因不可抗力提出不能履行合同的,招标人可以依序确定其他中标候选人为中标人。

第三十六条　招标人应当在投标有效期截止时限30日前确定中标人。投标有效期应当在招标文件中载明。

第三十七条　招标人应当向中标人发出中标通知书,同时将中标结果通知所有未中标的投标人,并应当返还其投标书。

招标人应当自确定中标人之日起15日内,向物业项目所在地的县级以上地方人民政府房地产行政主管部门备案。备案资料应当包括开标评标过程、确定中标人的方式及理由、评标委员会的评标报告、中标人的投标文件等资料。委托代理招标的,还应当附招标代理委托合同。

第三十八条 招标人和中标人应当自中标通知书发出之日起30日内,按照招标文件和中标人的投标文件订立书面合同;招标人和中标人不得再行订立背离合同实质性内容的其他协议。

第三十九条 招标人无正当理由不与中标人签订合同,给中标人造成损失的,招标人应当给予赔偿。

第五章 附 则

第四十条 投标人和其他利害关系人认为招标投标活动不符合本办法有关规定的,有权向招标人提出异议,或者依法向有关部门投诉。

第四十一条 招标文件或者投标文件使用两种以上语言文字的,必须有一种是中文;如对不同文本的解释发生异议的,以中文文本为准。用文字表示的数额与数字表示的金额不一致的,以文字表示的金额为准。

第四十二条 本办法第三条规定住宅规模较小的,经物业所在地的区、县人民政府房地产行政主管部门批准,可以采用协议方式选聘物业管理企业的,其规模标准由省、自治区、直辖市人民政府房地产行政主管部门确定。

第四十三条 业主和业主大会通过招投标的方式选聘具有相应资质的物业管理企业的,参照本办法执行。

第四十四条 本办法自2003年9月1日起施行。

《住宅室内装饰装修管理办法》

(2002年2月26日建设部第53次部常务会议通过)

第一章 总 则

第一条 为加强住宅室内装饰装修管理,保证装饰装修工程质量和安全,维护公共安全和公众利益,根据有关法律、法规,制定本办法。

第二条 在城市从事住宅室内装饰装修活动,实施对住宅室内装饰装修活动的监督管理,应当遵守本办法。

本办法所称住宅室内装饰装修,是指住宅竣工验收合格后,业主或者住宅使用人(以下简称装修人)对住宅室内进行装饰装修的建筑活动。

第三条 住宅室内装饰装修应当保证工程质量和安全,符合工程建设强制性标准。

第四条 国务院建设行政主管部门负责全国住宅室内装饰装修活动的管理工作。

省、自治区人民政府建设行政主管部门负责本行政区域内的住宅室内装饰装修活动的管理工作。

直辖市、市、县人民政府房地产行政主管部门负责本行政区域内的住宅室内装饰装修活动的管理工作。

第二章 一 般 规 定

第五条 住宅室内装饰装修活动,禁止下列行为:

(一)未经原设计单位或者具有相应资质等级的设计单位提出设计方案,变动建筑主体和承重结构;

(二)将没有防水要求的房间或者阳台改为卫生间、厨房间;

(三)扩大承重墙上原有的门窗尺寸,拆除连接阳台的砖、混凝土墙体;

(四)损坏房屋原有节能设施,降低节能效果;

(五)其他影响建筑结构和使用安全的行为。

本办法所称建筑主体,是指建筑实体的结构构造,包括屋盖、楼盖、梁、柱、支撑、墙体、连接接点和基础等。

本办法所称承重结构,是指直接将本身自重与各种外加作用力系统地传递给基础地基的主要结构构件和其连接接点,包括承重墙体、立杆、柱、框架柱、支墩、楼板、梁、屋架、悬索等。

第六条 装修人从事住宅室内装饰装修活动,未经批准,不得有下列行为:

(一)搭建建筑物、构筑物;

(二)改变住宅外立面,在非承重外墙上开门、窗;

(三)拆改供暖管道和设施;

(四)拆改燃气管道和设施。

本条所列第(一)项、第(二)项行为,应当经城市规划行政主管部门批准;第(三)项行为,应当经供暖管理单位批准;第(四)项行为应当经燃气管理单位批准。

第七条 住宅室内装饰装修超过设计标准或者规范增加楼面荷载的,应当经原设计单位或者具有相应资质等级的设计单位提出设计方案。

第八条 改动卫生间、厨房间防水层的,应当按照防水标准制订施工方案,并做闭水试验。

第九条　装修人经原设计单位或者具有相应资质等级的设计单位提出设计方案变动建筑主体和承重结构的,或者装修活动涉及本办法第六条、第七条、第八条内容的,必须委托具有相应资质的装饰装修企业承担。

第十条　装饰装修企业必须按照工程建设强制性标准和其他技术标准施工,不得偷工减料,确保装饰装修工程质量。

第十一条　装饰装修企业从事住宅室内装饰装修活动,应当遵守施工安全操作规程,按照规定采取必要的安全防护和消防措施,不得擅自动用明火和进行焊接作业,保证作业人员和周围住房及财产的安全。

第十二条　装修人和装饰装修企业从事住宅室内装饰装修活动,不得侵占公共空间,不得损害公共部位和设施。

第三章　开工申报与监督

第十三条　装修人在住宅室内装饰装修工程开工前,应当向物业管理企业或者房屋管理机构(以下简称物业管理单位)申报登记。

非业主的住宅使用人对住宅室内进行装饰装修,应当取得业主的书面同意。

第十四条　申报登记应当提交下列材料:

(一)房屋所有权证(或者证明其合法权益的有效凭证);

(二)申请人身份证件;

(三)装饰装修方案;

(四)变动建筑主体或者承重结构的,需提交原设计单位或者具有相应资质等级的设计单位提出的设计方案;

(五)涉及本办法第六条行为的,需提交有关部门的批准文件,涉及本办法第七条、第八条行为的,需提交设计方案或者施工方案;

(六)委托装饰装修企业施工的,需提供该企业相关资质证书的复印件。

非业主的住宅使用人,还需提供业主同意装饰装修的书面证明。

第十五条　物业管理单位应当将住宅室内装饰装修工程的禁止行为和注意事项告知装修人和装修人委托的装饰装修企业。

装修人对住宅进行装饰装修前,应当告知邻里。

第十六条　装修人,或者装修人和装饰装修企业,应当与物业管理单位签订住宅室内装饰装修管理服务协议。

住宅室内装饰装修管理服务协议应当包括下列内容:

(一)装饰装修工程的实施内容;

(二)装饰装修工程的实施期限；

(三)允许施工的时间；

(四)废弃物的清运与处置；

(五)住宅外立面设施及防盗窗的安装要求；

(六)禁止行为和注意事项；

(七)管理服务费用；

(八)违约责任；

(九)其他需要约定的事项。

第十七条 物业管理单位应当按照住宅室内装饰装修管理服务协议实施管理，发现装修人或者装饰装修企业有本办法第五条行为的，或者未经有关部门批准实施本办法第六条所列行为的，或者有违反本办法第七条、第八条、第九条规定行为的，应当立即制止；已造成事实后果或者拒不改正的，应当及时报告有关部门依法处理。对装修人或者装饰装修企业违反住宅室内装饰装修管理服务协议的，追究违约责任。

第十八条 有关部门接到物业管理单位关于装修人或者装饰装修企业有违反本办法行为的报告后，应当及时到现场检查核实，依法处理。

第十九条 禁止物业管理单位向装修人指派装饰装修企业或者强行推销装饰装修材料。

第二十条 装修人不得拒绝和阻碍物业管理单位依据住宅室内装饰装修管理服务协议的约定，对住宅室内装饰装修活动的监督检查。

第二十一条 任何单位和个人对住宅室内装饰装修中出现的影响公众利益的质量事故、质量缺陷以及其他影响周围住户正常生活的行为，都有权检举、控告、投诉。

第四章 委托与承接

第二十二条 承接住宅室内装饰装修工程的装饰装修企业，必须经建设行政主管部门资质审查，取得相应的建筑业企业资质证书，并在其资质等级许可的范围内承揽工程。

第二十三条 装修人委托企业承接其装饰装修工程的，应当选择具有相应资质等级的装饰装修企业。

第二十四条 装修人与装饰装修企业应当签订住宅室内装饰装修书面合同，明确双方的权利和义务。

住宅室内装饰装修合同应当包括下列主要内容：

(一)委托人和被委托人的姓名或者单位名称、住所地址、联系电话；

(二)住宅室内装饰装修的房屋间数、建筑面积，装饰装修的项目、方式、规格、质量要求以及质量验收方式；

（三）装饰装修工程的开工、竣工时间；

（四）装饰装修工程保修的内容、期限；

（五）装饰装修工程价格，计价和支付方式、时间；

（六）合同变更和解除的条件；

（七）违约责任及解决纠纷的途径；

（八）合同的生效时间；

（九）双方认为需要明确的其他条款。

第二十五条　住宅室内装饰装修工程发生纠纷的，可以协商或者调解解决。不愿协商、调解或者协商、调解不成的，可以依法申请仲裁或者向人民法院起诉。

第五章　室内环境质量

第二十六条　装饰装修企业从事住宅室内装饰装修活动，应当严格遵守规定的装饰装修施工时间，降低施工噪音，减少环境污染。

第二十七条　住宅室内装饰装修过程中所形成的各种固体、可燃液体等废物，应当按照规定的位置、方式和时间堆放和清运。严禁违反规定将各种固体、可燃液体等废物堆放于住宅垃圾道、楼道或者其他地方。

第二十八条　住宅室内装饰装修工程使用的材料和设备必须符合国家标准，有质量检验合格证明和有中文标识的产品名称、规格、型号、生产厂厂名、厂址等。禁止使用国家明令淘汰的建筑装饰装修材料和设备。

第二十九条　装修人委托企业对住宅室内进行装饰装修的，装饰装修工程竣工后，空气质量应当符合国家有关标准。装修人可以委托有资格的检测单位对空气质量进行检测。检测不合格的，装饰装修企业应当返工，并由责任人承担相应损失。

第六章　竣工验收与保修

第三十条　住宅室内装饰装修工程竣工后，装修人应当按照工程设计合同约定和相应的质量标准进行验收。验收合格后，装饰装修企业应当出具住宅室内装饰装修质量保修书。

物业管理单位应当按照装饰装修管理服务协议进行现场检查，对违反法律、法规和装饰装修管理服务协议的，应当要求装修人和装饰装修企业纠正，并将检查记录存档。

第三十一条　住宅室内装饰装修工程竣工后，装饰装修企业负责采购装饰装修材料及设备的，应当向业主提交说明书、保修单和环保说明书。

第三十二条　在正常使用条件下,住宅室内装饰装修工程的最低保修期限为二年,有防水要求的厨房、卫生间和外墙面的防渗漏为五年。保修期自住宅室内装饰装修工程竣工验收合格之日起计算。

第七章　法律责任

第三十三条　因住宅室内装饰装修活动造成相邻住宅的管道堵塞、渗漏水、停水停电、物品毁坏等,装修人应当负责修复和赔偿;属于装饰装修企业责任的,装修人可以向装饰装修企业追偿。

装修人擅自拆改供暖、燃气管道和设施造成损失的,由装修人负责赔偿。

第三十四条　装修人因住宅室内装饰装修活动侵占公共空间,对公共部位和设施造成损害的,由城市房地产行政主管部门责令改正,造成损失的,依法承担赔偿责任。

第三十五条　装修人未申报登记进行住宅室内装饰装修活动的,由城市房地产行政主管部门责令改正,处5百元以上1千元以下的罚款。

第三十六条　装修人违反本办法规定,将住宅室内装饰装修工程委托给不具有相应资质等级企业的,由城市房地产行政主管部门责令改正,处5百元以上1千元以下的罚款。

第三十七条　装饰装修企业自行采购或者向装修人推荐使用不符合国家标准的装饰装修材料,造成空气污染超标的,由城市房地产行政主管部门责令改正,造成损失的,依法承担赔偿责任。

第三十八条　住宅室内装饰装修活动有下列行为之一的,由城市房地产行政主管部门责令改正,并处罚款:

(一)将没有防水要求的房间或者阳台改为卫生间、厨房间的,或者拆除连接阳台的砖、混凝土墙体的,对装修人处5百元以上1千元以下的罚款,对装饰装修企业处1千元以上1万元以下的罚款;

(二)损坏房屋原有节能设施或者降低节能效果的,对装饰装修企业处1千元以上5千元以下的罚款;

(三)擅自拆改供暖、燃气管道和设施的,对装修人处5百元以上1千元以下的罚款;

(四)未经原设计单位或者具有相应资质等级的设计单位提出设计方案,擅自超过设计标准或者规范增加楼面荷载的,对装修人处5百元以上1千元以下的罚款,对装饰装修企业处1千元以上1万元以下的罚款。

第三十九条　未经城市规划行政主管部门批准,在住宅室内装饰装修活动中搭建建筑物、构筑物的,或者擅自改变住宅外立面、在非承重外墙上开门、窗的,由城市规划行政主管部门按照《城市规划法》及相关法规的规定处罚。

（注：中华人民共和国住房和城乡建设部令第9号《住房和城乡建设部关于废止和修改部分规章的决定》第二条第7项规定：将《住宅室内装饰装修管理办法》（建设部令第110号）第三十九条中的"《城市规划法》"修改为"《中华人民共和国城乡规划法》"。）

第四十条　装修人或者装饰装修企业违反《建设工程质量管理条例》的，由建设行政主管部门按照有关规定处罚。

第四十一条　装饰装修企业违反国家有关安全生产规定和安全生产技术规程，不按照规定采取必要的安全防护和消防措施，擅自动用明火作业和进行焊接作业的，或者对建筑安全事故隐患不采取措施予以消除的，由建设行政主管部门责令改正，并处1千元以上1万元以下的罚款；情节严重的，责令停业整顿，并处1万元以上3万元以下的罚款；造成重大安全事故的，降低资质等级或者吊销资质证书。

第四十二条　物业管理单位发现装修人或者装饰装修企业有违反本办法规定的行为不及时向有关部门报告的，由房地产行政主管部门给予警告，可处装饰装修管理服务协议约定的装饰装修管理服务费2至3倍的罚款。

第四十三条　有关部门的工作人员接到物业管理单位对装修人或者装饰装修企业违法行为的报告后，未及时处理，玩忽职守的，依法给予行政处分。

第八章　附　　则

第四十四条　工程投资额在30万元以下或者建筑面积在300平方米以下，可以不申请办理施工许可证的非住宅装饰装修活动参照本办法执行。

第四十五条　住宅竣工验收合格前的装饰装修工程管理，按照《建设工程质量管理条例》执行。

第四十六条　省、自治区、直辖市人民政府建设行政主管部门可以依据本办法，制定实施细则。

第四十七条　本办法由国务院建设行政主管部门负责解释。

第四十八条　本办法自2002年5月1日起施行。

《住宅专项维修资金管理办法》

（2007年10月30日建设部第142次常务会议通过）

第一章　总　　则

第一条　为了加强对住宅专项维修资金的管理，保障住宅共用部位、共用设施设备的维修和正常使用,维护住宅专项维修资金所有者的合法权益,根据《物权法》《物业管理条例》等法律、行政法规,制定本办法。

第二条 商品住宅、售后公有住房住宅专项维修资金的交存、使用、管理和监督,适用本办法。

本办法所称住宅专项维修资金,是指专项用于住宅共用部位、共用设施设备保修期满后的维修和更新、改造的资金。

第三条 本办法所称住宅共用部位,是指根据法律、法规和房屋买卖合同,由单幢住宅内业主或者单幢住宅内业主及与之结构相连的非住宅业主共有的部位,一般包括:住宅的基础、承重墙体、柱、梁、楼板、屋顶以及户外的墙面、门厅、楼梯间、走廊通道等。

本办法所称共用设施设备,是指根据法律、法规和房屋买卖合同,由住宅业主或者住宅业主及有关非住宅业主共有的附属设施设备,一般包括电梯、天线、照明、消防设施、绿地、道路、路灯、沟渠、池、井、非经营性车场车库、公益性文体设施和共用设施设备使用的房屋等。

第四条 住宅专项维修资金管理实行专户存储、专款专用、所有权人决策、政府监督的原则。

第五条 国务院建设主管部门会同国务院财政部门负责全国住宅专项维修资金的指导和监督工作。

县级以上地方人民政府建设(房地产)主管部门会同同级财政部门负责本行政区域内住宅专项维修资金的指导和监督工作。

第二章 交 存

第六条 下列物业的业主应当按照本办法的规定交存住宅专项维修资金:

(一)住宅,但一个业主所有且与其他物业不具有共用部位、共用设施设备的除外;

(二)住宅小区内的非住宅或者住宅小区外与单幢住宅结构相连的非住宅。

前款所列物业属于出售公有住房的,售房单位应当按照本办法的规定交存住宅专项维修资金。

第七条 商品住宅的业主、非住宅的业主按照所拥有物业的建筑面积交存住宅专项维修资金,每平方米建筑面积交存首期住宅专项维修资金的数额为当地住宅建筑安装工程每平方米造价的5%至8%。

直辖市、市、县人民政府建设(房地产)主管部门应当根据本地区情况,合理确定、公布每平方米建筑面积交存首期住宅专项维修资金的数额,并适时调整。

第八条 出售公有住房的,按照下列规定交存住宅专项维修资金:

（一）业主按照所拥有物业的建筑面积交存住宅专项维修资金,每平方米建筑面积交存首期住宅专项维修资金的数额为当地房改成本价的2%。

（二）售房单位按照多层住宅不低于售房款的20%、高层住宅不低于售房款的30%,从售房款中一次性提取住宅专项维修资金。

第九条　业主交存的住宅专项维修资金属于业主所有。

从公有住房售房款中提取的住宅专项维修资金属于公有住房售房单位所有。

第十条　业主大会成立前,商品住宅业主、非住宅业主交存的住宅专项维修资金,由物业所在地直辖市、市、县人民政府建设(房地产)主管部门代管。

直辖市、市、县人民政府建设(房地产)主管部门应当委托所在地一家商业银行,作为本行政区域内住宅专项维修资金的专户管理银行,并在专户管理银行开立住宅专项维修资金专户。

开立住宅专项维修资金专户,应当以物业管理区域为单位设账,按房屋户门号设分户账；未划定物业管理区域的,以幢为单位设账,按房屋户门号设分户账。

第十一条　业主大会成立前,已售公有住房住宅专项维修资金,由物业所在地直辖市、市、县人民政府财政部门或者建设(房地产)主管部门负责管理。

负责管理公有住房住宅专项维修资金的部门应当委托所在地一家商业银行,作为本行政区域内公有住房住宅专项维修资金的专户管理银行,并在专户管理银行开立公有住房住宅专项维修资金专户。

开立公有住房住宅专项维修资金专户,应当按照售房单位设账,按幢设分账；其中,业主交存的住宅专项维修资金,按房屋户门号设分户账。

第十二条　商品住宅的业主应当在办理房屋入住手续前,将首期住宅专项维修资金存入住宅专项维修资金专户。

已售公有住房的业主应当在办理房屋入住手续前,将首期住宅专项维修资金存入公有住房住宅专项维修资金专户或者交由售房单位存入公有住房住宅专项维修资金专户。

公有住房售房单位应当在收到售房款之日起30日内,将提取的住宅专项维修资金存入公有住房住宅专项维修资金专户。

第十三条　未按本办法规定交存首期住宅专项维修资金的,开发建设单位或者公有住房售房单位不得将房屋交付购买人。

第十四条　专户管理银行、代收住宅专项维修资金的售房单位应当出具由财政部或者省、自治区、直辖市人民政府财政部门统一监制的住宅专项维修资金专用票据。

第十五条　业主大会成立后,应当按照下列规定划转业主交存的住宅专项维修资金：

（一）业主大会应当委托所在地一家商业银行作为本物业管理区域内住宅专项维修资金的专户管理银行，并在专户管理银行开立住宅专项维修资金专户。

开立住宅专项维修资金专户，应当以物业管理区域为单位设账，按房屋户门号设分户账。

（二）业主委员会应当通知所在地直辖市、市、县人民政府建设（房地产）主管部门；涉及已售公有住房的，应当通知负责管理公有住房住宅专项维修资金的部门。

（三）直辖市、市、县人民政府建设（房地产）主管部门或者负责管理公有住房住宅专项维修资金的部门应当在收到通知之日起30日内，通知专户管理银行将该物业管理区域内业主交存的住宅专项维修资金账面余额划转至业主大会开立的住宅专项维修资金账户，并将有关账目等移交业主委员会。

第十六条　住宅专项维修资金划转后的账目管理单位，由业主大会决定。业主大会应当建立住宅专项维修资金管理制度。

业主大会开立的住宅专项维修资金账户，应当接受所在地直辖市、市、县人民政府建设（房地产）主管部门的监督。

第十七条　业主分户账面住宅专项维修资金余额不足首期交存额30％的，应当及时续交。

成立业主大会的，续交方案由业主大会决定。

未成立业主大会的，续交的具体管理办法由直辖市、市、县人民政府建设（房地产）主管部门会同同级财政部门制定。

第三章　使　　用

第十八条　住宅专项维修资金应当专项用于住宅共用部位、共用设施设备保修期满后的维修和更新、改造，不得挪作他用。

第十九条　住宅专项维修资金的使用，应当遵循方便快捷、公开透明、受益人和负担人相一致的原则。

第二十条　住宅共用部位、共用设施设备的维修和更新、改造费用，按照下列规定分摊：

（一）商品住宅之间或者商品住宅与非住宅之间共用部位、共用设施设备的维修和更新、改造费用，由相关业主按照各自拥有物业建筑面积的比例分摊。

（二）售后公有住房之间共用部位、共用设施设备的维修和更新、改造费用，由相关业主和公有住房售房单位按照所交存住宅专项维修资金的比例分摊；其中，应由业主承担的，再由相关业主按照各自拥有物业建筑面积的比例分摊。

（三）售后公有住房与商品住宅或者非住宅之间共用部位、共用设施设备的维修和更新、改造费用，先按照建筑面积比例分摊到各相关物业。其中，售后公有住房应分摊的费用，再由相关业主和公有住房售房单位按照所交存住宅专项维修资金的比例分摊。

第二十一条　住宅共用部位、共用设施设备维修和更新、改造，涉及尚未售出的商品住宅、非住宅或者公有住房的，开发建设单位或者公有住房单位应当按照尚未售出商品住宅或者公有住房的建筑面积，分摊维修和更新、改造费用。

第二十二条　住宅专项维修资金划转业主大会管理前，需要使用住宅专项维修资金的，按照以下程序办理：

（一）物业服务企业根据维修和更新、改造项目提出使用建议；没有物业服务企业的，由相关业主提出使用建议；

（二）住宅专项维修资金列支范围内专有部分占建筑物总面积三分之二以上的业主且占总人数三分之二以上的业主讨论通过使用建议；

（三）物业服务企业或者相关业主组织实施使用方案；

（四）物业服务企业或者相关业主持有关材料，向所在地直辖市、市、县人民政府建设（房地产）主管部门申请列支；其中，动用公有住房住宅专项维修资金的，向负责管理公有住房住宅专项维修资金的部门申请列支；

（五）直辖市、市、县人民政府建设（房地产）主管部门或者负责管理公有住房住宅专项维修资金的部门审核同意后，向专户管理银行发出划转住宅专项维修资金的通知；

（六）专户管理银行将所需住宅专项维修资金划转至维修单位。

第二十三条　住宅专项维修资金划转业主大会管理后，需要使用住宅专项维修资金的，按照以下程序办理：

（一）物业服务企业提出使用方案，使用方案应当包括拟维修和更新、改造的项目、费用预算、列支范围、发生危及房屋安全等紧急情况以及其他需临时使用住宅专项维修资金的情况的处置办法等；

（二）业主大会依法通过使用方案；

（三）物业服务企业组织实施使用方案；

（四）物业服务企业持有关材料向业主委员会提出列支住宅专项维修资金；其中，动用公有住房住宅专项维修资金的，向负责管理公有住房住宅专项维修资金的部门申请列支；

（五）业主委员会依据使用方案审核同意，并报直辖市、市、县人民政府建设（房地产)主管部门备案;动用公有住房住宅专项维修资金的,经负责管理公有住房住宅专项维修资金的部门审核同意;直辖市、市、县人民政府建设(房地产)主管部门或者负责管理公有住房住宅专项维修资金的部门发现不符合有关法律、法规、规章和使用方案的,应当责令改正;

(六)业主委员会、负责管理公有住房住宅专项维修资金的部门向专户管理银行发出划转住宅专项维修资金的通知;

(七)专户管理银行将所需住宅专项维修资金划转至维修单位。

第二十四条 发生危及房屋安全等紧急情况,需要立即对住宅共用部位、共用设施设备进行维修和更新、改造的,按照以下规定列支住宅专项维修资金:

(一)住宅专项维修资金划转业主大会管理前,按照本办法第二十二条第四项、第五项、第六项的规定办理;

(二)住宅专项维修资金划转业主大会管理后,按照本办法第二十三条第四项、第五项、第六项和第七项的规定办理。

发生前款情况后,未按规定实施维修和更新、改造的,直辖市、市、县人民政府建设(房地产)主管部门可以组织代修,维修费用从相关业主住宅专项维修资金分户账中列支;其中,涉及已售公有住房的,还应当从公有住房住宅专项维修资金中列支。

第二十五条 下列费用不得从住宅专项维修资金中列支:

(一)依法应当由建设单位或者施工单位承担的住宅共用部位、共用设施设备维修、更新和改造费用;

(二)依法应当由相关单位承担的供水、供电、供气、供热、通讯、有线电视等管线和设施设备的维修、养护费用;

(三)应当由当事人承担的因人为损坏住宅共用部位、共用设施设备所需的修复费用;

(四)根据物业服务合同约定,应当由物业服务企业承担的住宅共用部位、共用设施设备的维修和养护费用。

第二十六条 在保证住宅专项维修资金正常使用的前提下,可以按照国家有关规定将住宅专项维修资金用于购买国债。

利用住宅专项维修资金购买国债,应当在银行间债券市场或者商业银行柜台市场购买一级市场新发行的国债,并持有到期。

利用业主交存的住宅专项维修资金购买国债的,应当经业主大会同意;未成立业主大会的,应当经专有部分占建筑物总面积三分之二以上的业主且占总人数三分之二以上业主同意。

利用从公有住房售房款中提取的住宅专项维修资金购买国债的,应当根据售房单位的财政隶属关系,报经同级财政部门同意。

禁止利用住宅专项维修资金从事国债回购、委托理财业务或者将购买的国债用于质押、抵押等担保行为。

第二十七条 下列资金应当转入住宅专项维修资金滚存使用:

(一)住宅专项维修资金的存储利息;

(二)利用住宅专项维修资金购买国债的增值收益;

(三)利用住宅共用部位、共用设施设备进行经营的,业主所得收益,但业主大会另有决定的除外;

(四)住宅共用设施设备报废后回收的残值。

第四章 监 督 管 理

第二十八条 房屋所有权转让时,业主应当向受让人说明住宅专项维修资金交存和结余情况并出具有效证明,该房屋分户账中结余的住宅专项维修资金随房屋所有权同时过户。

受让人应当持住宅专项维修资金过户的协议、房屋权属证书、身份证等到专户管理银行办理分户账更名手续。

第二十九条 房屋灭失的,按照以下规定返还住宅专项维修资金:

(一)房屋分户账中结余的住宅专项维修资金返还业主;

(二)售房单位交存的住宅专项维修资金账面余额返还售房单位;售房单位不存在的,按照售房单位财务隶属关系,收缴同级国库。

第三十条 直辖市、市、县人民政府建设(房地产)主管部门,负责管理公有住房住宅专项维修资金的部门及业主委员会,应当每年至少一次与专户管理银行核对住宅专项维修资金账目,并向业主、公有住房售房单位公布下列情况:

(一)住宅专项维修资金交存、使用、增值收益和结存的总额;

(二)发生列支的项目、费用和分摊情况;

(三)业主、公有住房售房单位分户账中住宅专项维修资金交存、使用、增值收益和结存的金额;

(四)其他有关住宅专项维修资金使用和管理的情况。

业主、公有住房售房单位对公布的情况有异议的,可以要求复核。

第三十一条 专户管理银行应当每年至少一次向直辖市、市、县人民政府建设(房地产)主管部门,负责管理公有住房住宅专项维修资金的部门及业主委员会发送住宅专项维修资金对账单。

直辖市、市、县建设（房地产）主管部门，负责管理公有住房住宅专项维修资金的部门及业主委员会对资金账户变化情况有异议的，可以要求专户管理银行进行复核。

专户管理银行应当建立住宅专项维修资金查询制度，接受业主、公有住房售房单位对其分户账中住宅专项维修资金使用、增值收益和账面余额的查询。

第三十二条　住宅专项维修资金的管理和使用，应当依法接受审计部门的审计监督。

第三十三条　住宅专项维修资金的财务管理和会计核算应当执行财政部有关规定。

财政部门应当加强对住宅专项维修资金收支财务管理和会计核算制度执行情况的监督。

第三十四条　住宅专项维修资金专用票据的购领、使用、保存、核销管理，应当按照财政部以及省、自治区、直辖市人民政府财政部门的有关规定执行，并接受财政部门的监督检查。

第五章　法律责任

第三十五条　公有住房售房单位有下列行为之一的，由县级以上地方人民政府财政部门会同同级建设（房地产）主管部门责令限期改正：

（一）未按本办法第八条、第十二条第三款规定交存住宅专项维修资金的；

（二）违反本办法第十三条规定将房屋交付买受人的；

（三）未按本办法第二十一条规定分摊维修、更新和改造费用的。

第三十六条　开发建设单位违反本办法第十三条规定将房屋交付买受人的，由县级以上地方人民政府建设（房地产）主管部门责令限期改正；逾期不改正的，处以3万元以下的罚款。

开发建设单位未按本办法第二十一条规定分摊维修、更新和改造费用的，由县级以上地方人民政府建设（房地产）主管部门责令限期改正；逾期不改正的，处以1万元以下的罚款。

第三十七条　违反本办法规定，挪用住宅专项维修资金的，由县级以上地方人民政府建设（房地产）主管部门追回挪用的住宅专项维修资金，没收违法所得，可以并处挪用金额2倍以下的罚款；构成犯罪的，依法追究直接负责的主管人员和其他直接责任人员的刑事责任。

物业服务企业挪用住宅专项维修资金，情节严重的，除按前款规定予以处罚外，还应由颁发资质证书的部门吊销资质证书。

直辖市、市、县人民政府建设（房地产）主管部门挪用住宅专项维修资金的，由上一级人民政府建设（房地产）主管部门追回挪用的住宅专项维修资金，对直接负责的主管人员和其他直接责任人员依法给予处分；构成犯罪的，依法追究刑事责任。

直辖市、市、县人民政府财政部门挪用住宅专项维修资金的，由上一级人民政府财政部门追回挪用的住宅专项维修资金，对直接负责的主管人员和其他直接责任人员依法给予处分；构成犯罪的，依法追究刑事责任。

第三十八条　直辖市、市、县人民政府建设（房地产）主管部门违反本办法第二十六条规定的，由上一级人民政府建设（房地产）主管部门责令限期改正，对直接负责的主管人员和其他直接责任人员依法给予处分；造成损失的，依法赔偿；构成犯罪的，依法追究刑事责任。

直辖市、市、县人民政府财政部门违反本办法第二十六条规定的，由上一级人民政府财政部门责令限期改正，对直接负责的主管人员和其他直接责任人员依法给予处分；造成损失的，依法赔偿；构成犯罪的，依法追究刑事责任。

业主大会违反本办法第二十六条规定的，由直辖市、市、县人民政府建设（房地产）主管部门责令改正。

第三十九条　对违反住宅专项维修资金专用票据管理规定的行为，按照《财政违法行为处罚处分条例》的有关规定追究法律责任。

第四十条　县级以上人民政府建设（房地产）主管部门、财政部门及其工作人员利用职务上的便利，收受他人财物或者其他好处，不依法履行监督管理职责，或者发现违法行为不予查处的，依法给予处分；构成犯罪的，依法追究刑事责任。

第六章　附　　则

第四十一条　省、自治区、直辖市人民政府建设（房地产）主管部门会同同级财政部门可以依据本办法，制定实施细则。

第四十二条　本办法实施前，商品住宅、公有住房已经出售但未建立住宅专项维修资金的，应当补建。具体办法由省、自治区、直辖市人民政府建设（房地产）主管部门会同同级财政部门依据本办法制定。

第四十三条　本办法由国务院建设主管部门、财政部门共同解释。

第四十四条　本办法自2008年2月1日起施行，1998年12月16日建设部、财政部发布的《住宅共用部位共用设施设备维修基金管理办法》（建住房［1998］213号）同时废止。

《物业服务收费管理办法》

第一条　为规范物业服务收费行为,保障业主和物业管理企业的合法权益,根据《中华人民共和国价格法》和《物业管理条例》,制定本办法。

第二条　本办法所称物业服务收费,是指物业管理企业按照物业服务合同的约定,对房屋及配套的设施设备和相关场地进行维修、养护、管理,维护相关区域内的环境卫生和秩序,向业主所收取的费用。

第三条　国家提倡业主通过公开、公平、公正的市场竞争机制选择物业管理企业;鼓励物业管理企业开展正当的价格竞争,禁止价格欺诈,促进物业服务收费通过市场竞争形成。

第四条　国务院价格主管部门会同国务院建设行政主管部门负责全国物业服务收费的监督管理工作。

县级以上地方人民政府价格主管部门会同同级房地产行政主管部门负责本行政区域内物业服务收费的监督管理工作。

第五条　物业服务收费应当遵循合理、公开以及费用与服务水平相适应的原则。

第六条　物业服务收费应当区分不同物业的性质和特点分别实行政府指导价和市场调节价。具体定价形式由省、自治区、直辖市人民政府价格主管部门会同房地产行政主管部门确定。

第七条　物业服务收费实行政府指导价的,有定价权限的人民政府价格主管部门应当会同房地产行政主管部门根据物业管理服务等级标准等因素,制定相应的基准价及其浮动幅度,并定期公布。具体收费标准由业主与物业管理企业根据规定的基准价和浮动幅度在物业服务合同中约定。

实行市场调节价的物业服务收费,由业主与物业管理企业在物业服务合同中约定。

第八条　物业管理企业应当按照政府价格主管部门的规定实行明码标价,在物业管理区域内的显著位置,将服务内容、服务标准以及收费项目、收费标准等有关情况进行公示。

第九条　业主与物业管理企业可以采取包干制或者酬金制等形式约定物业服务费用。

包干制是指由业主向物业管理企业支付固定物业服务费用,盈余或者亏损均由物业管理企业享有或者承担的物业服务计费方式。

酬金制是指在预收的物业服务资金中按约定比例或者约定数额提取酬金支付给物业管理企业,其余全部用于物业服务合同约定的支出,结余或者不足均由业主享有或者承担的物业服务计费方式。

第十条 建设单位与物业买受人签订的买卖合同,应当约定物业管理服务内容、服务标准、收费标准、计费方式及计费起始时间等内容,涉及物业买受人共同利益的约定应当一致。

第十一条 实行物业服务费用包干制的,物业服务费用的构成包括物业服务成本、法定税费和物业管理企业的利润。

实行物业服务费用酬金制的,预收的物业服务资金包括物业服务支出和物业管理企业的酬金。

物业服务成本或者物业服务支出构成一般包括以下部分:

1. 管理服务人员的工资、社会保险和按规定提取的福利费等;
2. 物业共用部位、共用设施设备的日常运行、维护费用;
3. 物业管理区域清洁卫生费用;
4. 物业管理区域绿化养护费用;
5. 物业管理区域秩序维护费用;
6. 办公费用;
7. 物业管理企业固定资产折旧;
8. 物业共用部位、共用设施设备及公众责任保险费用;
9. 经业主同意的其他费用。

物业共用部位、共用设施设备的大修、中修和更新、改造费用,应当通过专项维修资金予以列支,不得计入物业服务支出或者物业服务成本。

第十二条 实行物业服务费用酬金制的,预收的物业服务支出属于代管性质,为所交纳的业主所有,物业管理企业不得将其用于物业服务合同约定以外的支出。

物业管理企业应当向业主大会或者全体业主公布物业服务资金年度预决算并每年不少于一次公布物业服务资金的收支情况。

业主或者业主大会对公布的物业服务资金年度预决算和物业服务资金的收支情况提出质询时,物业管理企业应当及时答复。

第十三条 物业服务收费采取酬金制方式,物业管理企业或者业主大会可以按照物业服务合同约定聘请专业机构对物业服务资金年度预决算和物业服务资金的收支情况进行审计。

第十四条　物业管理企业在物业服务中应当遵守国家的价格法律法规,严格履行物业服务合同,为业主提供质价相符的服务。

第十五条　业主应当按照物业服务合同的约定按时足额交纳物业服务费用或者物业服务资金。业主违反物业服务合同约定逾期不交纳服务费用或者物业服务资金的,业主委员会应当督促其限期交纳;逾期仍不交纳的,物业管理企业可以依法追缴。

业主与物业使用人约定由物业使用人交纳物业服务费用或者物业服务资金的,从其约定,业主负连带交纳责任。

物业发生产权转移时,业主或者物业使用人应当结清物业服务费用或者物业服务资金。

第十六条　纳入物业管理范围的已竣工但尚未出售,或者因开发建设单位原因未按时交给物业买受人的物业,物业服务费用或者物业服务资金由开发建设单位全额交纳。

第十七条　物业管理区域内,供水、供电、供气、供热、通讯、有线电视等单位应当向最终用户收取有关费用。物业管理企业接受委托代收上述费用的,可向委托单位收取手续费,不得向业主收取手续费等额外费用。

第十八条　利用物业共用部位、共用设施设备进行经营的,应当在征得相关业主、业主大会、物业管理企业的同意后,按照规定办理有关手续。业主所得收益应当主要用于补充专项维修资金,也可以按照业主大会的决定使用。

第十九条　物业管理企业已接受委托实施物业服务并相应收取服务费用的,其他部门和单位不得重复收取性质和内容相同的费用。

第二十条　物业管理企业根据业主的委托提供物业服务合同约定以外的服务,服务收费由双方约定。

第二十一条　政府价格主管部门会同房地产行政主管部门,应当加强对物业管理企业的服务内容、标准和收费项目、标准的监督。物业管理企业违反价格法律、法规和规定,由政府价格主管部门依据《中华人民共和国价格法》和《价格违法行为行政处罚规定》予以处罚。

第二十二条　各省、自治区、直辖市人民政府价格主管部门、房地产行政主管部门可以依据本办法制定具体实施办法,并报国家发展和改革委员会、建设部备案。

第二十三条　本办法由国家发展和改革委员会会同建设部负责解释。

第二十四条　本办法自2004年1月1日起执行,原国家计委、建设部印发的《城市住宅小区物业管理服务收费暂行办法》(计价费[1996]266号)同时废止。

参 考 文 献

[1] 杨建博.物业纠纷实用法律手册[M].北京：中国法制出版社,2015.
[2] 兰台律师事务所.房产物业纠纷案例精析[M].北京：中国法制出版社,2013.
[3] 王振民,吴革.物业纠纷指导案例与审判依据[M].北京：法律出版社,2011.
[4] 赵东,王达.物业纠纷案件法律适用与典型案例评析[M].北京：中国市场出版社,2009.
[5] 陈国强.大律师教你打官司——房产物业纠纷案例[M].北京：中国经济出版社,2013.
[6] 陈国强.法官说案：房产物业纠纷案例[M].北京：中国经济出版社,2008.
[7] 邱飞,谭波.八招教你搞定物业服务纠纷[M].北京：法律出版社,2014.
[8] 王琼,李智涛.新索赔指南丛书——物业纠纷索赔指南[M].北京：中国法制出版社,2009.
[9] 中国法律出版社.法律纠纷处理一本通——物业法律纠纷处理一本通[M].北京：中国法制出版社,2009.
[10] 丁建华.房地产高级法律顾问丛书——物业管理纠纷案例实务与典型案例释疑[M].北京：中国法制出版社,2008.
[11] 杨立新.最高人民法院审理物业服务纠纷案件司法解释理解与运用[M].北京：中国法制出版社,2009.
[12] 刘长森.物业纠纷新型案例教程[M].北京：人民法院出版社,2010.
[13] 丁道勤.物业纠纷（锦囊）[M].北京：法律出版社,2006.
[14] 何欣荣,申黎.物业之争：物业纠纷典型案例评析[M].北京：法律出版社,2005.
[15] 陈海英.物业管理概论[M].北京：中国建材工业出版社,2006.
[16] 温小明.物业管理案例分析[M].北京：中国建筑工业出版社,2006.
[17] 鲁捷.物业管理案例分析与技巧训练[M].北京：电子工业出版社,2007.
[18] 武智慧.物业管理概论[M].重庆：重庆大学出版社,2008.
[19] 曹明明,吴荣荣,李泽.物业纠纷索赔全程操作[M].北京：法律出版社,2007.
[20] 李克,宋才发.房产物业纠纷案——以案说法丛书[M].北京：人民法院出版社,2004.
[21] 佟晓晨,杨永杰.物业管理法规与案例教程[M].北京：中国人民大学出版社,2011.
[22] 左峰.物业纠纷案例答疑[M].北京：中国法制出版社,2008.
[23] 曹映平.物业管理法律法规及实务[M].上海：上海交通大学出版社,2011.
[24] 邢国威.物业管理法规与案例分析[M].北京：化学工业出版社,2007.
[25] 刘燕萍.物业管理法规与案例分析[M].北京：机械工业出版社,2009.
[26] 胡晓娟.物业管理法规[M].重庆：重庆大学出版社,2005.
[27] 安静.物业管理概论[M].北京：化学工业出版社,2008.
[28] 王利明.物权法论[M].北京：中国政法大学出版社,1998.
[29] 黄安永.现代房地产物业管理[M].南京：东南大学出版社,2003.
[30] 施元忠.物业管理法规[M].北京：中国人民大学出版社,2009.
[31] 李斌.物业管理：理论与实务[M].上海：复旦大学出版社,2006.
[32] 黄松有.中华人民共和国物权法条文理解与适用[M].北京：人民法院出版社,2007.